W0171260

GÜTERSLOHER
VERLAGSHAUS

»Nicht die Tatsachen bestimmen unser Leben,
sondern wie wir die Tatsachen unseres Lebens deuten. […]
Das Glück deines Lebens hängt von der Beschaffenheit
deiner Gedanken ab.«

Marc Aurel, römischer Kaiser und Philosoph

Christoph Kreitmeir **GLAUBE an die KRAFT der GEDANKEN**

Franziskanische Impulse zu einem neuen Lebensstil

Gütersloher Verlagshaus

Bibliografische Information der Deutschen Nationalbibliothek

Die Deutsche Nationalbibliothek verzeichnet diese Publikation
in der Deutschen Nationalbibliografie; detaillierte bibliografische
Daten sind im Internet über https://portal.dnb.de abrufbar.

FSC
www.fsc.org

MIX

Papier aus ver-
antwortungsvollen
Quellen

FSC® C014889

Verlagsgruppe Random House FSC-DEU-0100
Das für dieses Buch verwendete FSC®-zertifizierte
Papier *Munken Premium Cream* liefert
Arctic Paper Munkedals AB, Schweden.

1. Auflage
Copyright © 2013 by Gütersloher Verlagshaus, Gütersloh,
in der Verlagsgruppe Random House GmbH, München

Dieses Werk einschließlich aller seiner Teile ist urheberrechtlich
geschützt. Jede Verwertung außerhalb der engen Grenzen des Urheber-
rechtsgesetzes ist ohne Zustimmung des Verlages unzulässig und strafbar.
Das gilt insbesondere für Vervielfältigungen, Übersetzungen, Mikrover-
filmungen und die Einspeicherung und Verarbeitung in elektronischen
Systemen.

Coverfoto: © Franziskanerkloster Vierzehnheiligen
Druck und Einband: Friedrich Pustet GmbH & Co. KG, Regensburg
Printed in Germany
ISBN 978-3-579-06590-8

www.gtvh.de

Inhalt

1. Vorwort: Achte auf deine Gedanken ... sie werden dein Schicksal

»Das kann ich nicht, das bringt mir nichts.« »Irgendwie geht immer alles schief.« »Schon wieder alles falsch gemacht.« ...

Wer kennt solche Sätze nicht, die im Inneren des Menschen immer wieder auftauchen und ihm das Leben vermiesen? Der Talmud, eine jüdische Weisheitssammlung, kennt schon lange die Verbindung von inneren Gedanken und äußerem Schicksal:

»Achte auf Deine Gedanken, denn sie werden Deine Worte.
Achte auf Deine Worte, denn sie werden Deine Gefühle.
Achte auf Deine Gefühle, denn sie werden Dein Verhalten.
Achte auf Deine Verhaltensweisen, denn sie werden Deine Gewohnheiten.
Achte auf Deine Gewohnheiten, denn sie werden Dein Charakter.
Achte auf Deinen Charakter, denn er wird Dein Schicksal.
Achte auf Dein Schicksal, indem Du jetzt auf Deine Gedanken achtest.«

Unsere Gedanken sind eine Großmacht, in negativer, aber Gott sei Dank auch in positiver Weise. Sie nehmen Einfluss auf unsere Gefühle, Entscheidungen und Handlungen, sie bestimmen unsere Sprache. Sie sind die Grundlage für die Art und Weise, wie wir leben und wie wir mit anderen Menschen und unserer Umwelt umgehen. Die Inhalte unseres Denkens und Glaubens gestalten auch unsere Persönlichkeit, unser Leben, unsere Beziehungen, ja unsere Zukunft.

Diese Grunderkenntnis wird auch in der folgenden Geschichte beschrieben, die ich gerne weitergebe[1]:

Ein Indianer erzählt seinem Enkel: »In mir tobt ein Kampf zwischen zwei Wölfen. Der eine der Wölfe ist gut, der andere böse. Der böse Wolf ist zornig, neidisch, gierig, arrogant, ablehnend, bemitleidet sich. Der gute Wolf ist voller Freude, Frieden, Liebe, Hoffnung, Bescheidenheit, Güte, Mitgefühl.« Sein Enkel fragt: »Und welcher Wolf gewinnt den Kampf?« Der Indianer sagt: »Der, den ich füttere.« Welchen Wolf in dir du fütterst, ist deine Entscheidung. Durch deine Gedanken dir und anderen gegenüber entscheidest du, ob der gute oder böse Wolf in dir siegt.

Der Mensch, der ich heute bin, mein Charakter, meine Persönlichkeit, die Lebensumstände resultieren *auch* aus dem, was ich bisher gedacht und geglaubt habe. Das heißt also: Ich bin *auch* das Ergebnis meiner eigenen Gedanken, Erfahrungen und Überzeugungen. *Nicht nur,* denn es gibt auch andere prägende Einflüsse, *aber eben auch.*

Deshalb ist es für mich wichtig geworden, immer wieder den Blick auf meine Gedankenwelt zu richten. Seitdem ich das tue, werde ich immer wieder von Zusammenhängen überrascht, die mich wach werden lassen und nachdenklich machen.

Die Deutschen galten einmal als das »Volk der Dichter und Denker«. Das ist schon lange her. Heutzutage lassen viele Menschen andere für sich denken. Größere Firmen leisten sich »think-tanks«, und die meisten Internetnutzer »googeln« sich ihre Informationen zusammen. Das Denken bekommt immer mehr Kindergartenniveau. Früher selbstverständliches Allgemeinwissen nimmt rapide ab, die Menschen entwickeln sich zu Bedienern von Maschinen, die für sie arbeiten und zum Teil auch »denken«. Was aber, wenn kein Strom mehr da ist oder die Datenverbindung abbricht?

Gottlob gibt es zu dieser Entwicklung auch Gegenbewegungen. Das Thema »Gedanken« und »Denken« ist heute wieder in. Bücher von Bestsellerautoren zeigen, dass die Menschen das Denken anscheinend doch nicht verlernen wollen, weil sie sich ein spannendes und gelingendes, selbst bestimmtes Leben wünschen. Beipielhaft möchte ich hier nur drei solcher Bücher nennen: 1. Vince Ebert, Denken Sie selbst! Sonst tun es andere für Sie, 2. Rolf Dobelli, Die Kunst des klaren Denkens: 52 Denkfehler, die Sie besser anderen überlassen und 3. Thorsten Havener und Michael Spitzbart, Denken Sie nicht an einen blauen Elefanten!: Die Macht der Gedanken.

Wer sich mit dem Thema »Gedanken« beschäftigt, wird in der heutigen Zeit auf vielen Ebenen fündig: Neurologen und Mediziner beschäftigen sich damit, Psychologen und Psychiater sowieso, Theologen und Philosophen schon seit langem, Esoteriker immer mehr und seit noch nicht so langer Zeit mittlerweile viele Autoren im Bereich Lebenshilfe und Lebensbewältigung. Als ich meine Antennen in diese Richtung ausrichtete, entdeckte ich viele Bücher, die sich im großen Markt der Lebenshilfe und Esoterik auf unterschiedliche Weise mit diesem Thema beschäftigen. Da wird Hilfreiches, aber leider auch viel Verwirrendes angeboten. Unterschwellig werden dabei auch Weltanschauungen transportiert, die mir fremd sind und auch fremd bleiben.

Ich bin hier sensibler geworden und möchte deshalb in diesem Buch bewusst Ihre Wahrnehmung schärfen und mit Ihnen Ausschau halten nach Hilfreichem und Tragfähigem, *das mit der christlichen Weltanschauung und Religiosität kompatibel ist.* Wo trifft dies beim Thema »Gedanken« zu?

Viele solcher christlichen Denkanstöße liegen im Bereich der Psychotherapie und der Lebenshilfe. Auf diesem Markt ist die Stimme der Christen relativ leise, und so dürfen und sollen meiner Meinung nach wieder mehr christliche, allerdings nicht frömmelnde Gedanken zur Sprache kommen. Die christliche Geistesgeschichte hat viele Schätze zu heben, die im Laufe der Zeit leider verschüttet wurden.

Auch wenn die meisten Deutschen nicht (mehr) in der Bibel lesen und vielleicht (nur) noch an Weihnachten in die Kirche gehen: Statistisch gesehen sind fast zwei Drittel der Bürger Deutschlands irgendwie christlich geprägt.[2] In einer unstabilen Seelen-, Gesellschafts- und Weltlage suchen viele nach tragfähigen Hilfen für ein gelingendes Leben. Spiritualität und Religiosität – nicht selten getrennt von Kirchenmitgliedschaft und Kirchenbesuch – bekommen als solche Hilfen erstaunlich neuen Glanz.

Dieses Buch ist aus mehreren Vorträgen entstanden, die große Nachfrage hatten. Neben der Arbeit als Franziskanerpriester und Seelsorger, in der Ökonomie und Verwaltung, ist mir die psychotherapeutisch-spirituelle Beratung und Begleitung von Menschen sehr wichtig geworden. Dabei durfte und darf ich erfahren, wie dieses Tun mein eigenes Denken, Fühlen, Beten und nicht zuletzt auch mein Predigen produktiv beeinflusst. Kopf und Bauch, Bewusstsein und Intuition verbinden sich und treffen sich im Herzen. Das Herz gilt in der jüdisch-christlichen Tradition seit langem als der Ort der ganzheitlichen Wahrnehmung, des Denkens und Fühlens. Eine geerdete und menschennahe christliche Spiritualität will wieder neu entdeckt und gelebt werden. Die Spiritualität des heiligen Franz von Assisi hat bis heute ihre Anziehungskraft behalten: Schöpfungsnähe und frohe Gottesliebe, Zärtlichkeit und Kraft, Weite und Eindeutigkeit, Einfachheit und

Mystik. Mich selbst fasziniert diese Spiritualität seit langem. Deshalb wurde ich auch Franziskaner und versuche diese christliche Glaubens- und Lebensweise in der modernen Welt zu leben.

Immer wieder habe ich im vorliegenden Buch Querverweise auf andere Autoren der Bereiche Psychologie, Logotherapie, Theologie, Spiritualität, der Lebenshilfe und aus verschiedenen Zeitschriften gemacht, damit interessierte Leserinnen und Leser weitere Quellen der Inspiration finden können.

GLAUBE, KRAFT und GEDANKEN, diese Begriffe kommen bewusst im Titel dieses Buches vor. Sie hängen in ihrer Wirkkraft innerlich zusammen. Ich möchte Sie neugierig auf spannende Zusammenhänge machen, die unser Leben beeinflussen. Wir sind nicht Marionetten in einem Geschehen, wir können nicht zuletzt durch die Kraft der Gedanken und der Spiritualität unser Leben stark beeinflussen. Dabei könnten alte und neue Quellen der christlichen Spiritualität zu neuen Kraftquellen für ein gelingendes Leben werden.

*»Die höchstmögliche Stufe in der moralischen Kultur
ist erreicht, wenn wir erkennen, dass wir unsere
Gedanken beherrschen müssen.«*

Charles Darwin

2. Gedanken sind eine Großmacht – die Kunst des »Einredens«

Der Philosoph **Paul Watzlawick** formulierte in seinem Buch *»Anleitung zum Unglücklichsein«* eine Geschichte, die auf pointierte Weise zeigt, wie ein Mensch sich durch eigenes »Einreden« das Leben schwer machen kann:

»Ein Mann will ein Bild aufhängen. Den Nagel hat er, nicht aber den Hammer. Der Nachbar hat einen. Also beschließt unser Mann, hinüberzugehen und ihn auszuborgen. Doch da kommt ihm ein Zweifel: Was, wenn der Nachbar mir den Hammer nicht leihen will? Gestern schon grüßte er mich nur so flüchtig. Vielleicht war er in Eile. Vielleicht hat er die Eile nur vorgeschützt und er hat was gegen mich. Und was? Ich habe ihm nichts getan; der bildet sich da etwas ein. Wenn jemand von mir ein Werkzeug borgen wollte, ich gäbe es ihm sofort. Und warum er nicht? Wie kann man einem Mitmenschen einen so einfachen Gefallen abschlagen? Leute wie dieser Kerl vergiften einem das Leben. Und dann bildet er sich noch ein, ich sei auf ihn angewiesen. Bloß weil er einen Hammer hat. Jetzt reicht's mir wirklich. – Und so stürmt er hinüber, läutet, der Nachbar öffnet, doch noch bevor er ›Guten Tag‹ sagen kann, schreit ihn unser Mann an: ›Behalten Sie Ihren Hammer, Sie Rüpel‹.«[3]

Das »Sich-selbst-etwas-Einreden« kann wirklich problematisch werden, und nicht wenige Zeitgenossen leiden unter inneren Gedanken und Stimmen, die einem alles vergällen wollen. Dieses »Einreden« kann aber auch positiv eingesetzt werden. Der Benediktiner Anselm Grün schrieb schon zu Beginn der 1980er Jahre zwei Kleinschriften, welche die Kunst des »Einredens« der alten Wüstenväter wieder neu entdeckten.[4] Wie geistig-geistlich wache Menschen den Umgang mit ihren Gedanken pflegten, soll dieses Beispiel zeigen:

»Ein Bruder kam zum Altvater Poimen und sagte: ›Vater, ich habe vielerlei Gedanken und komme durch sie in Gefahr.‹ Der Altvater führte ihn ins Freie und sagte zu ihm: ›Breite dein Obergewand aus und halte die Winde auf!‹ Er antwortete: ›Das kann ich nicht!‹ Da sagte der Greis zu ihm: ›Wenn du das nicht kannst, dann kannst du auch deine Gedanken nicht hindern, zu dir zu kommen. Aber es ist deine Aufgabe, ihnen zu widerstehen.‹«[5]

Wer in seinem Kopf und in seinem Leben wieder Regie führen will, der entdeckt genau diese Aufgabe neu: lernen, Gedanken zu widerstehen, wenn sie mir schaden, oder sie zu fördern, wenn sie mir helfen, mich weiterbringen.

Hierzu möchte ich ein Beispiel aus meiner Beratungspraxis nennen. Eine 46-jährige Frau, die in einer stabilen Ehe lebt und zwei Kinder im Alter von 16 und 18 Jahren hat, schreibt:

Seit meine Kinder größer sind und ihre eigenen Wege gehen, hat sich mein Tagesablauf stark verändert: ich habe viel mehr freie Zeit. Endlich! Allerdings ist das nicht nur ein Segen. War es früher so, dass ich mich oft getrieben fühlte durch die vielen Aufgaben einer Mutter, die nebenbei auch noch halbtags arbeiten geht, so ist das jetzt anders – aber nicht unbedingt weniger zwanghaft. Oft verplempere ich meine Tage. Dann stelle ich mir abends die Frage »Was hast Du heute eigentlich getan?«, und weiß darauf keine rechte Antwort. Ich bin irgendwie erschöpft und müde, fühle mich leer, unzufrieden und unausgeglichen.

Wenn es mir aber gelingt, schon am frühen Morgen – obwohl ich zu gar nichts Lust habe und am liebsten nur im Bett bleiben möchte – mich selbst zu motivieren und TROTZDEM aufzustehen, dann ist schon viel gewonnen.

Ein »Trick« hilft mir dann: die Morgenroutinearbeiten.

Auch wenn ich überhaupt keine Lust dazu habe, »zwinge« ich mich, mich anzuziehen, zu frühstücken, die Spülmaschine auszuräumen, die Blumen zu gießen ... lauter Tätigkeiten, die nun wirklich keine hohen Ansprüche stellen. Aber, wenn ich diesen banalen Tätigkeiten mit ganzer Aufmerksamkeit begegne, dann geschieht etwas. (Hier zeigt sich schon die helfende Kraft der Achtsamkeit, die ich im Kapitel 8 bearbeiten werde.) *Beim Tun werde ich ganz wach. Plötzlich und unerklärlich ist sie da, die Lust, dieses oder jenes heute anzugehen. Mal ist es ein Beet im Garten, das angelegt werden will, mal ist es ein schon lange aufgeschobenes Telefonat zu führen, mal ist es einfach nur einen langen Spaziergang zu machen. Dann kann ich dieses und jenes tun und Freude daran haben. Der Tag ist dann ein ganz anderer.*

Das *positive Einreden durch mich selbst* kann mich motivieren, zu erstaunlichen Leistungen führen. Natürlich gibt es auch das *positive Einreden durch andere*, das Motiviertwerden, wenn man selbst nicht mehr kann. Selbstverständlich gibt es auch das negative und herunterziehende Einreden durch sich selbst oder andere.

Wir sehen: Gedanken sind eine Großmacht – in negativer und in positiver Weise. Gut 80 bis 100 Tausend Gedankenimpulse gehen uns pro Tag durch den Kopf, das sind etwa 50 bis 60 pro Minute. Davon dringt nur ein kleiner Teil an die Oberfläche unseres Bewusstseins. Diese Gedanken nehmen Einfluss auf unsere Gefühle, Entscheidungen und Handlungen, sie bestimmen unsere Sprache. Was uns Menschen vom Tier unterscheidet, ist die Fähigkeit, zu denken und zu urteilen. Diese Fähigkeit kann uns auch zum Verhängnis werden, wenn wir geringschätzig oder negativ von uns und anderen denken.

Dazu nun ein paar Beispiele:

»Schon wieder aufstehen. Ich hab keine Lust. Mieses Wetter heute. Jetzt geht der Stress schon wieder los. Blöde Arbeit. Warum muss ich immer einsam sein? Ich kann nicht mehr. Wieder mal nicht geschafft. Die anderen sind viel besser als ich. War das ein sch... Tag. Männer denken immer nur an das Eine. Politiker sind alle Verbrecher. Kirchenvertreter sind alle weltfremd. Klimawandel, Umweltverschmutzung, Überbevölkerung, die Erde geht kaputt, da hilft nichts mehr.« ...

Solche Gedankenketten – manchmal in logischen Zusammenhängen, manchmal einfach nur assoziativ aneinandergefügt – reihen sich aneinander und bewirken eine Art Kino in unserem Kopf. Man(n) sagt ja, dass Frauen mehr denken und mehr innere Selbstgespräche führen als Männer. Ein amüsanter Hollywoodfilm bringt dies genüsslich auf den Punkt: »Was Frauen wollen.« Durch einen Unfall wird ein erfolgloser Manager einer Sportartikelfirma in die Lage versetzt, die Gedanken von Frauen zu hören. Anfänglich überwältigt von der Vielzahl der weiblichen Gedanken lernt er nach und nach diese neue Fähigkeit des »Gedankenlesens« für sich und seinen Erfolg auszunutzen. Dabei sticht er nicht nur eine Konkurrentin aus, sondern verliebt sich auch in sie. Gegen Ende des Filmes wird ihm das alles zu viel, und er entdeckt, dass er diese Fähigkeit auch nutzen kann, um z. B. eine andere Frau vor dem Suizid zu retten. Durch einen weiteren Schlag auf den Kopf verliert er diese Gabe wieder, und – wie soll es anders sein – am Ende gibt es ein Happy End.

Nicht nur Frauen denken sehr viel, auch Männer können sehr wohl Gedankenkapriolen im Kopf produzieren. Dies soll ein Beispiel des Psychologen **Andreas Knuf** zeigen. Während er in einem Zugabteil sitzt, gehen ihm folgende Gedanken durch den Kopf: »*Wie lange telefoniert die da vorne eigentlich noch? ... Mein Gott, was die mit ihrer Freundin alles zu besprechen hat. ... So, so, sie war beim Friseur, sieht gar nicht so aus. ... Aber ich müsste auch dringend mal wieder hin, dann gehe ich wieder zu der Friseurin, bei der ich letztes Mal war. ... Die kommt aus Thailand, da könnten wir doch nächsten Winter hinfahren. ... Aber der Tsunami mit all den Toten. ... Bin ich froh, dass Sabine damals zwei Tage vorher zurückgeflogen ist – nicht auszudenken, wenn sie noch geblieben wäre. ... Aber Fliegen ist ja auch gefährlich, in Madrid ist gerade ein Flugzeug abgestürzt ...*«[6]

Ob Mann, ob Frau, führen Sie auch manchmal *Selbstgespräche*? Hier handelt es sich um eine Art inneres Gespräch zwischen verschiedenen Personenanteilen in uns. Die sind oft nicht einer Meinung, und nicht selten tragen sie ihre Meinungsverschiedenheiten in uns aus. Entweder kommen da Aussagen wie folgende vor: *Versager, Niete, Idiot. Das schaffst du nicht. Du kannst nichts. Feigling. Du baust nur Mist. Du bist zu nichts zu gebrauchen. Du kannst nichts. Du machst alles verkehrt. Du bist langweilig. Du bist uninteressant. Du bist hässlich. Alles, was du anpackst, geht schief.*

Oder man hört eine »innere Stimme«, die, nachdem man schon längst seine Wohnung verlassen hat, sagt: »*Du hast bestimmt den Herd angelassen. Du musst nachschauen und es kontrollieren. ... Deine Bude wird dir noch einmal abbrennen. Ach, ich werde den Herd schon ausgeschaltet haben. Das habe ich doch noch nie vergessen. ... Dieses Mal warst du aber in Eile, da kann man so etwas schon vergessen. Vor kurzem hatte ich auch nachträglich kontrolliert, und was war? Natürlich war sie aus. Jetzt auf: kurz nachsehen, das dauert doch nicht lang. Stell dir mal vor, sie ist doch noch an. Hab ich nicht neben dem Herd die Zeitung liegen lassen? Die brennt sehr leicht. ...«*

Na toll! *Spüren Sie es?* Was wir denken, hat eine Auswirkung auf das, was wir fühlen, wie entspannt oder angespannt wir sind und was wir tun. Solche und ähnliche Gedanken ziehen echt runter! Sie tauchen immer wieder unbewusst auf. Sie lähmen uns, rauben uns Energie und halten uns in einer negativen Stimmung fest. Oder wir fühlen uns getrieben, unruhig und hektisch. Wir schaffen es einfach nicht, für Ruhepausen zu sorgen. Wir werden fahrig, beginnen Beschäftigungen, die wir dann gleich wieder sein lassen, nur um wieder neue anzufangen. Dies führt zu innerer und äußerer Unruhe, Unzufriedenheit, Unproduktivität und Stress. Oft machen uns solche Gedanken sogar krank. Sie lassen uns nicht mehr los. Sie sind wie ein Raster, mit dem wir automatisch auf die Ergebnisse unseres Alltags reagieren.

Das muss aber nicht so sein und auch nicht so bleiben. Man kann das Ruder herumwerfen, bewusst gegensteuern und die *»Kraft positiver Gedanken«*[7] kennen lernen.

> *»Jeder Mensch hat seine guten Seiten.*
> *Man muss die schlechten nur umblättern.«*

Ernst Jünger

3. Zerstörerische und lebensfördernde Gedanken

Eigentlich denken wir immer. Unser Geist ist immer beschäftigt, ob wir das wollen und merken oder nicht. Das, was unser Geist denkt, ist beeinflussend für unser Leben. Er ist aber davon abhängig, welche Gedankenvorgaben wir ihm geben. Es ist wie mit der Nahrung für unseren Körper. Wenn wir unserem Körper auf Dauer minderwertige, schlechte oder sogar giftige Nahrung zuführen, so wird sich dies auf unsere Gesundheit auswirken. Im geistigen Leben ist das ähnlich. Wenn wir zerstörerische Gedanken denken, dann werden wir zerstörerisch; wenn wir lebensfördernde Gedanken pflegen, dann wird unser Leben förderlicher. Wenn wir unserem Geist gar keine Nahrung zuführen, dann müssen wir uns nicht wundern, wenn alles Mögliche in uns einströmt, von uns Besitz ergreift und wir nicht mehr wir selbst sind. Die Lebensqualität eines Menschen macht auch und vor allem aus, was und wie er denkt, welche Geistesqualität in ihm wirkt.

Es kommt also darauf an, der *Qualität unserer Gedanken auf die Spur zu kommen,* unsere Gedanken kennen zu lernen, sie zu analysieren, sich ihrer so weit wie möglich bewusst zu werden, sie neu zu »formatieren«, belastende Gedanken los zu werden (durch Training, Meditation, Gebet …), aufbauende Gedanken neu zu »installieren«, sich in einen größeren Kontext von hilfreichen und lebensfördernden Gedanken zu stellen (Philosophie, Lebensweisheit, Religion) und dann harmonischer und freier zu denken, zu fühlen, zu handeln und zu leben.

Im Folgenden möchte ich zuerst eine Auswahl von belastenden, negativen Gedanken vorstellen, um diese zu kennen und dann ändern zu können. Dabei werde ich die *Verhaltenspsychologie* und die *Logotherapie* zu Hilfe nehmen.

Der Verhaltenspsychologe Rolf Merkle[8] nennt sechs Arten negativen Denkens, die am häufigsten vorkommen:

- **Alles-oder-nichts-Denken**
  Alles im Denken, Reden und Tun läuft nach dem Raster *»Entweder-oder«*. Es gibt keine Zwischentöne, Zwischenfarben. Hier wird nicht nur die Realität in ihrer Vielschichtigkeit und Fülle nicht wahrgenommen, sondern eine solche Einstellung führt zu Negativität und Zynismus.

- **Übertriebene Verallgemeinerung**
  »Ich werde das nie schaffen.« Oder *»Niemand mag mich.«* Das sind solche klassischen Übertreibungen und Verallgemeinerungen, die dazu führen, dass der Blick getrübt ist und hin und wieder vorkommende Erfolge nicht gesehen werden. Wer sich darauf versteift, dem wird nichts gelingen, den wird auch niemand mögen, und wenn doch: Er wird es nicht wahrnehmen können oder wollen.

- **Eingeengte Wahrnehmung**
  Alles im Leben hat mindestens zwei Seiten. Die Einstellung der eingeengten Wahrnehmung lebt aus einer eher negativen Grundeinstellung und sieht dadurch auch verstärkt das Negative. Das Positive, das es auch gibt, wird

tunlichst übersehen. Der innere Filter siebt all das, was nicht zu diesem Grundbild passt, heraus. Die Lebenssicht und Lebenshaltung wird immer enger, einseitiger und negativer.

- **Katastrophen-Denken**
  Eine weit verbreitete Denkgewohnheit ist es, dass zuerst jeweils das Schlimmste angenommen oder gedacht wird. Mit dem Vergrößerungsglas werden aus Mücken Elefanten gemacht. Die Folge sind verstärkte Ängste und psychosomatisches Unwohlsein. Daraus folgend zieht man nicht selten wirklich Katastrophen an.

- **Untertreibung**
  Wer untertreibt, hält vieles für selbstverständlich. Dadurch wertet man das Gute bei sich und anderen ab und wird nie zufrieden werden. Anerkennung der eigenen Leistung und gesundes Selbstlob helfen hier weiter. Dies gilt auch im Umgang mit anderen.

- **Sich für alles verantwortlich fühlen**
  Hier sucht man zuerst die Schuld bei sich selbst, wenn etwas nicht gelingt, und sieht sich für Dinge verantwortlich, für die man keine Verantwortung hat. Es baut sich eine große innere Last auf und verhindert dadurch Entwicklungen bei sich und anderen.

Das negative Denken geht an der Realität vorbei, wir machen die Realität dadurch noch schlimmer und werden selbst dadurch unglücklicher, krankheitsanfälliger und isolierter.

Folgende Tipps können wie Erste-Hilfe-Maßnahmen schon zu einer Änderung führen:

- Schreiben Sie Gedanken, die Ihnen das Leben vermiesen, auf! Das kann aus einem von inneren Unruhen geschüttelten Menschen mit der Zeit einen Menschen machen, der seine Gedanken in den Griff bekommt. Diese Methode hilft, aus einem »Objekt« zu einem »Subjekt« zu werden. Es kommt eine Ordnung in Ungeordnetes hinein.

- Danach folgt der »Faktencheck«. Stimmt das, was ich mir da einrede, wirklich? Entspricht es den Tatsachen?

- Wenn Sie feststellen, dass Sie Unrealistisches gedacht haben, formulieren Sie den negativen Gedanken der Wirklichkeit entsprechend um.

- Diese neue Sichtweise schreiben Sie bei besonders hartnäckigen Gedanken auf einen Zettel und tragen ihn bei sich. Manche dieser Neuformulierungen können Sie auch am Spiegel, dem PC oder sonst einem Ort anbringen, der häufig in Ihrem Blickfeld ist. Damit bekommen Sie immer wieder eine Gedächtnisstütze. So kann der neue Gedanke langsam, aber sicher in Ihnen Platz greifen.

Die schriftliche Form ist am Anfang eine echte Hilfe. Mit der Zeit und der Übung kann diese »Neuprogrammierung« auch »nur« im Kopf geschehen. Wie überall im Leben macht hier die Übung den Meister.

Der Lüneburger evangelische Theologe, Logotherapeut und Existenzanalytiker Uwe Böschemeyer[9] ergänzt die Aufzählung von Merkle auf bereichernde Weise. Er zählt verschiedene Problembereiche auf, mit denen wir uns immer wieder herumschlagen müssen. Dabei nennt er auch griffige und hilfreiche Umgangsformen mit den nun zu erwähnenden Problemfeldern von belastenden Gedanken.

- **Umgang mit ärgerlichen Gedanken**
  Hier geht es darum, herauszufinden, was den Ärger ausgelöst hat, nicht im Ärger zu verharren und nach Auswe-
  gen aus diesem Gefühl zu suchen.
  Eine »Entmischung« von altem und aktuellem Ärger ist
  angesagt, beide sind voneinander zu trennen und unabhängig voneinander anzuschauen.
  Wichtig ist weiterhin, herauszubekommen, ob das, was
  mich ärgert, durch einen anderen vorsätzlich oder unbewusst geschehen ist.
  Das »Mich-in-den-anderen-Hineinversetzen«, also in
  den, der mich ärgert, kann auch hilfreich sein, denn von
  mir empfundene Ungerechtigkeiten sind in dessen Augen vielleicht Gerechtigkeiten.
  Weiterhin ist es hilfreich, nachzuforschen, ob ein Teufelskreis zwischen meinem Empfinden und Tun und dem
  Empfinden und Tun des anderen entstanden ist.
  Mein Ärger kann auch aufgrund einer unangemessenen
  Reaktion meinerseits auf eine grundsätzlich berechtigte
  Kritik eines anderen entstehen, wenn der an meinem la-
  bilen Selbstwertgefühl kratzt. Hilfreich ist dann die Frage: Kann die Kritik des anderen mich vielleicht sogar in
  meiner Entwicklung weiterbringen?
  Viele ärgerliche Gedanken kommen aus dem Missver-
  hältnis meiner unrealistischen Erwartungen an andere.
  Ein *Fakten- und Realitätscheck ist hier wiederum angesagt.*

- **Umgang mit bedrängenden Gedanken**
  Es gibt Gedanken, die sich einem aufdrängen, die man
  nicht los wird, die man nicht unterdrücken, verdrängen
  oder abschütteln kann. Hier muss man wissen, dass in
  allen Menschen zwei Seelen wohnen, die eine, die unser
  Bestes will, und die andere, die dies gerade zu verhindern
  sucht. Diese beiden Instanzen bestimmen mehr oder we-

niger unser Lebensgrundgefühl und damit auch unsere konkreten Empfindungen und Gefühle. In uns gibt es den sogenannten »*inneren Ankläger*«, der alles miesmacht, in Frage stellt, ins negative Rampenlicht zerrt. Er ist gleichsam die verdichtete Sammelstimme all der negativen Stimmen, die uns von Kindesbeinen auf geprägt haben.

Wie kann man hier freier werden?

Die negative Stimme in uns kennen lernen ist die erste Hilfe im Umgang mit ihr, diese Stimme studieren und herausbekommen, wie sie in mir arbeitet. Jede Bewusstmachung schafft eine erste Distanz.

Dem inneren Ankläger so wenig Beachtung wie möglich schenken, denn Gedanken – auch die negativen – leben von der Energie und der Zuwendung, die wir ihnen geben.

Diese Gedanken nicht unterdrücken, sondern mit ihnen ins Gespräch kommen, sie als Gegebenheit akzeptieren, nicht mehr und nicht weniger. Sie fragen, was sie uns sagen wollen.

Ihnen manchmal nicht widerstehen, sondern ihnen zustimmen und ihnen damit die Energie geben, die ihnen gebührt. Mehr aber auch nicht. Damit kann man sie »zähmen«, weil man sie nicht verdrängt, weil sie sich sonst umso stärker wieder melden würden. Den Druck heraus nehmen.

Die andere Instanz in unserer Seele – den sogenannten »*inneren Verbündeten*«, der unser Bestes will – als heilenden Gegenpol entgegensetzen.

Bei zu großer Macht von Zwangsgedanken auf jeden Fall psychotherapeutische, ärztliche oder psychiatrische Hilfe suchen.

- **Umgang mit angstvollen Gedanken**

  Wissen, dass es Wichtigeres als die Angst gibt: das Vertrauen. Das Vertrauen in andere, das Vertrauen in mich, das Vertrauen in eine höhere Instanz, die mir Gutes will, das Gottvertrauen üben und stärken.

  Lernen und Üben, über die Angst hinwegzusehen auf das, was wichtiger ist. Sich nicht den angstvollen Gedanken hingeben, denn diese saugen Lebenskraft ab. Dafür Auswege aus der Angst suchen.

  »Ich lasse mir von mir selbst nicht alles gefallen.«
  (Viktor E. Frankl)

  Die Möglichkeit der Empörung über die Angstknechtungen in meinem Leben ins Auge fassen. Gesunde Wut und kreativen Zorn gegenüber der lebenshindernden Angst aufkommen lassen und damit konstruktiv arbeiten.

  Aufschreiben der Angst machenden Gedanken – daraus wächst eine Distanzierung zu ihnen. Einordnung nach der Rangfolge: die wichtigste Angst, die zweitwichtigste Angst... Auch dies befreit uns von dem erdrückenden Gefühl der Angst und gibt uns Spielräume, diese zu objektivieren und damit angreifbar und behandelbar zu machen.

  In einen inneren Dialog mit meinen angstvollen Gedanken kommen und – wenn möglich und nötig – diesen Dialog im Außen mit einem Kundigen (Freund, Psychotherapeut, Arzt, Seelsorger) fortsetzen.

  Auch bei übermäßig starken Angstgedanken ist fachliche Hilfe angesagt.

- **Umgang mit peinlichen Gedanken**

  Hier sind vor allem aggressive und sexuelle Gedanken zu nennen, deretwegen man sich schämt, über die man mit niemandem reden möchte. Gerade das macht sie gefährlich. Solche Gedanken kommen nicht selten aus dem sogenannten »Pool des kollektiven Unbewussten« (C. G.

Jung), d. h. wir sind auf den ersten Blick nicht für sie verantwortlich. Hin und wieder steigen solche Gedanken in uns auf – wir dürfen sie wie Wolken vorbeiziehen lassen. Hier hilft gezieltes Fragen: Gehört das wirklich zu mir? Wenn es aus den Tiefen des kollektiven Unbewussten kommt, dann soll es auch dorthin zurückkehren. Wenn ich meine, dass eine »böse Macht« (Versucher, Satan...) mir solche Gedanken als Versuchungen schickt, dann wende ich mich gezielt an die »gute Macht«, an Gott, der stärker als alles Dunkle und Böse ist, um davon frei zu werden.

»Gedankenstopp« üben: Einem solchen Gedanken ein energisches Stopp, Schluss oder Halt entgegenhalten.

- **Umgang mit schicksalsschweren Gedanken**
  Dem Gedanken der Ausweglosigkeit bei schwerem Schicksal oder verfahrenen Situationen den Gedanken entgegensetzen, dass das zu Ertragende nur für eine begrenzte Zeit erduldet werden muss. Dem Erdrückenden und Verzweifelten wird dadurch die Spitze genommen, der Endgültigkeit wird die Vorläufigkeit entgegengesetzt. Hoffnung keimt auf und gibt neue seelische Widerstandskraft (Resilienz) im Gegenwärtigen.
  Wege aus der Ausweglosigkeit heraus erproben, sie gehen, auch wenn alles dagegen spricht. Denn schlimmer kann es nicht werden, nur besser.

Bevor wir noch den letzten Punkt »Umgang mit Unkonzentriertheit« anschauen wollen, möchte ich eine Klientenrückmeldung einfügen, die die vorher beschriebenen Problembereiche alle umfasst. Eine 45-jährige Frau, Mutter von zwei erwachsenen Töchtern, verheiratet und in einem landwirtschaftlichen Umfeld tätig, schreibt:

Als ich gebeten wurde, meine Entwicklung niederzuschreiben, war mein erster Gedanke: NEIN, das kann ich nicht. So wäre es auch geblieben, wenn ich mich im Laufe der therapeutisch-spirituellen Begleitung bei Pater Christoph nicht weiterentwickelt hätte. Mein zweiter Gedanke war: »Warum nicht?« Ich habe doch nichts zu verlieren, sondern vielmehr etwas zu gewinnen.

Meine Kindheit war nicht schön. Ich litt unter Depressionen, hatte immer Angst um meine Gesundheit, und in meiner Ehe lief auch nichts mehr so, wie es in einer guten Ehe laufen sollte. Ich war schon bei verschiedenen Nervenärzten, habe an einer Familienaufstellung teilgenommen, hatte zwei Therapien hinter mir, doch nichts hatte mir wirklich geholfen. Eine Bekannte gab mir den Rat, den in Vierzehnheiligen lebenden Pater Christoph (P. C.) zu kontaktieren.

Da es mir in dieser Zeit sehr schlecht ging, rief ich ihn an und bat ihn um einen Termin. Ich musste acht Wochen warten. Doch dann, Mitte März 2009, begegneten wir uns zum ersten Mal. Von Anfang an fühlte ich mich dort wohl. Wir begannen zuerst meine Kindheitsgeschichte aufzuarbeiten. Dabei durfte ich auch die große Hilfe der Imagination kennen lernen, die sehr viel zu meiner Heilung beigetragen hat.

Dann kam eine große Aufgabe für mich. Ich musste lernen, mich selbst zu lieben. Ich musste das Buch »Liebe dich selbst und es ist egal, wen du heiratest«[10] lesen. Lesen. ICH, die NIE Bücher gelesen hat, soll auf einmal Bücher lesen. Zuerst fiel es mir sehr schwer, doch mittlerweile »verschlinge« ich Bücher. Jemanden zu lieben, fällt schon manchmal schwer, doch sich selbst zu lieben, ist noch viel schwerer – zumindest für mich. Mit all den Macken, die man denkt zu haben.

Ich hatte immer das Gefühl, auf meiner Stirn steht »Ich bin blöd!«, weil jedem, der etwas von mir wollte, ich ihm immer gleich alles gemacht hatte. P. C. verriet mir einen Trick, um das wegzubekommen: Stellen Sie sich vor einen Spiegel und schreiben Sie »Ich bin blöd!« auf die Stirn. Danach machen Sie langsam und bewusst die einzelnen Buchstaben weg.

Das habe ich gemacht. Doch Vorsicht! Dabei hatte ich entdeckt, dass ich gar nicht so hässlich bin, wie ich immer meinte. Ich habe plötzlich meine Augen gesehen und festgestellt, dass ich ja wunderschöne Augen habe. Vor kurzem hat mich sogar eine fremde Frau darauf angesprochen und hat es mir bestätigt.

Auch mit dem NEIN-Sagen hatte ich immer große Probleme. Doch in unseren Gesprächen habe ich gelernt, Nein OHNE SCHULDGEFÜHLE zu sagen.

Auch das Wort EIGENTLICH ist in meinem Wortschatz häufig vorgekommen. Wir haben das genauer angeschaut und heute bin ich da viel klarer geworden. Mir geht es damit auch viel besser, wenn ich klar, freundlich und deutlich sage, was ich will und nicht will.

Ein weiteres Buch sollte ich lesen: »Ab Morgen trage ich Rot«[11], und ich habe es mit Gewinn gelesen. Einzelne Sätze daraus, die für mich wichtig sind, habe ich mir herausgeschrieben, und sie arbeiten in mir:

- Eltern haben genügend Kraft, um mit der Eigenständigkeit ihrer Kinder fertig zu werden.
- Damit Zusammenleben gelingt, brauchen wir ein achtungsvolles Miteinander.
- Jede Frau ist aus sich heraus schon genug und braucht nichts, um mehr zu sein.
- Denn der Sinn unseres Lebens ist nicht, schwach zu bleiben, sondern alle Kräfte in uns zu entfalten und ein eigener Mensch zu werden.

- *Auch als Paar oder in einer Beziehung MUSS man sich trauen, selbstständig zu handeln.*

Ich lernte auch, das NEIN anderer zu akzeptieren und anzunehmen. So zum Beispiel, wenn ich wohin gehen wollte und niemand wollte mitgehen (früher wäre ich zu Hause geblieben und hätte mich geärgert), dann gehe ich eben alleine. So konnte ich auch immer wieder neue Menschen kennen lernen.

Meine Ehe war fast am Ende. Heute führen ich und mein Mann eine Ehe, wie ich es mir nicht mehr erträumt hatte.
Ich dachte ja immer, dass mein Mann an allem schuld sei. Die Fehler beim anderen zu suchen ist immer am einfachsten. Doch ich musste erst einmal bei mir selbst anfangen.
Zuerst sollte ich mich selbst lieben, jetzt sollte ich mich auch noch ändern. Ich habe gelernt, dass man seinen Partner annehmen darf, wie er ist, und mein gesamtes Umfeld ändert sich, wenn ich mich selbst ändere. Man darf nicht denken, der andere muss doch merken, was ich will. Ich durfte lernen, es klar auszusprechen, was ich will, dann kann der andere reagieren. Oder wenn im Haus oder Garten etwas zu machen ist – vorher habe ich es immer grollend alleine gemacht –, muss ich um Hilfe bitten, und meistens wird eine Lösung gefunden. Ich muss nicht mehr alles alleine machen, und das ist viel wert. Ich spare auch nicht mit LOB, auch wenn es nicht immer nach meinen Vorstellungen gemacht wird. Auch ein DANKE auszusprechen, tut nicht weh. Zur Liebe gehört auch, dass wir vergeben können. Ohne Vergebung finden wir auch nicht zur inneren Heilung.

Meine Gedanken machen mich krank oder gesund, ängstlich oder fröhlich, misstrauisch oder hoffnungsvoll. Worauf ich meine Aufmerksamkeit richte, dorthin gehen meine Kräfte.

Ich muss oft nur meine Gedanken ändern. Es ist nicht immer leicht, aber einen Versuch wert, und eine Situation sieht gleich ganz anders aus. Wenn mein Mann und ich manchmal etwas zusammen geplant haben, was wir miteinander arbeiten wollen, dann geschieht oft Folgendes: Dann kommt ein Bekannter und weiß nicht selten alles besser, und mein Mann hört dann oft auf ihn. Ich war dann immer frustriert und habe mich geärgert und auch geweint. Jetzt denke ich anders. Die kommen ja alleine zurecht, ich ärgere mich nicht mehr. ICH HABE JETZT FREI!

Auch die Angst stand in meinem Leben oft im Vordergrund. Einmal in einer Gesprächsstunde hat mir P. C. ein Kinderbuch mit dem Namen »Selina, Pumpernickel und die Katze Flora«[12] vorgelesen – mir hatte noch nie in meinem Leben jemand ein Buch vorgelesen.
Seitdem weiß ich, dass man vor der Angst nicht davonrennen darf, sondern man muss sich umdrehen und auf die Angst zugehen. Dann kann man zusehen, wie die Angst immer kleiner und kleiner wird. Wird meine Angst besonders stark, dann stelle ich mir vor, welches wäre der schlimmste Fall, denn selten wird etwas so schön, wie man erhofft, aber auch selten so schlimm, wie man befürchtet.
Ich trete langsam aus mir heraus und nehme Abschied von mir. Ich lasse mir von mir selbst nicht mehr alles gefallen.
Plötzlich erscheint alles nicht mehr so wichtig.
Ich stelle mir vor, auch mit Verlusten leben zu können, und verliere die Angst davor. Umso mehr genieße ich den Tag und alles, was er mir gibt.

Wenn mich mal wieder eine Depression einholt (die ich nicht mehr so oft und nicht mehr so schlimm habe), dann lasse ich sie einfach zu. Es kann auch nicht jeden Tag die Sonne scheinen, es braucht auch den Regen, um wachsen zu können.

Wenn es mir schlecht geht, dann treffe ich mich mit meinen Freundinnen, oder ich »zwinge« mich zum Arbeiten. Manchmal nehme ich auch ein warmes Bad und höre dabei Musik. Es gibt auf der ganzen Welt keinen Tunnel, der nicht am Ende auch wieder das Licht zum Vorschein bringt.

Ich bin gläubig aufgewachsen und hatte im Laufe der Jahre den Bezug zur Kirche und zu Gott vollkommen verloren. Ich ging nicht einmal mehr am Sonntag in den Gottesdienst. Ich musste ja kochen. Heute macht das sogar manchmal mein Mann – das hatte er vorher nie gemacht – und ich gehe in den Gottesdienst. In der Kirche gebe ich meine Angst und meine Sorgen ab, ich lege sie auf den »Schreibtisch Gottes« und bitte um Hilfe.
Manchmal schreibe ich auch alle meine Sorgen und Nöte auf eine Postkarte. Ich stelle mir vor, ich binde sie an eine Schnur mit einem Luftballon daran. Dann lasse ich den Ballon los und lasse ihn steigen, und ich werde ruhiger und freier.
Alles wird leichter. Ich lasse los. Und ich lass den Wind in seiner Freiheit meine Gebete zu Gott tragen. Ich weiß, sie werden behütet auf gutem Boden landen ...

In einem Gespräch kamen wir auch auf den Dreifaltigen Gott zu sprechen. Die Deutungen gefallen mir sehr gut und helfen mir zu leben:
Vater: Geborgenheit, Güte, DER wollte MICH.
Sohn: Bruder und Freund an der Seite UND im Herzen.
Heiliger Geist: UNENDLICHE ENERGIEQUELLE.

In unseren Gesprächen durfte ich immer ICH sein. Ich musste mich NIE verstellen. Wenn mir zum Weinen zumute war, dann habe ich geweint, und wenn mir zum Lachen zumute war, dann haben wir gelacht. Ich habe gelernt, dass auch ICH ein wertvoller Mensch bin und von Gott und von meinem Mann geliebt werde.

Wo ich mich mehr und mehr von der Liebe leiten lasse, da werde ich aufmerksamer, freundlicher und glücklicher.

Als begleitender Seelsorger und Therapeut kann ich selbst nur staunen und mich dankbar darüber freuen, welch eine Entwicklung nicht nur die Frau, sondern ihr ganzes Umfeld gemacht hat. Mittlerweile – das ist eine der schönen Nebenwirkungen – nehmen Mann und Frau viele Kilometer auf sich, um bei uns immer wieder den Gottesdienst zu besuchen. Das Ganze färbt auf die Kinder ab ...

Für mich bestätigt sich das Bild eines frei hängenden, ausbalancierten, leichten Gebildes, das schon von einem schwachen Luftzug bewegt wird. Wenn du einen Teil des Mobiles in Bewegung bringst, dann kommt das ganze Mobile in Bewegung.

Nun wollen wir die Aufzählung des richtigen Umgangs mit verschiedenen Einstellungen und Haltungen abschließen:

- **Umgang mit Unkonzentriertheit**
  Das Thema der Unkonzentriertheit, der Zerstreuung, der Überforderung durch die Informationsflut, die täglich im beruflichen wie auch im privaten Leben auf uns einströmt, wird nicht nur zu einem gesellschaftlichen Thema hohen Ranges, sondern auch zu einem Politikum, weil Unkonzentriertheit Fehlleistungen und damit auch (wirtschaftliche) Verluste hervorbringt. Uwe Böschemeyer wies in seinem bereits erwähnten Büchlein *»Die Kraft deiner Gedanken«* schon im Jahr 2002 darauf hin und zitierte dabei eine Liste von 11 *Konzentrationsblockaden* von Sam Horn aus der Zeitschrift »psychologie heute« vom November 1993[13]. Im Folgenden werde ich diese hilfreiche Auflistung erläutern. Zuvor möchte ich aber auf die Aktualität des zunehmenden Problems der Unkonzentriertheit noch näher eingehen.

Kinder sind oft Indikatoren einer ungesunden Umwelt. Immer mehr Kinder und Jugendliche leiden in den Industrienationen unter Aufmerksamkeitsstörungen, Hyperaktivität, aggressiver Impulsivität und Gereiztheit. Früher wurden einzelne Kinder als »Zappelphilipp« oder »Störenfrieda« bezeichnet. Die fachliche Bezeichnung für solche Auffälligkeiten lautet »*Aufmerksamkeitsdefizit- und Hyperaktivitätssyndrom*« (ADHS) oder »*Aufmerksamkeitsdefizitsyndrom*« (ADS). Dahinter verbirgt sich laut Russell Barkley, Professor für Neurologie und Psychiatrie an der Universität von Massachusetts/USA »*eine Störung der Selbstregulation, nämlich der Fähigkeit, innezuhalten und nachzudenken, bevor man handelt ... Solchen Menschen fällt es schwer, dem roten Faden zu folgen. Jeder Anruf, jede Störung, jeder Impuls bringt sie von ihrem ursprünglichen Vorhaben ab, denn alles – ob wichtig oder unwichtig – fließt ungefiltert und ungebremst ins Bewusstsein.*«[14]

Dieses Problem ist mittlerweile längst zu einem Problem der Erwachsenen geworden. *Multitasking,* also die Fähigkeit, gleichzeitig mehrere Dinge und Aufgaben zu erledigen, wird mehr und mehr im Berufsleben gefordert. Im Privatleben ist es oft nicht anders. Durchschnittlicher Fernsehkonsum von zweieinhalb Stunden täglich, das Hin- und Herschalten zwischen den Kanälen (Zapping) fördert nicht die Entspannung, sondern lässt auch in der Freizeit nicht zur Ruhe kommen. Moderne Smartphones verlangen ebenfalls volle Aufmerksamkeit: immer online sein, immer irgendwelche wichtigen oder unwichtigen Informationen erhalten, immer im Livechat sein müssen mit sogenannten Freunden der sozialen Netzwerke (Facebook, Twitter, Xing u. a.) – nie kannst du abschalten, immer musst du Informationen verarbeiten.

Menschen benötigen aber auch *Zeiten des Abschaltens,* Zeiten des Nicht-Denkens, des Nicht-Verarbeitens von Informationen, Zeiten der Muße und des Einfach-Daseins. *Monotasking* ist wieder angesagt: eine Sache machen und diese konzentriert und ganz. Danach dann die nächste Sache genauso gründlich angehen.

Gleichzeitig ist *Zerotasking* angesagt: Nichts tun, bewusst nichts tun, verweilen, den Gedanken nachhängen, sie fliegen lassen, die Seele baumeln lassen. Früher wurde das *Muße* genannt, bekam dann den Touch von »*Müßiggang ist aller Laster Anfang*« und war lange Zeit verpönt. Neue Veröffentlichungen in Büchern und Zeitschriften entdecken diese alte Tugend neu. Gerade rechtzeitig, um den vielfachen »Seeleninfarkt« abzuwehren?

Mittlerweile entdecken Managementschulungen dies auch. Nicht die noch stärkere Leistungssteigerung der Mitarbeiter, sondern deren Fähigkeit, sich richtig zu entspannen, um dann wieder voll da zu sein, ist im Blick der Personalchefs. Auch Nachrichten-Magazine und Wochenzeitungen weisen in ihren Lifestyle-Rubriken darauf hin: das Wesentliche im Blick behalten. Dabei beachten, dass das Konzentrationsvermögen – wie ein Muskel – neben Anspannung auch Entspannung benötigt. Den Blick der Aufmerksamkeit neu nach Innen zu den Wünschen, Visionen, Sehnsüchten und Hoffnungen lenken.

Hier ist viel in Bewegung gekommen. Die Entdeckung oder Wiederentdeckung der *Achtsamkeit,* die ich später noch betrachten werde, hilft als Medizin gegen Unkonzentriertheit, Zerstreuung und Passivität. Die Achtsamkeit ist meiner Meinung nach *der Königsweg,* die Konzentration, die »Zentrierung seelischen Geschehens« (Meyers Enzyklopädie) als

Heilmittel gegen Zerrissenheit, Zerstreutheit und zunehmende Lebensunzufriedenheit einzuüben. Das bewusste Wahrnehmen, Denken, Empfinden üben, um aus der inneren und äußeren Zerrissenheit herauszufinden.

Es geht um einen *konzentrationspsychologischen Wertewandel*. Leben im Innersten ist nicht das, was ich tue, sondern das, was ich bin. Der »konzentrierte Lebensstil« ist die moderne Version der Achtsamkeit, die ihre Aufmerksamkeit im Jetzt zu verankern sucht.

Eckhart Tolle, der laut eigenen Angaben im Alter von 29 Jahren eine tiefe spirituelle Transformation erlebte, gilt seit Jahren als *der* Vertreter eines neuen spirituellen Erwachens, das sein Augenmerk auf das *Jetzt* konzentriert. Tolles Bestseller mit dem Titel »*Jetzt! Die Kraft der Gegenwart. Ein Leitfaden zum spirituellen Erwachen*« wird von ihm selbst als eine aktuelle Neuformulierung für die eine, zeitlose, spirituelle Lehre, die Essenz aller Religionen gesehen. Wie so oft gilt hier für mich: Tolle hat Wesentliches erkannt – das Buch ist wirklich lesenswert[15] –, er selbst ist sicherlich auch integer, das ganze Theater um seine Person und die starke Vermarktung in esoterischen Kreisen stoßen mich aber eher ab.

»In besinnlichen Augenblicken halte den Kopf frei,
dann können Gedanken sprießen.«

Willigis Jäger

4. Denkblockaden und der positive Umgang mit ihnen

Immer wieder erleben wir es, dass wir in unserem Denken, in unserer Konzentration, in unserer Kreativität gestört, blockiert, zerstreut und zerrissen sind. Im Großen und Ganzen sind elf Denk- und Konzentrationsblockaden dafür verantwortlich. Wir wollen sie kennen lernen und gleichzeitig Hilfen im positiven Umgang mit ihnen finden.

Die amerikanische Konzentrationspädagogin Sam Horn[16] zählt die ihrer Meinung nach wichtigsten und häufigsten Konzentrationsblockaden auf und stellt gleichzeitig als wichtigste Korrekturhilfe das sogenannte realitätstüchtige »positive Denken« zur Diskussion. Den Hinweis auf die beschriebenen Blockaden verdanke ich **Uwe Böschemeyer.** Dieser Autor versucht, lebenspraktische Lösungswege im Umgang mit diesen Themen zu finden. Da er auch evangelischer Theologe ist, bewegt sich sein Lösungsansatz im christlichen Weltanschauungsbereich, der mir im Chor der vielen Lösungsangebote wichtig ist.

Blockade 1 – Ablenkungen und Unterbrechungen

Geräuschkulissen, optische Ablenkungen, Telefonklingeln, Menschen um mich herum und vieles andere mehr lenken uns ab und führen zur Zerstreuung. Permanente Unterbrechungen zerstückeln unsere Aufmerksamkeit bei durchzuführenden Tätigkeiten und führen letztlich zu Fehlern, Gehetztsein, Unzufriedenheit.

Immer mehr Menschen lernen, den Ausschaltknopf bei Radio, Fernsehen und Telekommunikation zu betätigen, immer mehr Zeitgenossen schalten ihr Handy ab, wenn sie ungestört arbeiten oder sich entspannen wollen. Ich habe mir angewöhnt, den »Feind Nr. 1 der Konzentration« (Marco von Münchhausen) – das Telefon – wirklich abzuschalten, wenn ich konzentriert arbeiten will. Moderne Telefone kann man »lautlos« schalten und mit einer Anrufbeantworterfunktion versehen. Grundsätzliche Erreichbarkeit bei punktueller Abschirmung, um Denk- und Arbeitsprozesse ungestört verfolgen zu können, das gibt emotionale Sicherheit. Der zeitweilige Rückzug in einen geschützten Raum, das Wegräumen aller irrelevanten Dinge vom Schreibtisch, ein Hinweisschild »Bitte nicht stören!« an der Tür helfen, sich bei wichtigen Arbeitsabläufen konzentrieren zu können und gleichzeitig gefühlsmäßig »besser drauf« zu sein. Bei Arbeiten, die nebenbei laufen – und das sind nicht wenige –, kann man mit Störfaktoren natürlich gelassener umgehen.

Blockade 2 – Mangel an Übung und/oder Erfahrung

Konzentrationsfähigkeit will geübt werden. Von nichts kommt nichts. Jede regelmäßige Praxis braucht den Entschluss dazu und dann die Treue in der Durchführung. Durch das stete Üben unserer Aufmerksamkeit und Konzentrationsfähigkeit werden unsere dafür zuständigen Nervenbahnen aktiviert und trainiert. Ähnlich wie Muskeln und Sehnen braucht auch der Geist Training und Übung. Das bewährte Auswendiglernen von Gedichten, das Schönschreiben mit der Hand, das bewusste Lesen, das Lösen von Kreuzworträtseln, das Musizieren sind bekannte, aber leider immer weniger praktizierte Trainingsmöglichkeiten für das Gehirn. Fachleute der Achtsamkeit, wie zum Beispiel der vietnamesische Meditationslehrer **Thich Nhat Hanh** oder **Halko Weiss, Michael E. Harrer** und **Thomas Dietz** empfehlen in ihren Büchern gezielte Achtsamkeitsübungen, die auch zur Konzentrationssteigerung verhelfen.[17]

Blockade 3 – Gewohnheitsmäßige Unaufmerksamkeit/ Zerstreutheit

Irgendwie und irgendwann sind Menschen dazu übergegangen, gleichzeitig immer mehrere Aufgaben und Beschäftigungen zu erledigen. Sie haben sich daran gewöhnt. Vor nicht allzu langer Zeit wurde dies sogar als besonders fit, modern, fleißig und produktiv angesehen. Das Gegenteil ist häufig der Fall. Nach und nach wundert man sich, wenn sich Unkonzentriertheit, Schusseligkeit und nicht selten auch Oberflächlichkeit einschleichen. Minderwertigere Ergebnisse in allen Arbeitsabläufen sind die Folge davon. Und das ist nicht befriedigend, das nimmt uns den inneren Frieden.
Das Sichhineinbegeben, die innere Sammlung bei einem Tun – diese Wohltat eines selbstvergessenen, fokussierten und konzentrierten Tuns darf und muss wieder neu gelernt werden.

Blockade 4 – Geringe Frustrationstoleranz

Unsere moderne Zeit ist ungeduldig geworden. *»Ich will alles und zwar sofort!«* – so lautet die einhellige Erwartungshaltung an unser Leben. Durch eine solche Einstellung und die wachsende Tendenz, den Weg des geringsten Widerstandes zu gehen, lernt man aber nicht, trotzdem zufrieden zu sein, wenn Bedürfnisse nicht oder nicht gleich befriedigt werden. Diese zunehmende Haltung macht Menschen weniger belastungsfähig. Verwöhnung und permanente Wunscherfüllung machen keineswegs innerlich zufrieden. Geringe Frustrationstoleranz führt zu geringerer Belastbarkeit. Viele junge Menschen der Industrienationen brechen heute unter geringfügigen Belastungen des Lebens schneller zusammen, als dies zum Beispiel in Entwicklungsländern der Fall ist.

Die geringe Frustrationstoleranz will erhöht werden. *Nicht sofortige Bedürfnisbefriedigung, sondern gezielte Bedürfnislenkung führt zu größerer Zufriedenheit,* zu Glück und gelösterer Haltung. Sie ist auch die Voraussetzung für die Fähigkeit, sich besser konzentrieren zu können.
Eine geistige Disziplin will entwickelt und geübt werden, um den unvorhergesehenen Dingen und Entwicklungen unseres Lebens richtig begegnen zu können. Seit Jahren begleitet mich eine Erkenntnis der alten Wüstenmönche, die sinngemäß so lautet: *»Jeder erfüllte Wunsch gebiert drei neue.«* Die Entwicklung einer seelisch-geistigen Widerstandskraft (Resilienz) wächst nicht im Schlaraffenland einer Wellnessgesellschaft, sondern in der Auseinandersetzung mit Schwierigkeiten und Krisen. Diese Erkenntnis ist nicht neu. In allen Religionen gehört bis heute zu einer gesunden spirituellen Praxis auch die Askese, das sich bewusste Einschränken und Reduzieren von Bedürfnissen, um mental und geistig stärker zu werden.

Blockade 5 – Mangel an Interesse oder Motivation

Wenn kein Interesse an einer Sache oder einer Beschäftigung vorhanden ist, dann gibt es auch kaum eine Motivation, diese anzugehen. »Null Bock auf nichts« führt zu

»Null Kraft für alles«. Die Kunst liegt hier darin, mit *Absicht* Interesse in mir und meinem Inneren für dieses und jenes zu wecken und die Energie dahin zu lenken, damit ich *Lust* daran finden kann. Unsere Aufmerksamkeit und unser Gehirn wollen richtig in Anspruch genommen werden. Wichtig dabei ist es, im Sinne von Versuch und Irrtum die richtige Balance zwischen Unterforderung und Überforderung zu finden. Es sollte immer ein wenig mehr an Anreiz da sein, sich anzustrengen, als den bequemen Weg zu gehen. Bequemlichkeit hat nämlich die Tendenz, sich stark auszubreiten, Anstrengung hat die Tendenz, uns stärker werden zu lassen und von Innen heraus ein gesundes Gefühl der Zufriedenheit zu spüren. Eine Aufgabe oder Beschäftigung soll uns fordern, ohne uns zu überfordern. Dabei »*können wir mit unserer Aufmerksamkeit länger bei ihr bleiben und den optimalen Zustand des ›Flow‹ erleben, wie ihn der Psychologe Mihaly Csikszentmihalyi nennt: einen Zustand entspannter Konzentration, in dem wir Höchstleistungen erbringen können und auch noch eine angenehme Erregung bis hin zu leichter Euphorie empfinden.*«[18]

Blockade 6 – Aufschieben

Beim Aufschieben handelt es sich um eine Variation der geringen Frustrationstoleranz: Das, was ich nicht gerne tue, das verschiebe ich gerne, es bleibt liegen – und wird nicht selten vergessen. Daraus entsteht unterschwellig nicht nur eine Unzufriedenheit, weil das Unbewusste sehr wohl weiß, dass da etwas noch zu erledigen ist, sondern auch eine gewisse Gewohnheit, die zur Ungenauigkeit und Unkonzentriertheit führen kann. Außerdem wachsen eine gewisse Gereiztheit und eine innere Unruhe.

Ein altes deutsches Sprichwort enthält die Erkenntnis der modernen Motivationsforschung: »*Was du heute kannst besorgen, das verschiebe nicht auf morgen.*« Da es sowieso gemacht werden muss, ist es klüger und für die Seele und das Gemüt gesünder, es gleich abzuarbeiten. Und diese Erkenntnis wird dadurch erweitert, dass es klug und für die Selbstzufriedenheit besser ist, das Unangenehme zuerst zu machen. Dann ist es erledigt und kann mir nicht mehr auf dem Magen liegen. Die Geistesgegenwart, das Gegenwärtigsein wird dadurch nicht mehr geschwächt, sondern gestärkt – eine der Voraussetzungen für Achtsamkeit, also Glück und Zufriedenheit.

Blockade 7 – Handlungszweck oder Plan unklar

Unklares und ungeordnetes Handeln, ziellose Geschäftigkeit kann zwar den Tag anfüllen, am Ende eines Tages bleibt aber ein Grundgefühl von Erschöpfung und Erledigtsein, von Unzufriedenheit, von Unerfülltheit. Dieses Grundgefühl kann geradezu gefährlich werden. Wenn sich am grundlegenden Verhalten nichts ändert, kann dies zu einer inneren Erschöpfung und Leere führen, die am Ende Depression und Burnout gebiert.

Konzentriertes, wohlüberlegtes und zielgerichtetes Planen und Handeln wirken hier präventiv entgegen und stärken die Geistesgegenwart, das Dasein und das Gefühl, Regie zu führen, anstatt gelebt zu werden. Deutschlands bekannter Motivationstrainer **Marco von Münchhausen** sagt hierzu: »*Wir brauchen etwas, das unsere Aufmerksamkeit anzieht: eine konkrete Aufgabe, ein klares Ziel, das wir erreichen wollen. Sozusagen einen Magneten, der unsere Gedanken und mentalen Kräfte anzieht und sie gleichzeitig davon abhält, auf der Suche nach anderen Reizen zerstreut umherzuwandern.*«[19]

Uwe Böschemeyer sieht diese Anziehungskraft wie bei einem Magneten noch grundlegender, wenn er mit einem konkreten Beispiel den Zusammenhang aufzeigt, *dass grundlegende Werte dafür verantwortlich sind, dass wir Sinn und Glück im Leben finden können.* Diese Werte (im Folgenden das Beispiel einer Barockkirche) ziehen den geistbegabten Menschen magisch an und bewahren ihn vor mentaler und körperlicher Ermüdung (im Folgenden die emotionale Stimmung und die körperlichen Einschränkungen): »*Sie sind auf einer Wanderung. Ihr Ziel ist eine Barockkirche. Sie haben sie in einem Buch entdeckt und freuen sich darauf, dieses herrliche Kunstwerk kennenzulernen und zu erleben. Sie sind schon lange unterwegs. Irgendwann bemerken Sie, dass Sie sich verlaufen haben. Sie sind inzwischen müde und setzen sich an den Wegrand. Zu allem Überfluss haben Sie sich zwei Blasen erwandert. Ihre gute Stimmung ist verflogen. Sie ärgern sich, dass Sie den Weg verfehlt haben. Sie bleiben einfach sitzen.*

Dann schauen Sie durch ein Gebüsch. Und was sehen Sie? Den Turm ›Ihres‹ ersehnten Bauwerks. Innerhalb von Sekunden stehen Sie auf. Dass neben der Kirche ein feines Restaurant sein soll, beflügelt zusätzlich Ihren inzwischen raschen Schritt. Vergessen ist die Enttäuschung über Ihren scheinbar verfehlten Weg, vergessen sind die Blasen und die Müdigkeit. Sie lassen den Turm nicht mehr aus den Augen. Fast magisch zieht er Sie an. Dann stehen Sie in dem wunderbaren Bau. Sie lassen sich von seiner einmaligen Ausstrahlung gefangennehmen. Sie sind angefüllt von seinem Geist. Sie staunen.«[20]

Und der Mensch hat wieder Kraft und Motivation.
Die Erkenntnis, dass wir Anreize benötigen, um uns auf den Weg zu machen, ist für mich wichtig und grundlegend geworden. Es ist wirklich erstaunlich, was der Mensch alles

schafft, wenn er weiß wofür. Ähnliches sagte schon der Philosoph Friedrich Nietzsche.

Blockade 8 – Zerstreutheit/Überlastung

Neben der *Plan- und Ziellosigkeit* als Konzentrationskiller gilt die *Plan- und Aufgabenfülle* als Ursache der Unkonzentriertheit, der Zerstreuung und der Überlastung. Wie ein Musiker in der Regel mehrere Instrumente nicht gleichzeitig spielen kann, so ist unser Gehirn mit seiner Aufmerksamkeitsfähigkeit schlechthin überfordert, wenn gleichzeitig mehrere Aufgaben und Projekte zu bewältigen sind, und das auch noch in immer kleiner werdenden Zeitfenstern.

Das schon erwähnte Multitasking ist für die seelisch-körperliche Gesundheit gefährlich. Immer mehr Menschen opfern ihre Seele, ihr Leben dem Arbeitsdruck und gehen dabei vor die Hunde. Die Perfektionismusfalle, das Zunehmen von Arbeitssucht und Überdrehtsein, die verbreitete Übermüdung, psychische Abwesenheit aus Überforderung, das Mobbing und die Burnoutspirale, all dies und noch viele andere Phänomene zeugen davon, dass manche Entwicklung in der modernen Gesellschaft in eine ungesunde, unproduktive und damit auch unwirtschaftliche Richtung geht.

Immer mehr Artikel in Fachzeitschriften und Buchveröffentlichungen belegen, dass mittlerweile ein allgemein gewordenes Problem auch ins allgemeine Bewusstsein gehoben wird. Daraus könnte eine Richtungsänderung werden. Leider erlebe ich aber an vielen Orten (im Supermarkt, bei der Bank usw.) nach wie vor, dass immer weniger Beschäftigte in immer kleiner werdenden Zeitabschnitten immer mehr Arbeitsabläufe zu tätigen haben.

Blockade 9 – Müdigkeit, Stress, schlechte Gesundheit

Überlastung, Stress, Ausgelaugtsein sind weitere Konzentrationskiller, denn sie saugen Energie ab und bewirken andauernde Kraftlosigkeit und daraus folgend verschiedene Krankheiten. **Uwe Böschemeyer** hat hierzu auf einfache Art interessante Zusammenhänge bildlich zusammengetragen: »*Alles in uns klagt, ärgert sich, beschwert sich und stöhnt, wenn wir uns dem Disstress ausliefern. Das Gehirn meldet sich:* ›*Alles steigt mir zu Kopf.*‹ *Das Auge wehrt sich:* ›*Das kann ich nicht mehr mit ansehen.*‹ *Die Blutgefäße mahnen:* ›*Das Blut gefriert mir in den Adern.*‹ *Die Lunge ahnt:* ›*Etwas schnürt mir die Kehle zu.*‹ *Das Herz befürchtet:* ›*Ich glaube, ich kriege einen Schlag.*‹ *Der Magen warnt:* ›*Ich ärgere mir ein Loch in den Bauch.*‹ *Den Nieren geht* ›*alles*‹ *an die Substanz. Die Bauchspeicheldrüse, der Darm, die Blase, die Muskulatur und ..., sie alle stimmen ein in den Chor der überforderten inneren Organe, um deren Gesundheit der Mensch sonst merkwürdigerweise so besorgt ist. Man kann dem Chor Beachtung schenken, man kann ihn unbeachtet lassen. So oder so – der Stress verändert unser Leben, den Körper und die Seele.*«[21]

Wenn *Konzentration zielgerichtete geistige Energie* bedeutet, dann muss hier – soweit irgendwie möglich – entgegengewirkt werden, denn ausgebrannte Batterien sind nutzlos geworden und können auch nicht mehr aufgeladen werden. Nicht nur der Körper meldet sich mit allerlei Beschwerden, sondern auch die Seele, die tragende Urkraft in uns, erschöpft sich zu einer gefährlichen Leere. Auch hier möchte ich nochmals **Böschemeyer** zitieren: »*Wer sich unter zu starken Stress stellt, lebt nicht in der Zeit. Er hastet lediglich von einer Situation in die andere und ist deshalb nicht geistes-gegenwärtig genug. Das führt dazu, dass der gestresste Mensch sich selbst und anderen zunehmend fremd wird. Er ist sich selbst nicht mehr* *nahe. Er fühlt sich wie ›ausgehöhlt‹. Er fühlt innere Leere. In diese Leere jedoch können all jene Gedanken, Empfindungen und Gefühle einfließen, die er um keinen Preis will –, und deshalb begibt er sich so rasch wie möglich wieder in die unselige Umlaufbahn des Stresses, auf der er wieder und wieder die Erfahrung der Leere machen wird. Irgendwann wird er sich dann zu entspannen versuchen und erkennen, dass die Entspannung entweder nicht gelingt oder zur Lösung seines Problems nicht ausreicht. Zwei Fragen könnten wirklich weiterhelfen. Die erste, häufig gestellte und wenig beantwortete, lautet: Wovor läufst du weg? Die zweite, weniger gestellte und noch weniger beantwortete: Wohin wohl will denn dein Herz?«*[22]

Es geht wirklich darum herauszufinden, wovor man davonläuft und was man in seinem Leben, was man für sein Leben wirklich will. Wir befinden uns nicht selten in Tätigkeiten, Arbeitsabläufen und Arbeitsverhältnissen, die uns von uns selbst entfremden. Jeder Einzelne sollte sich diesen wichtigen Fragen stellen und für sich daraus die Konsequenzen ziehen. Das Gleiche gilt für die Gesellschaft. Die Zeichen der Zeit sprechen allzu deutlich davon, dass vieles nicht richtig läuft.

Blockade 10 – Ungelöste emotionale Probleme

Auch Jahrzehnte nach der Herausgabe des Bestsellers von **Dale Carnegie**[23] »*Sorge dich nicht – lebe!*« ticken viele Menschen nach der Devise: »Lebe nicht, sorge dich!« Viele Zeitgenossen sind innerlich von ungelösten und unaufgearbeiteten Problemen so in Anspruch genommen, dass sie sich im Alltag nicht länger konzentrieren, geschweige denn etwas wirklich kreativ und frei länger anhaltend bearbeiten können. Ein Großteil ihrer Aufmerksamkeit ist in Beschlag genommen. Ein Beispiel aus meiner Beratungspraxis soll zeigen, wie einer meiner Klienten (67), nachdem er ein Lebensproblem bearbeitet hatte, nach und nach freier wurde und den Energiefluss und die Lebensfreude wieder spüren konnte. Ende April 2011 schreibt er eine Reflexion über mehrere Gespräche mit mir unter der Überschrift »*Wandlung*« nieder:

Ich hatte mir geschworen, meinen alten Arbeitsplatz nie mehr zu betreten, unter keinen Umständen. Gestern war ich dort.
Lehrer war ich mit Leib und Seele, fast dreißig Jahre lang, bis ich vor fünf Jahren in Krankheit, Zusammenbruch, Frühpensionierung gemobbt wurde. Die Folgen, auch für meine Familie, waren katastrophal, Zukunftspläne mit einem Schlag hinfällig. TÄGLICH KREISTEN NUN DIE GEDANKEN UM DAS ERLITTENE UNRECHT, um die Unmöglichkeit, dem Leben eine Wende zu geben. Natürlich lese ich kluge Bücher über die »Krise als Chance«, über »Versöhnung mit sich selbst« – wie aber soll ich das verwirklichen? Und irgendwann mag ich mich auch gar nicht mehr plagen. Ich richte mich in einem freudlosen Leben ein, dann kann ich wenigstens nicht mehr überrascht werden.

Nach Jahren unternehme ich doch einen Versuch; ich wende mich an einen Seelsorger mit psychotherapeutischer Erfahrung. Schon im ersten Gespräch fühle ich mich angenommen und stelle verblüfft fest: Der Mann traut mir Wandlung, Wachstum zu, der Mann glaubt an mich! Und er gibt mir einen Satz mit: »ICH MUSS MIR NICHT ALLES VON MIR SELBST BIETEN LASSEN.« (Dieser Satz stammt sinngemäß von Viktor E. Frankl, und ich durfte schon oft erleben, welche Wirkung er haben kann. Bei dem 67-jährigen Herrn hatte er eine nachhaltige Wirkung! Anm. d. Verf.)

Dann verstirbt ein väterlicher Freund, mein erster Chef. Bei der Beerdigung treffe ich Bekannte aus der Schulzeit. Bevor mich ihre Freundlichkeit, ihre ehrliche Zuwendung verunsichern kann, bringe ich meinen Schutzschild in Stellung: Ich bin hinausgeworfen worden, und wenn ich zur Tür hinausgeworfen werde, dahin kehre ich nicht durchs Fenster zurück, eine Sache des Charakters.

Und doch bin ich mir meiner Haltung nicht mehr ganz sicher. Im nächsten Gespräch mit meinem Seelsorger und Therapeuten wird die Szene auf dem Friedhof wieder lebendig. Ich komme weg von dem vor Jahren erfahrenen Unrecht, fühle (auch körperlich) die Wärme in der Begegnung mit den früheren Kollegen.

Die Deutung im Gespräch: Mit dem alten Freund ist auch noch etwas anderes beerdigt worden. Etwas will Friede finden, auf dem Friedhof bleiben. Und der Rat: Besuche diejenigen, die dir so herzlich entgegengekommen sind. Und nimm als »Begleiter« den Verstorbenen mit! »So geschieht Versöhnung!«

Gestern betrat ich mit Herzklopfen meinen alten Arbeitsplatz. Echte Freude darüber schlägt mir entgegen, die Herzlichkeit reißt mich mit. Ich werde umarmt. BEIM HEIMFAHREN SUCHE ICH NACH MEINEM GROLL, MEINEM TÄG-LICHEN BEGLEITER SEIT JAHREN. ICH FINDE IHN NICHT. Ich bin einfach glücklich und voller Hoffnung.

Und wieder führt die Deutung im therapeutischen Gespräch weiter. Dabei spielt auch ein Traum eine Rolle, den ich vor ein paar Wochen schon hatte: Ich wandere an einem mächtigen Urwaldstrom und tue spontan etwas, das so gar nicht zu mir passt – ich springe hinein und genieße das Schwimmen.

Wie gehört das alles zusammen? Im gemeinsamen Blick auf die letzten Monate zeichnet sich ein Weg ab; er führt aus Rückzug, Erstarrung, Vermeidung, aus Lebensferne zu meiner Sehnsucht nach Begegnung, Nähe, Berührung, Wärme. Für mich ist das ein Wunder.

Ein Mensch kann wieder aufatmen, wieder leben, sich wieder dem Leben zuwenden, sich auf das Leben konzentrieren, wenn Probleme, die seine Kraft und Energie aufgezehrt haben, zumindest im Ansatz gelöst wurden.

Blockade 11 – Negative Einstellung

Hier handelt es sich um die mächtigste aller Blockaden. Die innere Einstellung, etwas nicht zu können oder etwas an bestimmten Orten oder unter bestimmten Bedingungen nicht zu können, wird die Unfähigkeit, es wirklich nicht zu können, nach den Gesetzen der sich selbst erfüllenden Prophezeiung (self-fullfiling-prophecy) nach Martin Seligman herstellen. Dahinter verbirgt sich eine Grundeinstellung, nämlich alles grundsätzlich negativ zu sehen, zu bewerten und zu fühlen.

Der Verhaltenspsychologe **Rolf Merkle** nennt verschiedene Arten des negativen Denkens: Alles-oder-nichts-Denken, übertriebene Verallgemeinerung, eingeengte Wahrnehmung, Katastrophen-Denken, Untertreibung, Sich-für-alles-verantwortlich-fühlen. Das grundlegende Kennzeichen negativen Denkens allgemein ist, dass es (meist) nicht mit der Realität übereinstimmt. Daraus folgt, dass die Gedanken kritisch an der Realität überprüft werden müssen.[24]

Der Psychiater **Stanley H. Block** entdeckte das sogenannte Identitätssystem in uns, das eine enorme Macht über uns hat. Es gibt bestimmte Gedanken, die uns unfähig machen, unsere innere Quelle, unser inneres Sein zu spüren. Negative Selbstdialoge wie »*Er liebt mich nicht*«, »*Ich kann das nicht*«, »*Mit diesen Rückenschmerzen werde ich nie wieder aktiv sein können*« oder »*Das wird nie etwas werden*« halten uns von unserer eigentlichen Essenz, unseren eigentlichen Fähigkeiten ab. Dieses Selbstblockadesystem gilt es zu durchschauen und zu überwinden. Durch verschiedene Methoden hat Stanley H. Block Wege aufgezeigt, dies umsetzen zu können.[25]

*»Probleme kann man niemals mit derselben Denkweise
lösen, durch die sie entstanden sind.«*

Albert Einstein

5. Denkgewohnheiten und innere Überzeugungen ändern

Unter diesem Punkt deute ich nun einige Problemfelder an,
die unsere Lebensqualität erheblich beeinträchtigen können.
Unser inneres System der Denkgewohnheiten (Albert Ellis)
kann uns gefangen nehmen. Es verhindert, dass wir aus bestimmten Gedankengängen herauskommen, die uns nicht
guttun. Innere *Leit-Gedanken* unseres Lebens können dabei
nicht selten zu *Leid-Gedanken* werden (Uwe Böschemeyer).
Oft begleiten sie uns schon seit früher Jugend, vielleicht auch
erst seit kurzer Zeit. Manchmal wurden sie durch andere
Menschen in uns eingepflanzt, manchmal sind es Früchte
unserer eigenen Erfahrungen und Erlebnisse, unserer Le-
bensphilosophie. Zu diesem »System der Denkgewohnheiten« gehören auch unsere inneren *Glaubenssätze.* Darunter
verstehe ich in diesem Zusammenhang keine religiösen oder
weltanschaulichen, sondern psychologische Glaubenswahr-
heiten. Unsere Glaubenssätze sind Wahrheiten, von denen
wir zutiefst überzeugt sind und die unser Denken, Fühlen,
Reden und Handeln bestimmen.

Im Laufe des Lebens ist es wichtig, *diese grundlegenden Gedanken kennen zu lernen, weil gerade sie den Grund legen,
auf dem wir gehen, und weil sie unsere Wege leiten,* in jede
mögliche Richtung, je nachdem wie diese Grundprogram-
mierungen gepolt sind. Wenn grundlegende Denkweisen
zu Gewohnheiten geworden sind, dann führen sie uns nicht

selten dorthin, wohin wir nicht wollen. Sie sind tief in unsere Seele eingewoben, und dadurch ist es auch schwer, sie zu finden, sich ihrer bewusst zu werden. Eine *Analyse unseres inneren Lebensskriptes*[26] ist aber die Voraussetzung dafür, zu erkennen, wie wir innerlich ausgerichtet sind. Dann besteht auch die Chance, dass wir ihr Muster wieder verändern könnten. Einige Klassiker solcher Gedanken möchte ich hier nun nennen:

- Nur wer Erfolg hat, ist was wert. (»Haste was, biste was.«)
- Nur wer reich ist, kann richtig leben.
- Das Leben ist viel zu kurz.
- Das Leben ist wert- und sinnlos.
- Menschen kann man grundsätzlich nicht trauen.
- Wenn ich andere Eltern gehabt hätte ...
- Wenn ich die Schule nicht abgebrochen hätte ...
- Wenn ich eine/n andere/n Partner/in geheiratet hätte ...
- Ich bin nichts wert.
- Andere wollen mir immer nur Schlechtes.
- Männer können nicht treu sein.
- Frauen können nicht sachlich bleiben.
- Ich bin nicht liebenswert.

Arnold A. Lazarus und **Allen Fay**, zwei bekannte amerikanische Psychologen, haben in ihrem kleinen Buch »*Ich kann, wenn ich will*« zwanzig exemplarische Denk- und Einstellungsfehler dargestellt, die unser Leben belasten, ja auf Dauer ruinieren können. Die Autoren zeigen auf, wie man diese Haltungen überwinden kann, ohne gleich einen Psychotherapeuten aufsuchen zu müssen. Ich möchte hier eine kleine Auswahl dieser Glaubenssätze vorstellen:[27]

- Mach keine Fehler!
- Andere Menschen sind glücklich.

- Du solltest dich schuldig fühlen, wenn du tust, was du für richtig hältst und andere sich darüber aufregen!
- Sieh zu, dass du es anderen Leuten recht machst und dass sie dich mögen und anerkennen!
- Du musst dein Glück verdienen!
- Bemühe dich, perfekt und vollkommen zu sein!
- Du musst deine abwegigen Gedanken sehr ernst nehmen!

Solche und auch die weiter oben genannten Glaubenssätze sind oft tief eingewoben in unserer Seele, obwohl sie selten stimmen. Sie geben zwar wie ein Geländer einen gewissen Halt im unsicheren Gelände des Lebens, nicht selten verschließen sie uns aber die Wege zu neuen, anderen, positiven Erfahrungen. Im Inneren vieler Menschen herrscht ein Kritiker, Antreiber, Ankläger, Einpeitscher und Gegenspieler, der durch seine Einflüsterungen das Denken und damit das Leben immer wieder madig macht.[28] Die falsche Sicherheit solcher inneren Überzeugungen erzeugt nicht selten Schmerzen und Enttäuschungen, die – und das ist der Teufelskreis daran – diese Leid-Gedanken immer wieder bestätigen.

Diese inneren Störenfriede machen den Menschen – ob christlich orientiert oder nicht – in seinem Denken und Handeln unfrei. Der Druck, der von ihnen ausgeht, verhindert Entspanntheit, Spontaneität, Freude, Genussfähigkeit und Gelassenheit.

Unsere inneren Antreiber haben einen kaum zu unterschätzenden Einfluss
- auf unser Denken und Fühlen,
- auf unseren Umgang mit uns selbst,
- auf unsere Lebensführung,
- auf unsere Beziehungen zu unseren Mitmenschen, zur Mitwelt und zu Gott.

Diese Bereiche bilden meines Erachtens die Basis eines sinn-erfüllten Lebens. Besonders für religiös orientierte Men-schen besteht die große Gefahr, dass ihre inneren Antreiber zu einer Kluft führen zwischen ihrem Reden und Handeln, zwischen der Theorie und der Praxis ihres Glaubens. Nicht selten ist zu erleben, dass überzeugte Christen Jesus und das Evangelium vielfach im Munde haben, ihr Verhalten aber eher hart, unbarmherzig, ja sogar verdammend ist.

In einem Beratungsgespräch fragte ich einmal eine Frau, die von sich sagte, dass sie eine gute Christin sei, und zu mir mit Eheproblemen kam: »*Warum haben Sie sich vor Jahren für diesen Mann entschieden, mit dem Sie nun immer wieder Pro-bleme haben? Warum dieser Mann und nicht ein anderer?*«
Mit dieser Frage beschäftigten wir uns. Dabei kamen so nach und nach Antworten von der Ratsuchenden, die zeigten, wie im Hintergrund wirkende Gedanken und Vorstellungen auch eine Partnerwahl bestimmen können. Ich möchte hier nun ihre Antworten nennen:

- *Ich wollte Einfluss haben (auf diesen Mann und durch die-sen Mann, der öffentlichen Einfluss hatte).*
- *Ich war blind.*
- *Ich wollte einiges nicht wahrhaben.*
- *Sonst bekomme ich keinen mehr.*
- *Liebe war schon da.*
- *Wir hatten am Anfang auch eine gute Zeit miteinander.*
- *Ich wollte Kinder haben und habe deswegen auch geheiratet.*
- *Versorgung und Versorgtsein spielte auch eine Rolle.*
- *Ich träumte von einer heilen Familie.*

Die Frau kam dadurch auch in Konflikt mit dem Wertesys-tem ihrer Religion. Dies hinterließ wiederum ein Schuldge-fühl und eine schlechte Grundstimmung in ihr.

Ihre Antworten ordneten wir gemeinsam nach Prioritäten und stellten dabei folgende Hauptwertungen fest:

- An erster Stelle stand: Ich wollte Kinder haben und habe deswegen auch (ihn) geheiratet.
- An zweiter Stelle stand die Idee der heilen Familie. Diese Idee war viel mehr als eine Idee. Dahinter stand eine tiefe Sehnsucht, und ich dachte, mit ihm wäre die Verwirklichung dieser Sehnsucht möglich.
- An dritter Stelle stand der angstvolle Gedanke: Sonst bekomme ich keinen mehr.
- Und an vierter Stelle wirkte tief der Gedanke der Versorgung in mir.

Dieses kleine Beispiel aus einem ganz normalen Beratungsgespräch zeigt deutlich, *wie bestimmend und vielversprechend Gedanken in uns sein können.* Es zeigt uns dabei auch die Gefahr auf, dass innere Vorstellungen, Sehnsüchte und Gedanken sich über die Realität hinwegsetzen können. Der Partner wird sich »zurechtgezimmert«, und dann wundert man sich, wenn dies früher oder später zu Partnerschaftsproblemen führt. Wer will als Partner denn schon nach dem Motto leben: »*Du hast eine Vorstellung von mir und so muss ich also sein ...*«? Wer von uns will nach dem Bild, das sich ein anderer von uns gemacht hat, leben?

Solche einengenden, den anderen nicht richtig wahrnehmenden Gedanken und Wunschvorstellungen sind leider nicht selten. Damit in Verbindung wird mir die Tragweite eines der christlichen Gebote neu bewusst: *Du sollst dir kein Bild von Gott machen!* Nach christlichem Verständnis hat Gott den Menschen als sein Ebenbild geschaffen. Deshalb gilt auch – und das ist den Wenigsten bewusst: Du sollst dir auch kein Bild vom anderen machen, denn dadurch presst du ihn in deine Vorstellungen und wirst ihm nicht gerecht.

Nur wer sich mit sich selbst auseinander setzt – mit seinen Gedanken, Gefühlen, Bewertungen, Zielen, Maßstäben, Antreibern usw. –, kann sich ändern. Diese Veränderung zeigt sich in wachsender Freiheit, sagt Jesus: *»Ihr werdet die Wahrheit erkennen, und die Wahrheit wird euch frei machen«* (Joh 8, 32). Eine Freiheit, die nicht nur mich selbst freier werden lässt, sondern auch all meine Beziehungen befreit.

Der Benediktinerpater **Anselm Grün** formuliert es in seinem Buch *»Der Himmel beginnt in dir«* folgendermaßen: *»Dort, wo mein größtes Problem liegt, da liegt auch die größte Chance, da liegt auch mein Schatz. Da komme ich in Berührung mit meinem wahren Wesen. [...] Der Weg zu Gott führt über die Begegnung mit mir selbst, über das Hinabsteigen in meine Wirklichkeit.«*[29]
Gemeint ist hier die Wirklichkeit, wie sie ist und nicht wie ich sie haben will.

Kennen Sie Ihre Leitgedanken, Ihre inneren Glaubenssätze?

Je rascher wir diese inneren Quertreiber erkennen, desto eher können wir uns gegen sie empören und auflehnen und sie damit auch verändern. In dem Veränderungsgeschehen werden wir dann Zugang zu den Kräften finden können, die diese inneren Gegenspieler uns bisher versperrt hatten.

Uwe Böschemeyer nennt zehn Leitsätze im Umgang mit unseren Gedanken, die ich für so wertvoll halte, dass ich sie hier zitieren möchte:

1. Gedanken sind Ausdruck der ganzen Persönlichkeit, zugleich beeinflussen sie die Persönlichkeit. Wer guten Umgang mit den Gedanken sucht, braucht deshalb Selbsterfahrung.

2. Gedanken sind Ausdruck des Geistes, zugleich lebt der Geist davon, welche Gedanken ihm vorgegeben werden.

3. Es gibt »zwei Seelen« im Menschen. Die eine entwickelt Gedanken, die ihn von ihm selbst entfremden, die andere entwickelt Gedanken, die ihn zu ihm selbst und auf seinen persönlichen Weg führen.

4. Es gibt Leit-Gedanken, die zu Leid-Gedanken werden. Es gibt auch Leit-Gedanken, die zu gelingendem Leben führen.

5. Die die Persönlichkeit bildenden Gedanken werden – in aller Regel – nicht im Stress geboren, sondern in der Stille. Stress ist die Negativbedingung für ein »gedankenloses«, frustriertes und ungesundes Dasein.

6. Viele Gedanken, die zu zwischenmenschlichen Störungen führen, basieren auf unangemessenen Vorstellungen, die wir uns von anderen machen, und auf unangemessenen Erwartungen ans Leben.

7. Es gibt bedrängende Gedanken, die erst dann zur Ruhe kommen, wenn sie auf ihre realen Möglichkeiten hin durchdacht worden sind.

8. Es gibt peinliche Gedanken, für die wir uns nicht zuständig zu fühlen brauchen, weil sie aus seelischen Schichten aufsteigen, die unserem Verantwortungsbereich entzogen sind.

9. Nur wenn ich fühle, was ich denke, und denke, was ich fühle, bin ich mit mir im Einklang.

10. Was suche ich in meinen Gedanken: das Ja, das Jein oder das Nein zum Leben?[30]

Wir haben in uns nicht nur quer treibende, störende und anklagende Gedankenmuster, die wir kennen lernen sollten, um ihnen immer weniger ausgeliefert zu sein. In uns gibt es auch positive Grundprogramme. Diese kennen zu lernen und ihre Kraft neu in unsere Lebensführung und Lebensgestaltung einzubauen, ist eine genauso wichtige Aufgabe auf dem Weg zu einem zufriedenen und ausbalancierten Leben.

Die amerikanische Psychologieprofessorin **Barbara L. Fredrickson** entwickelte in jahrelangen Feldstudien ihre Broaden-and-Build-Theorie, die davon ausgeht, dass in uns positive Grundhaltungen wirken, die bewusst genährt werden wollen. Die durch viele Experimente belegte Faustregel lautet bei ihr 3:1. »*Wem es gelingt, dreimal häufiger positive als negative Gefühle zu erleben, der bewältigt auch Schicksalsschläge*«.[31] Broaden-and-Build bedeutet in diesem Zusammenhang: Eine positive innere Haltung gibt uns die Möglichkeit, seinsmäßig auf eine neue Ebene zu kommen, unseren Geist zu erweitern (broaden) und uns neue Möglichkeiten und Zukunftsperspektiven zu erschließen und aufzubauen (build).

Wie ich es schon öfters in diesem Buch betont habe, hat das mit den nicht tiefer greifenden Theorien und Praktiken des Positiven Denkens oder der sogenannten Glücksphilosophien nichts zu tun. Hinter einer positiven Grundeinstellung verbergen sich positive Gedankenmuster, die es zu erkennen und zu fördern gilt.

Eine Grunderkenntnis von Barbara L. Fredrickson lautet: »*Das Entscheidende ist meinen Forschungsergebnissen zufolge [...] der sogenannte positive Quotient. Hierbei handelt es sich um das messbare Verhältnis zwischen tief empfundenen positiven und herzzerreißenden, negativen Gefühlen. Formal betrachtet berechnet sich der positive Quotient durch die Häufigkeit positiver Emotionen während eines beliebigen Lebens-*

abschnittes geteilt durch die Häufigkeit negativer Gefühle im gleichen Zeitraum, also durch die einfache mathematische Formel P÷N (Positivität÷Negativität). [...] Wenn die Positivität unter einen bestimmten Wert sinkt, geraten die Menschen in eine durch Negativität genährte Abwärtsspirale. Ihr Verhalten wird auf schmerzhafte Weise vorhersagbar – sie sind geradezu erstarrt. Sie haben das Gefühl, eine große Last auf den Schultern zu tragen – manchmal fühlen sie sich wie tot. Doch bleibt die positive Grundeinstellung über diesem bewussten Wert, dann scheinen die Menschen in einer von Positivität gespeisten Aufwärtsspirale emporzustreben. Ihr Verhalten ist deutlich weniger vorhersagbar und kreativer. Sie wachsen, haben Auftrieb und fühlen sich lebendig.«[32]

Zu einem großen Teil haben wir es in der Hand, in eine Abwärts- oder Aufwärtsspirale des Denkens, Fühlens und Lebens zu geraten, denn wir sind als Menschen fähig, immer wieder hinzuzulernen und nicht innerlich und äußerlich stehen zu bleiben. Wir haben es in unserer Hand[33], unsere Denk-, Gefühls- und Lebensgewohnheiten anzusehen und zu ändern.

Eine Sinngeschichte kann dies vielleicht verdeutlichen:

OFFENSICHTLICH

Zu einem Weisen kam einer und klagte: Ich suche nun so viele Jahre nach Gott und kann ihn nicht finden. Der Weise sah ihn freundlich an und erzählte:
Es war einmal ein Mann namens Nasruddin. Er ging immer hin und her über die Grenze, an verschiedenen Zollstellen, einmal mit einem Esel, einmal auch mit zweien oder dreien. Auf den Eseln transportierte er große Lasten Stroh. Die Zöllner wussten, dass er ein bekannter Schmuggler war, und so durch-

suchten sie ihn immer wieder, stachen mit Stöcken in die Stroh-
ballen, und manchmal verbrannten sie das Stroh und suchten
in der Asche nach dem, was er schmuggelte. Aber sie fanden
nichts, und Nasruddin wurde reicher und reicher. Schließlich
wurde er alt, zog in ein anderes Land und setzte sich zur Ruhe.
Dort begegnete ihm einer der früheren Grenzwächter und
fragte: »Nasruddin, jetzt könnt Ihr es mir ja sagen. Was habt
Ihr geschmuggelt, das wir nie gefunden haben?« Nasruddin lä-
chelte und antwortete: »Esel!«
Siehst du, sagte der Weise, so sucht mancher nach Gott, und
Gott ist vor seinen Augen.[34]

Diese Geschichte kann man mehrdimensional verstehen
und deuten.

Sie ist überschrieben mit dem Wort »Offensichtlich«. Anscheinend ist ihr Inhalt für viele Menschen nicht offensichtlich – erst am Ende kommt die erstaunliche Lösung ans Licht.
Für mich geht es in dieser Sinngeschichte um die Frage der
Dimension, wie man das Leben wahrnehmen kann. Lassen
wir hier einmal die Frage nach Gott, die den Anfang und das
Ende dieser kleinen Geschichte umrahmt, beiseite. Nehmen
wir dafür die Verhaltensweisen des gewitzten Schmugglers
Nasruddin und der Zöllner. Nasruddin wird bei seinem un-
ehrlichen Geschäft des Schmuggelns (eine ethische Bewertung wollen wir hier auch beiseite lassen) immer reicher, die
Zöllner, die ja Gesetz und Recht vertreten, bleiben in ihrem
Tun immer wieder erfolglos. Sie stochern gleichsam in der
falschen Dimension, dem Stroh, herum und finden nichts.
Sie können auch gar nichts finden, denn die Lösung des
Reichtums liegt in den Eseln, die das nutzlose Stroh transportieren. Die Zöllner können die andere Dimension nicht
entdecken, mit der Nasruddin so schlau handelt. Das Arbeiten mit dieser anderen Dimension macht ihn nicht nur finanziell reicher und reicher, er findet auch zu innerer Ruhe

und Gelassenheit. Die Zöllner wurmt bis zuletzt ihr erfolgloses Suchen und Tun. Manchmal hinterließen sie sogar nur noch Asche ... Die Doppeldeutigkeit des Wortes »Esel« tut dann noch ein Übriges: Ein Esel bleibt der, der sich nur in der Eindimensionalität einer Denk- , Fühl- und Lebensweise aufhält und sich dadurch in seinem Leben nicht in die positive Richtung entwickelt.

Auf verschmitzte Weise belegt diese Geschichte die Erkenntnisse der genannten Psychologieprofessorin Fredrickson: Eine positive Haltung kann uns auf neue Erkenntnisebenen führen und somit die Eindimensionalität unseres Denkens und Fühlens, die oft zu nichts führt, auf höhere Dimensionen ausweiten. Reichtum, Erfolg, Glück, Gelassenheit und Humor sind die Früchte davon.

Unsere Denkgewohnheiten und inneren Überzeugungen – die negativen und die positiven – kennen zu lernen, sie zu ändern, zu erweitern und auszubauen gehört zu den spannenden Aufgaben unseres Lebens. Viktor E. Frankl, der Begründer einer sinnzentrierten Psychotherapie, der Logotherapie und Existenzanalyse, lebte und lehrte danach, wenn er sinngemäß sagte: Der Mensch leidet darunter, wenn er das Leben befragt, warum dieses und jenes geschieht. Er sollte diese Fragen umdrehen und sich als ein vom Leben Befragter sehen und dementsprechend seine Antworten geben.

»Das höhere Selbst kennt alle Antworten und teilt sie uns durch Intuition, Inspiration und Visionen mit. Es wird uns die verborgenen Aspekte und den Ausweg zeigen.«

Chuck Spezzano

6. Nicht nur mit dem Kopf denken – die Kraft der Intuition

In unserer westlich geprägten Leistungsgesellschaft zählen meist nur das aktive Tun, die Ergebnisse und Resultate. Es herrscht eine Überbetonung der Vita activa, des tätigen Lebens für andere. Das Innehalten und das in Betrachtung versunkene Leben, die Vita contemplativa, trat mehr und mehr in Vergessenheit. Dies brachte eine überreizte, überlastete, hyperaktive Haltung in allen Lebensbereichen mit sich, die den Kontakt zu tieferen Kraftquellen verloren hat. Gesetze der Balance herrschen seit der Schöpfung in der Natur, die uns umgibt: Die Wiederkehr von Tag und Nacht, der Wechsel der Jahreszeiten, die Gezeiten Ebbe und Flut geben den Rhythmus vor, in dem der Mensch ein- und ausatmet, schafft und schläft: Er tut gut daran, diese Ordnung im Blick zu behalten.

Die Weisheit des Wechsels zwischen aktivem und kontemplativem Leben, die zum Beispiel mit der Ordensregel des hl. Benedikt von Nursia in Verbindung gebracht wird und als Merksatz »Ora et labora – Bete und arbeite« im Bewusstsein der monastischen Klöster fest verankert ist, wird heute mehr durch ostasiatische Lehren wieder entdeckt und in Lebensbewältigungsstrategien eingebracht. Der verwandte Begriff Wei Wu Wei aus altchinesischen Quellen meint im Daoismus das *Tun aus dem Nichtstun, die Enthaltung eines gegen die Natur gerichteten Handelns.* **Karlfried Graf Dürkheim**, der große Zen-Meister und Philosoph, bei dem auch Anselm Grün in die Schule ging, nennt die Kunst, Gelassenheit im Alltag zu finden, so: *»Das gezielte Tun ist in einem empfangenden Nicht-Tun verwurzelt.«* Die so lange verpönte Kunst des Müßiggangs wird heute wieder entdeckt. Sie ist nicht – wie ein altes Sprichwort sagt – »aller Laster Anfang«, sondern der Anfang aller Kreativität. Sicherlich liegt auch hier die Wahrheit eher in der Mitte.

Wir haben immer irgendetwas zu tun, wir denken immer irgendetwas und wundern uns dann, wenn unser Körper, unsere Seele oder unser Geist streiken.
In diesem Kapitel geht es nun um *die Intuition.* Empfangendes Nicht-Tun und die Verwurzelung darin, so könnte man Intuition umschreiben. Wenn ich mit meinem Verstand einmal gar nichts tue, lasse ich einfach mein wahres Selbst etwas tun. Ich bin nicht der Handelnde – mein Unbewusstes handelt. Der schon öfter genannte evangelische Theologe und Psychotherapeut **Uwe Böschemeyer** formulierte einen Buchtitel, der das genial auf den Punkt bringt: *»Dein Unbewusstes weiß mehr, als du denkst.«*[35]

Die Intuition gründet im Unbewussten

Was das Unbewusste ist, darüber sind schon zahlreiche Bücher geschrieben worden. Weniger rational, sondern mehr bildhaft verständlich und leichter nachvollziehbar empfinde ich die Umschreibung des Unbewussten, wie **Böschemeyer** sie geleistet hat: *»Das Unbewusste ist der seelische Bereich in uns, zu dem unser Bewusstsein keinen unmittelbaren Zugang hat. Das Unbewusste ist die innere Welt, die der Verstand nicht ergreifen, geschweige denn begreifen kann, weil sie sich ratio-*

naler Logik entzieht. Man kann das Unbewusste weder mes-
sen noch erklären, man kann es allenfalls – und das nur nach
reichlicher Selbsterfahrung – zu verstehen beginnen. Das Un-
bewusste ist das, was unserem Bewusstsein z. B. in Gedanken-
blitzen und Ein-fällen, Ahnungen und Visionen, Stimmungen
und inneren Schmerzen – was uns über Erinnerungen, Träume
und innere Wanderungen, also Imaginationen nahekommt. ...
Es ist die uns nicht bewusste Welt der Seele, deren Mitte der
unbewusste Geist und in dem die ›Logik des Herzens‹ (Pascal)
zu Hause ist.«[36]

Das Unbewusste wird heute weniger als bedrohlicher Feind,
sondern eher wie ein Freund gesehen: »*ein mentaler Butler,*
ohne den wir im Alltag ganz schön aufgeschmissen wären. Das
Unbewusste erledigt einen Großteil der Arbeit, die für unser
Gehirn täglich anfällt, ohne dass wir auch nur das Geringste
davon mitbekommen. Sekunde für Sekunde verarbeitet es Mil-
lionen von Einzelinformationen, mit denen unser bewusster
Verstand schlichtweg überfordert wäre.«[37]

Die Verbindung zwischen Körper, Seele und Geist, die in
unserer industrialisierten Welt verloren gegangene und seit
Kurzem wiederentdeckte Ganzheitlichkeit, bringt die Welt
des Bewusstseins mit der Welt des Unbewussten wieder zusammen. Gleichsam getrennte Teile einer Stadt – Oberstadt
(Bewusstsein) und Unterstadt (Unbewusstes) – finden wieder zueinander. »*Die Ober- und die Unterstadt sind ja nicht*
verschiedene Städte. Sie sind Teile ein- und derselben Stadt. Sie
sind zwar unterschiedlicher Art, doch nur gemeinsam bilden
sie die eine Stadt. Sie liegen zwar an verschiedenen Orten, die
Bewohner sprechen auch eine unterschiedliche Sprache, beide
Ortschaften sind jedoch durch eine Brücke miteinander ver-
bunden. ... Die Stadt ist so geplant, dass sie irgendwann ein-
mal eine werden soll. Woher man das weiß? Wann immer es

*passiert, dass die Brücke zwischen oben und unten breit, ganz
breit ist – das kommt so oft nicht vor –, herrscht Jubel sowohl
in der Unter- als auch in der Oberstadt. Dann treffen sich die
so unterschiedlichen Bewohner mitten auf der Brücke (sie wird
deshalb von den Oberen ›Mitte‹ genannt). ... Dann sind sie
glücklich darüber, dass das, was sie getrennt hat, überwunden
ist.«*[38]

Die Intuition gründet im Unbewussten, so schrieb ich vorher. Nun will ich erweiternd schreiben: Die Intuition gründet im Unbewussten und sie will uns zur Begegnung zwischen »Oberstadt und Unterstadt«, zu unserem Wesenskern,
zum inneren Selbst, *zu unserer Mitte* leiten. Unser Bauchgefühl, wie die Intuition auch genannt wird, und der Verstand
wollen keine Gegner sein, wozu sie in der abendländischen
Philosophie und daraus sich entwickelnd in der abendländischen Kultur gemacht wurden. Die Formel »*Cogito, ergo
sum – Ich denke, also bin ich*« von **René Descartes** verkürzte
den Menschen zu stark und zu eindimensional auf seine Vernunft (Ratio), was jahrhundertelange Folgen hatte bis heute.

Gehirn und Bauch – Orte der Intuition

*DIE INTUITION HAT IN ZWEI DIMENSIONEN DES
MENSCHEN IHR ZUHAUSE, IM GEHIRN UND IM
BAUCH. »Jahrzehntelang ging man davon aus, dass Intuition
etwas ist, was im Großhirn und im Mandelkernbereich des Gehirns abläuft. Dort nämlich, wo die Emotionen und die tiefsten
Gefühle bearbeitet werden. Dass Intuition auch im Bauch entsteht und abläuft, ist eine ziemlich neue Erkenntnis.«*[39]

Dass Intuition aus dem Bauch heraus geschieht, weiß die
Menschheit schon immer irgendwie, *neu ist die Kenntnis*

darüber, dass und wie intuitive Bauchentscheidungen getroffen werden. Neben dem schon genannten System im Kopf, das auch intuitiv Entscheidungen treffen kann, gibt es ein System im Bauch, aus dem intuitive Entscheidungen kommen. Dieses Bauch-Nervensystem aus etwa 100 Millionen Nervenzellen wird enterisches Nervensystem genannt. Der Neurophysiologe **Emeran Mayer** von der University of California konnte nachweisen, dass unser »Bauchhirn« fast alle emotionalen Prozesse steuert oder steuernd begleitet. Nicht nur das menschliche Gehirn, sondern auch seine Eingeweide speichern alle Lebenserfahrungen und setzen diese im Alltag um. Das Gehirn wäre bei der täglichen Informationsflut heillos überfordert – es würde kollabieren und »abschalten«. Es greift deshalb auf sogenannte mental shortcuts, also geistige Abkürzungen, zurück, die ihm das »Urprogramm des Bauches« liefert. Der Berliner Psychologe **Gerd Gigerenzer** vom dortigen Max-Planck-Institut fand heraus, dass wir in Entscheidungsprozessen immer die Variante wählen, die uns am meisten vertraut und bekannt ist. Solche Bauchentscheidungen laufen nach einer bestimmten Regel ab: *»Je weniger wir auf kognitive Fakten zurückgreifen können, auf messbare Informationen, Zahlen, Daten, Beweise oder logische Schlüsse – umso mehr kommt die Entscheidungsvorbereitung aus dem enterischen Nervensystem. Verfügen wir bei einer anstehenden Entscheidung über null Faktenwissen – dann kommt die Entscheidung zu 100 % aus dem Bauch. Und was dabei herauskommt, ist schon sehr bemerkenswert. Gerd Gigerenzer: ›Es liegt häufig die Weisheit im Nichtwissen.‹«*[40]

Der hier erwähnte Professor Gigerenzer beschäftigt sich seit über 20 Jahren mit dem menschlichen Verstand und der Entscheidungsforschung. Bei **Bas Kast** fand ich eine Interviewepisode, die sehr schön zeigt, dass die *Weisheit des Herzens,* der 6. Sinn der Intuition, nach einem rationalen und emotionalen Hin und Her der Entscheidungsfindung die richtige Wahl treffen kann.

»»Herr Gigerenzer‹, fing ich an. ›Könnten Sie vielleicht den Kerngedanken Ihrer Forschung noch einmal knapp auf den Punkt bringen?‹ Gigerenzer schwieg. ›Sozusagen als Take-Home-Message für den Leser.‹ ... Gigerenzer schwieg. Er zupfte an seinem Schnurrbart, kniff die Augen zusammen. ›Wissen Sie was‹, sagte er dann. ›Ich erzähle Ihnen eine Geschichte. Sie handelt von einem Bekannten.‹ Und da erzählte er die Geschichte von einem Mann, der zwei Frauen liebte und nicht wusste, für welche er sich entscheiden sollte. Die eine liebte er aus ganz anderen Gründen als die zweite – wie sollte er da wählen? Dummerweise wussten die beiden voneinander und hatten dem Mann die Pistole auf die Brust gesetzt: entweder sie oder ich! In seiner Verzweiflung entschloss sich der Mann, dem Rat Benjamin Franklins zu folgen. Franklin, ein amerikanischer Politiker, Naturforscher und Philosoph aus dem 18. Jahrhundert, pflegte in solchen Situationen ein Blatt Papier zu nehmen, darauf eine senkrechte Linie zu ziehen, um dann auf der einen Seite die Vor- und auf der anderen die Nachteile der Alternative aufzulisten. Er sei, meinte Franklin, mit dieser Methode stets gut gefahren. Und so sammelte Gigerenzers Bekannter alle Kriterien, die ihm wichtig waren. Er versuchte sich vorzustellen, wie aufmerksam und lieb Kandidatin 1 ihn auch nach Jahren der Ehe noch behandeln würde im Vergleich zu Kandidatin 2. Er bewertete das Aussehen und überlegte sich, inwiefern die Frauen im späteren Leben interessante Gesprächspartnerinnen für ihn sein würden. Zuletzt gewichtete er die einzelnen Kriterien, gab jedem Element eine Punktzahl, addierte die Werte und verglich das Ergebnis. Gigerenzer machte eine Pause. Er blickte mich an. ›Wissen Sie, was dann geschah? Er sah das Ergebnis und wusste intuitiv: Es ist falsch. Sein Herz hatte eine andere Entscheidung getroffen als sein Verstand.‹

Also beschloss der Mann, seine Liste zu vergessen – und er verbrachte viele Jahre mit der Frau seines Herzens, ›glücklich‹, wie Gigerenzer betonte. Er hatte auf Benjamin Franklin gepfiffen und stattdessen auf sein Gefühl gehört. ›Er hatte die richtige Wahl getroffen.‹«[41]

Bauch-Grundprogramme des Unbewussten

Die Frage, die sich nun stellt, ist die, nach welchen Kriterien das Unbewusste, die Intuition, zur richtigen Wahl kommt, welches Programm bei der Entscheidungsfindung eine Rolle spielt.

Amerikanische Neuropsychologen, **Cynthia Jonas**, **Merryl Reiman** und **David Rose**, entdeckten 1999, dass etwa 60 % des jeweiligen Bauchprogrammes, das Entscheidungsprozesse beeinflusst, genetisch bedingt, also vererbt sind.[42] Es ist von fünf solchen Programmen die Rede, die im Anschluss aufgezeigt werden. Die restlichen 40 % erwerben die Menschen im Laufe des Lebens – vor allem in der Kindheit und Adoleszens. Vor allem unter Stresseinfluss greift der Bauch schnell auf eines dieser Programme zurück, ähnlich wie bei einer Notbremse. Diese Programme laufen dann gleichsam automatisch ab.

Die erwähnten fünf Grundprogramme sind:

* **Bauchprogramm der Nervosität und Sensibilität.**
  Distanzierte Betrachtungsweise, Abwägen, Durchdenken ist kaum möglich. Das Leben wird grundsätzlich als kompliziert bewertet, und diffuse Ängste bestimmen die Gefühlslage. Solche Bauchentscheidungen sind diffus, beziehen keine Stellung und bewirken nichts Konkretes.

Entscheidungen werden ver- oder aufgeschoben, Dinge werden laufen gelassen.

- **Bauchprogramm der Phantasie und Offenheit für Neues.** Mutige, unbesorgte und unreflektierte, kreative Entscheidungen. Schnelle, manchmal zu schnelle Entscheidungen. Kein Nachdenken über Komplikationen. Typisch optimistische Grundeinstellung. Heute so, morgen so – und alles ist richtig.

- **Bauchprogramm der Disziplin, der Ordnung, Kontrolle und des Normverhaltens.**
  Korrekte, nie verwegene oder phantasievolle Entscheidungen. Positives Grundempfinden, wenn einem Ordnungssystem gefolgt werden kann. Wenn dieses nicht gegeben ist, dann Tendenz zur Starre und Verweigerung. Statisches System gibt emotionale Wohlfühlsicherheit. Stromlinienartiges Verhalten führt zu Rollenverhalten, aber nicht zum eigentlichen individuellen Leben.

- **Bauchprogramm der Extraversion und der Kontaktfreude.**
  Katzenhaftes Immer-wieder-auf-die-Füße-Fallen. Chamäleonartiges Wechseln der Werte- und Normsysteme, um immer in die richtige Lebenslage zu kommen. Sehr weit verbreitetes Überlebensprogramm. Schlitzohriges und populistisches Vitamin-B-Verhalten, d. h. man findet immer jemanden, der einem weiterhilft. Kognitives Denken liegt so jemandem nicht.

- **Bauchprogramm der Liebe, Fürsorge und des sozialen Engagements.**
  Einsatz für andere macht glücklich. Optimistische Grundhaltung. Überzeugung, Dinge meistern zu können. Au-

thentischer als das vorherige. Bauchentscheidungen orientieren sich an Rückmeldungen anderer. Kognitives Entscheiden eher schwach. Wenn man sich angenommen und gebauchpinselt fühlt, dann sprudeln die Entscheidungen.

Diese fünf Bauchprogramme sind laut den genannten Forschern kulturunabhängig und ziemlich statisch in uns Menschen vorhanden. Wie bei einem schreibgeschützten Programm auf der Festplatte des Computers sind diese Grundprägungen im **Thalamus** (dem Gehirnbereich, der für das emotionale Erleben verantwortlich ist) **und** im **enterischen Nervensystem** festgeschrieben. Sie bestehen nicht immer in Reinform. Es gibt Kombinationen und Mischformen. Bestimmte Konstellationen schließen sich aber gegenseitig aus.

Grundmotive des Menschen als Zuarbeiter der Grundprogramme

Wir Menschen handeln *neben diesen Grundprogrammen auch aus sieben Grundmotiven* heraus, die den Grundprogrammen zuarbeiten. Diese Grundmotive folgen einem bestimmten Nutzenmodell, es steht immer die (unausgesprochene) Frage im Raum, welchen Nutzen diese oder jene Entscheidung bringt.[43]

- **Anerkennung und Prestige**
  Bringen Entscheidungen Zuwachs an Anerkennung und Prestige? Kann ich positive Rückmeldungen erwirken? Hebe ich mich von anderen ab? In dieser Grundmotivation sind auch Macht und Machtstreben verankert.

- **Gesundheitsstreben**
  Gefährdet die Entscheidung meine Gesundheit, mein Leben? Dahinter stehen das Streben nach körperlicher Unversehrtheit und die Vermeidung von Krankheit oder Verletzung.

- **Sicherheit**
  Bringt mir die Entscheidung ein Mehr an Sicherheit (sozial, persönlich, finanziell, ethisch und moralisch u. a. m.)?

- **Bequemlichkeit**
  Bringt mir die Entscheidung ein Mehr an Easy Living im Sinne von: minimaler Aufwand, ja nicht zu viel tun, zu fleißig sein, zu viel Aufwand betreiben?

- **Neugier und Entdeckungsfreude**
  Bringt mir die Entscheidung eine Befriedigung meiner Neugier und meiner Entdeckungsfreude? Werde ich dadurch reicher an Erfahrungen, Kontakten, Erlebnissen?

- **Soziales Engagement**
  Bringt mir meine Entscheidung eine Befriedigung meiner ethischen und moralischen Ansprüche an das Helfen? Ein echter Einsatz für andere will genährt und befriedigt werden.

- **Bereicherungsstreben**
  Bringt mir meine Entscheidung ein Mehr an Geld oder Besitz? Werden materielle Werte dadurch vermehrt? Vermeide ich durch meine Entscheidung (materielle) Verluste?

Diese Darstellung unserer Grundmotivationen und Grundprogramme ist *ein* Ansatz. Mir ist sehr wohl bewusst, dass es noch viele andere Erklärungsmodelle gibt, die uns helfen können, uns selbst, unserem Grundcharakter, unseren Grundmotiven, unseren Entscheidungs- und Denkgrundlagen auf die Schliche zu kommen. Beispielhaft und ohne hier näher darauf einzugehen, möchte ich das fundierte Charaktererklärungssystem von **Fritz Riemann**[44] und das mittlerweile recht bekannte *Enneagramm*[45] nennen. Letzteres möchte ich hier aber schon kurz erwähnen, da es sich gut mit dem vorher Geschriebenen in Verbindung bringen lässt.

Das Enneagramm – ein Erklärungsmodell unseres Grundcharakters

Im Laufe der letzten 30 Jahre sind einige Veröffentlichungen über das Enneagramm erschienen. Ich möchte hier nur darauf hinweisen, dass dieses Werkzeug ein hilfreiches Mittel auf dem Weg der Selbsterkenntnis und der Einschätzung anderer ist. Betonen möchte ich dabei, dass es für mich ein Werkzeug und keine Ersatzreligion ist – dies kommt nämlich leider auch oft vor. Das Enneagramm soll erklärend und erhellend eingesetzt werden und nicht abstempelnd oder in Schubladendenken kategorisierend. Ich bevorzuge bei der Fülle der Autoren **Richard Rohr/Andreas Ebert**, **Helen Palmer** und **Uwe Böschemeyer**, wobei auch diese zu ergänzen sind. Auf jeden Fall sind die genannten Bücher hilfreich, das Bewusste und das Unbewusste besser kennenzulernen und zusammenzubringen, damit sie sich, wie Böschemeyer so schön sagte, auf der Brücke, in der Mitte treffen können und unsere Entscheidungen aus *Bauchhirn* und *Kopfhirn* reflektierter und verwurzelter werden.

Beispielhaft möchte ich deshalb eine Erkenntnis aus dem Wissensschatz des Enneagramms bezüglich des Themas Intuition und Unbewusstes nennen. Sie stammt von **Jeanette** van Stijn, die von Helen Palmer und David Daniels ausgebildet wurde. Nach dem Modell, das menschliche Grundcharaktere in neun Typen einteilt, richten die verschiedenen Typen den je eigenen Fokus ihrer Aufmerksamkeit auf verschiedene Fragen. Dies läuft meist unbewusst ab und nährt und unterstützt die jeweilige Version der Wirklichkeitswahrnehmung und -verarbeitung.

»Hier eine kurze Aufstellung, worauf sich die Aufmerksamkeit der einzelnen Typen richtet, worauf sie fixiert sind, und welchen Ausschnitt der Wirklichkeit sie überwiegend wahrnehmen:

TYP 1: Was ist richtig, was ist falsch, was lässt sich verbessern, was macht jemand (mache ich) richtig oder falsch?

TYP 2: Wer oder was braucht meine Hilfe, wo und wie kann ich dienen, wie erhalte ich Wertschätzung und Bestätigung, finden mich Leute nett, was ist nötig?

TYP 3: Welche Leistung wird verlangt, womit kann ich dafür sorgen, dass ich gesehen werde, Beifall bekomme, der Beste bin, wer oder was verlangt meinen Einsatz?

TYP 4: Was fehlt in meinem Leben, in meinen Beziehungen, wovon bin ich getrennt, was haben andere, das ich nicht habe, und umgekehrt?

TYP 5: Was will oder erwartet man von mir, wer oder was dringt in meine Privatsphäre ein, verschlingt meine Zeit und Energie, kann oder will ich anderen etwas geben oder bieten?

TYP 6: Was kann schiefgehen, wo lauert Gefahr, wo stecken die Risiken und wie sehen sie aus, wem oder was kann ich vertrauen, wie lautet der geheime Plan?

TYP 7: Welche Optionen und Möglichkeiten bieten sich, was ist angenehm, was nicht, wer oder was begrenzt mich, und wie behalte ich meine Freiheit, meinen Raum?

TYP 8: Was ist wahr und was nicht, wer oder was ist ungerecht, was braucht (meinen) Schutz? Respekt, Macht, Kraft und Kontrolle haben.

TYP 9: Wer oder was bedroht die Harmonie? Disharmonie vermeiden beziehungsweise Harmonie wiederherstellen; was will der andere, was kann ich tun, damit du weiterhin glücklich und nett bist?«[46]

Wie wir gesehen haben, ist es von großer Bedeutung, den Bereich des Unbewussten und der Intuition näher kennenzulernen, wenn man in seinen Gedanken, in seinen Gefühlen und in seinem Leben freier und gelassener werden will. Mithilfe der Intuition können wir auch das Denken und Fühlen, die Motive und Absichten von uns selbst und von anderen besser wahrnehmen und einschätzen. Die Intuition befähigt uns dazu, uns in unser Gegenüber hineinzudenken und hineinzufühlen. Darin erblickt der Benediktiner **Anselm Grün** *»die Grundlage für Mitgefühl, Empathie und Kooperation: ›Intuition ist ein Nach-innen-Schauen. Ich nehme Beziehung auf zu mir selbst und zum anderen, ich blicke in seine Seele, spüre, wer er ist und was er braucht, sodass etwas fließen kann zwischen uns.‹ Wenn es fließt zwischen Menschen, dann sind unsere Spiegelneuronen aktiv. Sie sind das Resonanzsystem im Gehirn, das die Gefühle und Stimmungen anderer Menschen beim Empfänger zum Schwingen und Erklingen bringt.«*[47]

> *»Was man in sich nährt, das wächst.«*

Johann Wolfgang von Goethe

7. Nicht jeder Gedanke ist wahr – Distanzierung von belastenden Gedanken

Übermäßiges Denken und Grübeln, permanentes Nachdenken und In-die-Zukunft-Denken, zwanghafte Hyperreflexion und viele ähnliche Phänomene führen heute immer mehr zu gesundheitlichen Problemen wie Schlafstörungen, Bluthochdruck, Restless-Legs-Syndrom (Syndrom der ruhelosen Beine), Depressionen und Burnout. Vor allem die kognitive Verhaltenstherapie versucht, krankmachende Überlegungen zu beseitigen, Gedanken zu stoppen oder die Absurdität bestimmter Vorstellungen nachzuvollziehen, zu verstehen und dann zu ändern oder auszuschalten. *»Aus schädlichen Gedanken, in der Fachsprache maladaptive Kognitionen, sollen nützliche Gedanken, adaptive Kognitionen werden. Doch diese Methoden werden zunehmend kritisch gesehen.«*[48]

Das reine Sich-Vorsagen positiver Sätze, die das Denken beeinflussen sollen, *wirkt nur bis zu einem bestimmten Maß,* je nachdem, ob ein hohes Selbstvertrauen vorliegt oder nicht. Bei selbstbewussten Menschen wirkt es, bei anderen bewirkt es sogar das Gegenteil. Hier ist wieder eine bewusste Kritik an der oft zu oberflächlich verwendeten Methode des Positiven Denkens angebracht. Ähnliche ernüchternde Ergebnisse liefern neuere Studien im Bereich der Gedankenunterdrückung oder des Gedankenstopping. *»Wir werden unsere Vorstellungen also nicht los, indem wir uns vornehmen, sie zu ignorieren (oder schönzureden), sondern wir nähren sie paradoxerweise geradewegs durch unsere Verweigerung.«*[49]

Innerhalb der Verhaltenspsychologie vollzieht sich eine *Wende:* Nicht mehr der Inhalt der Gedanken wird als eigentliches Problem gesehen, *sondern die Art und Weise, wie wir mit unseren Gedanken umgehen* und wie unser Verstand eigentlich funktioniert. Der Inhalt unserer Gedanken ist nicht das Problem, sondern wie wir damit umgehen. Die am Anfang dieses Buches erwähnte Geschichte »Der Hammer« von Paul Watzlawick spricht davon Bände.

Der Psychologe und Psychotherapeut **Andreas Knuf** erkennt, dass diese Wende innerhalb der deutschen Psychotherapie stärker wird. Als sehr hilfreiche neue Methode nennt er die Acceptance and Commitment Therapy (ACT). Sie zielt u.a. darauf ab, »*gegen Gedanken nicht länger zu kämpfen, sondern sie als das zu erkennen, was sie sind: Gedanken, einfach nur Gedanken. ›Kognitive Fusion‹ nennt die ACT die seltsame Angewohnheit, jeden Gedanken für wahr zu halten. ›Du musst mehr leisten‹, dann strengen wir uns noch mehr an, obwohl wir vielleicht schon längst an unserer Belastungsgrenze angekommen sind. ... Therapieziel ist die ›metakognitive Bewusstheit‹: Ich nehme wahr, dass ich gerade einen Gedanken habe, und kann dann entscheiden, ob ich ihn für wahr halte und ob ich ihm weiter folgen möchte oder nicht. Auf diese Weise entwickelt man einen ›inneren Beobachter‹, ohne den Gedankenprozesse völlig automatisiert und unkontrolliert ablaufen würden.*«[50]

Diese Erkenntnisse sind nicht neu, Neues gibt es sowieso sehr wenig unter der Sonne, um an ein altes Sprichwort anzuknüpfen. **Fritz Perls**, **Paul Watzlawick**, **Viktor E. Frankl**, **Daniel Goleman**, **Martin Seligman**, **Ellen J. Langer** und viele andere[51] kamen zu ähnlichen Ergebnissen. Auch der Dalai Lama gehört dazu. Bei ihm ist aber festzuhalten, dass er als gläubiger Buddhist davon ausgeht, dass alle Gedanken,

Emotionen und Geisteszustände keine echte Grundlage haben, sondern Maya, d. h. Illusionen, Täuschungen und Fehlwahrnehmungen sind. Hier ist ein großer Unterschied zum westlichen und christlichen Denken.

Der Mensch ist kein Roboter, gesteuert von Gedankenprogrammen. Der Mensch ist ein Wesen, das lernen kann, das Denkgewohnheiten verändern kann, das durch innere und äußere Einflüsse – auch die der geistigen Dimension – anders denken und handeln kann.

Ich möchte hier exemplarisch und kurz zwei der genannten Psychologen mit ihrem Ansatz näher beschreiben: **Ellen J. Langer** und **Viktor E. Frankl**.

Ellen J. Langer – Aktives Denken (Mindfulness)

Die amerikanische Sozialpsychologin **Ellen J. Langer** beschreibt in ihrem Buch »*Aktives Denken*« die Phänomene des aktiven Denkens bzw. der Unachtsamkeit als so gewöhnliche Phänomene, »*dass kein Mensch je auf die Idee kommen würde, sie zu nutzen, um sein Leben zu verändern. In diesem Buch geht es um den Preis, den wir für Gedankenlosigkeit bezahlen: auf seelischer und körperlicher Ebene. Und es geht um die Vorteile des aktiven Denkens. Es schenkt uns Kontrolle über unser Leben, erweitert unsere Wahlmöglichkeiten und macht das Unmögliche möglich.*«[52]

Der achtsame Mensch – und hier sieht Langer selbst Parallelen zum Buddhismus – ist gekennzeichnet durch die Fähigkeit, neue Denkkategorien zu schaffen. Er ist offen für neue Informationen, bezieht mehrere Standpunkte mit ein und konzentriert sich auf den Prozess und nicht primär auf das Ergebnis. Vertrauen in die eigene Intuition zeichnet ihn aus.

Wir alle sind in Kategorien eingebunden (zum Beispiel Religionen, Philosophien, Regierungssysteme), die unserem Denken und Handeln einerseits Sicherheit und Verbindlichkeit geben, es andererseits aber auch in der Weiterentwicklung hemmen können. Gedankenlos sind wir immer dann, wenn uns nicht bewusst ist, dass wir in solchen Kategorien leben, und sie dadurch als selbstverständlich erachten. Das sind sie aber nicht unbedingt. *»Neue Kategorien zu schaffen und alte zu überprüfen ist aktives Denken.«*[53]

Der achtsame Mensch verspürt Lust daran, Kategorien zu prüfen und auszuweiten, neue Informationen zu integrieren und damit aus vorgefertigten Bahnen herauszufinden. *»Zu gedankenlosem Verhalten kommt es immer dann, wenn Menschen Informationen ohne Kontext speichern.«*[54] Der berühmte Gefangene von Alcatraz aus dem gleichnamigen Spielfilm nach einem Roman von Thomas E. Gaddis ist beispielsweise zwar mehr als 50 Jahre inhaftiert, verzweifelt dabei aber nicht, weil er in seiner Zelle im Laufe der Zeit zum anerkannten Vogelkundler wird. In ähnlicher Weise konnte der weltberühmte Arzt und Psychiater Viktor E. Frankl die Hölle von vier Konzentrationslagern überleben, weil er seine von ihm entwickelte Lehre der Logotherapie und Existenzanalyse selbst lebte, deren Hauptbotschaft es ist, dass das Leben in allen Kontexten und unter allen Umständen einen Sinn hat.

Aktives Denken (Mindfulness) wird von Ellen Langer als ein *»Denken voller Achtsamkeit, Nachdenklichkeit, Perspektivenvielfalt, Konzentriertheit und nuancierter kategorialer Offenheit«* charakterisiert. *»In aufsehenerregenden Untersuchungen konnte Langer in den letzten Jahren nachweisen, dass solch aktives Denken zudem eine sprichwörtliche Anteilnahme und Lebendigkeit aufweist, die bei älteren Menschen nachweislich gesundheitsfördernd und lebensverlängernd wirkt.«*[55]

Viktor E. Frankl – Einstellungsmodulation und Dereflexion

Viktor E. Frankl betonte immer wieder, dass der Mensch neben dem Willen zur Lust (Sigmund Freud) und dem Willen zur Macht (Alfred Adler) durch den Willen zum Sinn motiviert ist für sein Leben und das, was er daraus macht. Für den richtigen Umgang mit Gedanken entwickelte Frankl vor allem die Ansätze der *Einstellungsmodulation* und der *Dereflexion*.

Frankl entdeckte, dass die Einstellung eines Menschen entscheidend in der Bewältigung von Problemen und Lebensaufgaben ist. Aus dieser Erkenntnis heraus entwickelte er die Methode der Notwendigkeit des Einstellungswandels des Menschen. Diese Methode der Logotherapie und Existenzanalyse wurde von seiner Schülerin **Elisabeth Lukas** dann Einstellungsmodulation genannt. Lukas gilt als *die* Vertreterin der Lehre Frankls, die seine Gedanken am ursprünglichsten weitergab und weiterentwickelte. In ihrem Buch »*Auch dein Leben hat Sinn*« schreibt sie: »*Eine ungesunde Einstellung ist immer in irgendeiner Form mit Passivität gekoppelt. Auch mit Negation, mit Resignation, oft mit Verzweiflung. Oft auch mit innerer Stagnation und letzter Gleichgültigkeit. ... Ziel ist es, die Einstellung des Patienten bzw. Ratsuchenden in Bezug auf einen bestimmten Inhalt oder Denkkomplex in eine positive, psychohygienisch gesunde und dem Sinnverständnis des Menschen angemessene Einstellung überzuführen.*«[56]

Der Pädagoge **Jörg Riemeyer** ergänzt diese Aussagen im Umgang mit negativen Einstellungen und Gedanken und weist auf produktive Weiterentwicklungen mit dieser Methode hin: »*Bei der Einstellungsmodulation geht es um die geistige Einstellung eines Menschen zu positiven oder negati-*

ven Sachverhalten. Diese sind entweder unveränderbar und müssen dann wohl oder übel akzeptiert werden, oder es ist zu ihrer Änderung eine andere Einstellung notwendig. Es geht um die Haltung der geistigen Person gegenüber dem Selbst und gegenüber der Außenwelt.«[57]

Boglarda Hadinger und **Uwe Böschemeyer** haben zum Beispiel diese Methode gewinnbringend weiterentwickelt und bestätigen auf ihre Weise[58] die Ergebnisse einer Reihenuntersuchung von Elisabeth Lukas, nämlich dass mehr als ein Drittel der untersuchten Problemfelder von Klienten durch Einstellungsmodulation gemildert oder sogar aufgelöst werden konnte.[59]

Elisabeth Lukas wies schon 1991 darauf hin, dass das sogenannte *Positive Denken* seine Grenzen hat[60], diese aber mit einem entsprechenden Menschenbild – dem der Existenzanalyse und Logotherapie – ausgeweitet werden können. Sie schreibt: *»Das Negative, das in uns selber drinnensteckt, darf nicht als Positives deklariert oder unter dem Vorschieben von tatsächlich vorhandenem Positiven verheimlicht werden, nein, es muss seinen Weg finden durch die unbewussten, vorbewussten, halbbewussten Schichten bis ganz hinauf zu den hell bewussten Schichten des menschlichen Geistes, denn nur dort ist es zu packen und umzuschmieden in etwas Sinnvolles. Das heißt, jenseits des Positiven Denkens – oder genauer: des Positiv-über-sich-selber-Denkens – ragt erneut die Sinnfrage empor, die Frage nach dem Sinn von Schwächen, Fehlern, Minderwertigkeiten, von Verleitbarkeit und Schuld.«*[61]

Die bisherigen Aussagen möchte ich nun durch eine Rückmeldung einer Klientin (Mitte vierzig, Mutter von zwei Kindern) aus meiner Beratungspraxis untermauern. Die folgende Lebensbeschreibung ist das Ergebnis einer Begleitung über einen Zeitraum von zweieinhalb Jahren mit Gesprächen, die in Abständen von 5-6 Wochen geführt wurden. Während dieser Gespräche nutzte ich auch die bei Uwe Böschemeyer erlernte Methode der Wertimagination.

»Über 20 Jahre war ich verheiratet, und ich dachte, glücklich und zufrieden zu sein mit meinem Partner, den Kindern und auch mit meiner Arbeit. Alles gut? Nein, denn ich achtete nicht auf mich selbst.

Im Laufe der Zeit wurde die Luft zum Atmen weniger, die Stimme leiser, die Angst fing an, mich zu beherrschen, die Angst vor meinem Partner, denn er hat Kontroll- und Eifersuchtszwänge. Die Wut und Aggression, die mir in der Beziehung entgegengebracht wurden – damit konnte ich nichts anfangen, sie weder fassen noch verstehen. Es gab für mich keine klaren Ansätze, mit denen ich hätte reagieren, und keine Fakten, über die ich hätte diskutieren können. Dadurch, dass ich seinen Drohungen Glauben schenkte, wurde er immer mächtiger über mich, und die Angst bestimmte mein Leben. Ich zog mich in mich selbst zurück. In dieser Zeit habe ich mir viel gefallen lassen und habe mich nicht gewehrt. Verzweifelt suchte ich nach Hilfe und schrie innerlich: Hilfe, schaut doch her! Sieht das denn keiner? Kann mir jemand helfen? Ich konnte es nicht verstehen. Und wo war Gott? Kann er mich hören und erhören? Ich war weit weg von mir und auch von meinen Gefühlen. Es war wie ein Festhalten. Aber an was? Mein eigener Preis dafür war sehr hoch.

Ich lebte viele Jahre in einem ›Gefängnis‹ in mir selbst. Die Mauern wurden höher und höher. Kein Ausbrechen war aus meiner Sicht möglich, denn es gab keine tatsächlichen Mauern, keine Gitterstäbe, die man mit der Säge hätte durchsägen können. Es gab scheinbar kein Entkommen. Ich war gefangen in mir selbst.

Inzwischen hatte ich schon einige erfolglose Eheberatungen hinter mir. Mein letzter Versuch war ein Termin bei Pater Christoph (P. C.). Zu ihm ging ich alleine, ohne meinen Partner. Ich zweifelte aufgrund meiner bisherigen Erfahrung, hatte aber trotzdem irgendwie Hoffnung auf Hilfe. In den ersten Gesprächen spürte ich meine verzweifelte Lage, und meine erste Imagination war sehr erschütternd – nichts als ein tiefer schwarzer Abgrund, vor dem ich stand – Aussichtslosigkeit … Mein Blickwinkel war eingeengt, mein Leben war starr.«

Im Folgenden beschreibt diese Frau nun in einer Kurzversion ihre erste Imaginationsreise:

»Beginnend mit den Füßen – Bodenkontakt – Energie konnte ich spüren bis zum Becken.
Beginnend mit dem Kopf – die Gedankenreise vom Kopf hinab ins Becken ›floss‹ sehr langsam, es ging auch nicht über die Schultern, nur etwas in der Körpermitte – Ohrensausen machte mir zu schaffen – ich bekam Kopfdruck, als hätte ich ein Band um den Kopf – auch mit Hilfe von P. C. konnte ich nichts spüren.
Erneuter Versuch, bei den Füßen beginnend –
Vorstellung einer Wendeltreppe: Ja, ich kann sie spüren – der Weg führt nach oben, nur eine Person kann sie ersteigen – sie ist aus Gusseisen und alt – die Stufen sind ebenso aus Eisen – ich spüre die gelochten Treppenstufen.
Betreten der Treppe: Ja, aber ich habe Angst – ich betrete die erste Stufe – ich spüre, dass jetzt hinter mir nichts mehr ist – ich kann nicht erkennen, was am Ende der Treppe ist – mit den Händen berühre ich das Geländer und den Mittelpfosten.
Verlassen – Ja, ich will diesen Ort verlassen.
Neu beginnen – konzentrieren auf die Füße: Worauf stehen meine Füße? Auf Felsen – der Fels ist kalt.
Wohin wollen Sie? – Ich weiß es nicht.

Nach rechts, links, vorne, hinten? – Nach vorne.
Was ist vorne? – Da ist nichts.
Wie sieht das aus? – Es ist schwarz – ich beginne zu weinen ...
Wollen Sie darauf zugehen? – Okay.
Was passiert? – Es verändert sich – es wird heller.
Wollen Sie den Ort verlassen? – Ja.
Worauf stehen Ihre Füße? – Auf Erde.
Das ist gut. – Das ist gut.«

Nun führt diese Frau die Beschreibung ihrer Entwicklung in ihrem Leben weiter aus:

»*Während dieser Gespräche mit P. C. war meine Seele hellwach. Sie hörte jedes einzelne Wort, nahm es auf, auch wenn es mein Verstand zu dieser Zeit noch nicht begreifen konnte. In weiteren Gesprächen wurde mir klar, dass ich meinen Glaubenssatz ›Die Ehe ist heilig. – Was Gott verbunden hat, das darf der Mensch nicht trennen.‹ hinterfragen muss. Dieser Satz ist für mich zu einem Überideal geworden und führte mich zu einer falschen Aufopferung. Ab dieser Zeit konnte Heilung geschehen. Die innere Starre wurde gelöst. Meine Seele wollte schon lange wahrgenommen werden, denn ich selbst spürte sie kaum.*

In dieser Zeit hatte ich ›Seelenträume‹. Einer davon begleitet mich noch heute: Es war ein alter mystischer Ort. Ich besuchte diesen. Die Einwohner waren nicht zu sehen, und ich bekam eine weibliche Führerin, die mir die Anlage zeigen sollte. Die Führerin wollte mich gleich in ein großes Gebäude führen, ich jedoch hatte Angst, das Gebäude zu betreten, und bat sie, mir erst den Ort zu zeigen. Das Gebäude war im Grundton Grün (helles gedecktes Grün). Die Fassade bestand nur aus Ornamenten, und ich hatte das Gefühl, dass es sich hier um ineinander verschlungene Schlangen handelte, ab und zu waren auch Blumen (gelb und rot) eingearbeitet. Die Führerin ver-

schwand, und ich ging alleine weg, und der Weg führte bergab in die Stadt. Ich sah eine größere Halle, die mich an eine alte stillgelegte Bahnhofshalle erinnerte, jedoch ohne Schienen. Ich beschloss, wieder zu dem Gebäude zurück zu gehen. Es führte wieder ein schmaler Weg nach oben. Links hohe Gebäudemauern, rechts gemauertes Gelände, aber ich konnte nicht sehen, was dahinter ist. Ab und zu spürte ich Gestalten hinter der Mauer, welche mich beobachteten. Ich hatte wieder einen neuen Führer, der mir den Weg zum Gebäude zeigte. Kurz vor dem Ziel war er verschwunden. Ich sah eine Holztür in einem anderen Gebäude, öffnete diese, trat ein und ging die dahinter liegende schmale gerade Treppe hoch. Es kam wieder eine Türe, die ich öffnete, und ich sah eine runde Treppenlochöffnung, jedoch ohne Treppe. Ich schaffte es trotzdem, hochzuklettern. Es war eine Eisenplatte im Weg, die ich öffnete und danach wieder schloss. Ich befand mich auf dem Dachboden eines Turmes.«

Soweit der Traum.

»Es hat lange gedauert, bis ich mich traute, das große Gebäude mit den Ornamenten zu betreten, bis ich mich traute, den Weg zu mir selbst zu gehen. Ich begann wieder zu lernen, wie ich mich selbst, meine Seele schütze und wie ich mich selbst wieder spüre und somit auch wieder Zugang zu Gott erfahren kann. In all den Jahren verließ ich mich selbst und auch meinen Glauben. Gott hörte mich über all die Jahre. Mein ›Empfang‹ war blockiert. Durch die Gespräche erhielt ich die Erkenntnis darüber. Ich bin aufgewacht und kam in Bewegung. Ergänzend dazu verbrachte ich mehrere Imaginationstage im Institut bei Uwe Böschemeyer in Lüneburg bei Hamburg. Dadurch wurde die Erkenntnis noch klarer. Die Zeit musste noch reifen, aber die Wandlung hatte schon begonnen, ganz leise, kaum spürbar und im Stillen. Im Stillen passieren die großen Dinge.

In meiner Ehe wurde es in dieser Zeit immer bedrückender. Mein Partner drohte mir, und ich hatte Angst. Luft zum Atmen hatte ich kaum. So floh ich aus meiner Ehe und ging mit meinem jüngsten Kind in ein Frauenhaus in eine Stadt weiter weg von meiner Stadt, in der ich lebte. Ich spürte, als der richtige Zeitpunkt gekommen war. Von einer Minute auf die andere begann ein neues Leben. Nichts war so wie davor. Ich blickte in eine ungewisse Zukunft, jedoch mit der Gewissheit, dass Gott für mich sorgen wird. So begann ein neues Leben an einem unbekannten Ort. Die Angst hatte ich noch lange als Begleiter, aber ich gab ihr nicht mehr die Beachtung. Ich konzentrierte mich auf mich und lernte mich wieder wertschätzen. Der imaginäre Eisblock um mich herum begann zu schmelzen. Die Zeit in der sicheren Entfernung war wichtig. Ich fühlte mich gut aufgehoben und konnte mich auf die neue Situation einstellen. Nach einiger Zeit nahm ich zunächst schriftlich Kontakt zum ›Ehemann‹ auf, um alles in Ruhe zu ›besprechen‹ und zu klären. Ich achtete sehr auf meine Formulierungen, sie sollten für mich stimmig sein und zu mir passen. Es begann ein langsames Aufeinanderzugehen. Ich achtete darauf, dass ich mir nicht mehr meine ›Seele‹ verletzen lasse. Nach drei Monaten war ich das erste Mal wieder ›zu Hause‹, um in Ruhe die Trennung zu besprechen, und nach weiteren drei Monaten bin ich wieder in meine alte Wohnung zurückgekehrt. Er war aus der gemeinsamen Wohnung ausgezogen und lebt heute mit einer anderen Frau. Wir können heute ruhig und sachlich miteinander umgehen.

Mein Lebensweg ist steinig geblieben. Aber heute kann ich wieder empfinden, sei es Liebe, Freude, Glück. Wie hatte ich das vermisst. Ich nehme die Chancen, die mir Gott täglich gibt, immer mehr wahr, nütze sie, wenn es mir möglich ist, und versuche gelassen zu bleiben, wenn ich sie verpasst habe. Es ist eine langsame Entwicklung, mit Tiefen und Höhen. Das Leben lie-

be ich trotzdem. Neugierig und gespannt blicke ich in die Zukunft, lebe in der Gegenwart und danke Gott für jede Sekunde, Minute ..., in der ich Neues entdecken darf, mich entwickeln kann, mich spüre. Egal, was ich mache, ich versuche immer bei mir zu bleiben und zu schauen, dass es für mich stimmig ist. Ich genieße es, mein Leben selbst zu bestimmen. Es ist spannend, die Entwicklung zu erleben, egal, wie es ausgeht.«

Nicht positives Wunschdenken ist gefordert, sondern die nüchterne Analyse der eigenen Lebenssituation in Verbindung mit Hoffnung und Sinn. Das Beispiel dieser Frau zeigt auch, wie wichtig es ist, Glaubenssätze, Leitgedanken, die zu Leidgedanken wurden, zu hinterfragen, auch wenn sie noch so heilig sein sollten. Die grundlegende Gläubigkeit der Ratsuchenden erlebte ich am Anfang eher als starres Gefängnis, und auch diese Gläubigkeit musste und konnte neu geordnet werden. Heute schwingen Freiheit, Licht, Hoffnung und Energie mit. Ein krankmachender Glaube wurde durch die Hinführung zum inneren Personkern zu einem befreienden Glauben.

Nun wollen wir eine weitere Methode der Logotherapie und Existenzanalyse Viktor E. Frankls kennen lernen. Die Methode der *Dereflexion* benützt die Fähigkeit zur Selbsttranszendenz im Menschen zu seiner Gesundung. *»Substantiell geht es darum, den Patienten von einer krankhaften Selbstbeobachtung zu befreien, indem andere Inhalte vorrangig im Blickfeld erscheinen. ... Die Dereflexion ist praktisch eine therapeutische Aufmerksamkeitsregulierung, denn es genügt nicht, an einen bestimmten Inhalt nicht zu denken, die Aufmerksamkeit muss zugleich auf einen anderen, positiven Inhalt hingelenkt werden.«*[62]

Diesem Inhalt entsprechen die Werte und Möglichkeiten der Sinnverwirklichung in der jeweiligen Situation. Das krankmachende und manchmal auch neurotische Kreisen um sich selbst oder um ein Problem (Hyperreflexion), die Egozentrierung und Selbstsucht (also sogar tieferliegende Einstellungen) können dadurch gemindert, vielleicht sogar aufgelöst und in eine gesunde und bereichernde Richtung gelenkt werden. Dereflexion ist praktisch *»immer dann angesagt, wenn jemand in seinem Denken und Fühlen auf etwas fixiert ist, von dem er sich lösen sollte, weil es entweder unabänderlich ist oder eine Geringfügigkeit betrifft, die man besser nicht beachtet, oder weil es aus irgendwelchen Gründen alle Freude raubt und alle Tatkraft lähmt.«*[63]

Auch zu diesem Punkt möchte ich eine Rückmeldung eines Klienten als praktische Ergänzung einfügen. Bei dem Mann (Mitte 50, Leitender Angestellter) ging es nicht um ein egoistisches Kreisen um sich selbst, sondern um ein altruistisches Kreisen um das Problem eines Familienangehörigen, das ihm alle Lebensfreude nahm. Das Problem war wirklich ein großes. Der Mann beschreibt hier weniger den Prozess der Fixierung auf das Problem und die Lösungsstrategien. Er beschreibt mehr den Verlust des tragenden Grundes, den Verlust der Gottesbeziehung, das Leiden daran, das Skeptische und Abwartende in seinem Denken und Fühlen, den zunehmende Fatalismus. Und dann – so nach und nach – die Befreiung aus dem Karussell des Hyperreflektierens, des Zuviel-Denkens, des zwanghaft anmutenden Starrens darauf, ob das Problem wieder kommt. *Befreiung im Denken, Fühlen, Handeln und auch im Glauben durch angewandte Dereflexion.*

Der Mann schreibt in seiner Reflexion des Beratungsprozesses, der sich über zwei Jahre im Abstand von jeweils ungefähr acht Wochen hinzog, Folgendes:

»Ich betrachte mich als gläubigen Menschen. Regelmäßige Gottesdienstbesuche, Gebet und Meditation gehören bzw. gehörten zu meinem Leben.

Mein Leben verlief bisher ohne große Genickschläge. Familie, Beruf, alles, was mir wichtig war, nahm – wenn auch manchmal über Umwege – einen Lauf, wie ich es mir erträumt hatte, wobei ich keine rosaroten Wolkenträume mit filmreifen Vorstellungen hatte.

Irgendwie dachte ich, dieses schöne Leben hängt auch mit meinem Glauben zusammen, es ist quasi der Lohn dafür, dass ich bemüht bin, ein anständiges Leben zu führen und gemäß den göttlichen Geboten zu leben.

Tja – ich war glücklich und zufrieden. Abgesehen von den Sorgen und Ängsten, die man als Ehemann und Vater hat. Man weiß, es kann immer etwas passieren. Man denkt an so manches Szenario, vor allem wenn man Kinder hat ...

Und dann kommt ein Schicksalsschlag, den man überhaupt nicht auf dem geistigen Bildschirm hatte. Ein Genickschlag, der mich mit solcher Wucht traf, dass ich komplett den Boden unter den Füßen verlor. Wo war mein Glaube? Er war weg! In meiner Verzweiflung verlor ich den Glauben an Gott. Selbst der Tod oder eine körperliche Erkrankung konnten mich nicht mehr schrecken.

Mein Kontakt ›nach oben‹ war abgebrochen – kein Gebet mehr möglich. Kein Gebet mehr möglich. Ich habe es versucht – aber keine Worte gefunden – war erstarrt. Was soll ich mit DEM – es kommt ja doch, wie es kommt. Obwohl ich täglich gebetet habe ›Nicht mein Wille geschehe‹. Ich hatte das nicht verinnerlicht, hatte es halt so dahergesagt. Ich war leer, hilflos, lief wie ein

Zombie durchs Leben. Im Beruf irgendwie überlebt, ansonsten kreisten die Gedanken nur um das eine für mich Elementare, ohne das mein Leben so sinnlos erschien. Es haben sich in meinem Gehirn Bilder eingebrannt, die ich nicht mehr wegbekommen habe, Tag und Nacht – die auch jetzt, nach Jahren, immer noch, aber Gott sei Dank sehr selten auftauchen und mir manchmal noch heute die Tränen in die Augen treiben.

Nach Jahren der Ungewissheit hat sich alles zum Guten gewendet. Meinen Kontakt zu Gott hatte ich aber nicht mehr herstellen können. Ich ging regelmäßig in den Gottesdienst, oder einfach mal so in eine Kirche. Der Anblick des Gekreuzigten ließ meine Gedanken zur Ruhe kommen – die Erkenntnis, die ja nicht so neu ist: Die einzig sichere Konsequenz unseres Lebens ist der Tod. Ich, der ich mich früher am liebsten vor dem leeren Holzkreuz gesammelt habe, suchte plötzlich den Blick zum Gekreuzigten, auch wenn es nur eine geschnitzte Figur war.

Nach Jahren suchte ich Hilfe, las Bücher, aber was ich suchte, war ein echter Seelsorger. Einem Therapeuten Geld dafür geben, dass er mir eine Stunde zuhört, war mir zu seelenlos, da hätte ich mich nicht öffnen und nicht anvertrauen können. Ich suchte jemanden, der nicht nur einen therapeutischen Ansatz hat, sondern auch meine Religiosität, die ja noch immer vorhanden, halt bloß verschüttet war, mit einbezieht und sich darauf einlassen kann. Ich war mir sicher, dass ich nur so aus den Qualen herauskommen könnte. Denn die Angst war permanent vorhanden: Passiert das alles noch einmal?

Ich las von Seelsorgern mit therapeutischer Ausbildung, die aber zu weit weg waren. Ich war schon drauf und dran, einmal einen ganzen Urlaub dafür aufzuwenden, um solche Seelsorgegespräche führen zu können. Und dann las ich ›zufällig‹ etwas

*über Pater Christoph. Er erfüllte genau die Anforderungen, die
ein Mensch haben musste, von dem ich glaubte, dass ich mich
ihm anvertrauen könnte. Ich war ja nicht krank, ich lebte nur
in der ständigen Angst, es könnte uns wieder treffen. Ich war
mir damals auch sicher, dass ich diese Situation ein zweites
Mal nicht überleben würde.*

*Von nun an beobachtete ich die Homepage von Vierzehnheili-
gen regelmäßig, und schließlich hörte ich Pater Christoph (P. C.)
bei einem seiner Vorträge erstmals persönlich. Da war vom
ersten Augenblick eine Verbindung, die ich nicht beschreiben
und nicht erklären kann und auch nicht will. Mir war sofort
klar – der ist es. Nicht jemand, der – wie schon gesagt – für
Geld seinen Job macht.*

*Sehr schnell hatte ich erfahren, wie ausgebucht P. C. ist, trotz-
dem habe ich um einen Termin gebeten und ihn auch bekommen. Ich bin ein sehr reservierter Mensch, der schnelle Kontakt
ist nicht meine Sache, und so ging ich auch sehr zurückhaltend
und abwartend in dieses erste Gespräch.*

*Meine erste Überraschung: Über Kirche und Religion hatte er
gar nicht gesprochen. In meiner lauernden Haltung hatte ich
gedacht: Na ja, der kann dir auch nicht helfen, denn er hatte
auch viel über sich erzählt. Ich dachte, ich bin es doch, der hier
etwas zu erzählen hat. Ich hatte keinerlei Therapieerfahrung
und hatte in seinem Tun auch keinen therapeutischen Ansatz
entdeckt.*

*Und doch – nach ca. 60 Minuten überkam mich eine innere
Ruhe, wie ich sie schon lange nicht mehr erlebt hatte. Ich fuhr
nach Hause und hatte zum ersten Mal eine große Zuversicht
in mir, obwohl mich P.C. in keinster Weise beschwichtigt hatte,
so wie es Eltern machen: ›Das wird schon wieder, das passiert*

nicht mehr.‹ Nein, er hatte die Gefahr, dass so etwas wieder passieren könnte, ganz realistisch geschildert. Ich war zunächst geschockt, hatte natürlich eine schnelle Beruhigung meiner Ängste erhofft. Im Nachhinein muss ich allerdings sagen, gerade dies hat mein Vertrauen in ihn gestärkt, dass er mir nichts schön geredet hat.

Ich wollte mehr mit ihm reden und bekam weitere Termine. Was mich bis heute verwundert, ist die Art und Weise, wie unsere Gespräche ablaufen. Ich habe nie das Gefühl, dass hier eine Therapie stattfindet – ich fühle mich wie bei einem Freund. Einem, dem man sich wirklich öffnen kann, der aber keine einfachen Lösungen anbietet. Wer zu ihm kommt, um sich eine Formel oder ein Gebet geben zu lassen, damit seine Probleme gelöst sind, ist hier falsch. Zumindest hatte er es bei mir nicht so gemacht.

Er analysiert und seziert mich nicht, aber er kreist einen mit Worten ein. Er redet manchmal auch über sich, was ja bei Therapeuten, soweit ich weiß, unvorstellbar ist, und kommt dann aber immer wieder zum roten Faden zurück.

Nach einigen Gesprächen kam mir während einer Gesprächsstunde der Gedanke: So, das war es jetzt, irgendwie geht es nicht mehr weiter. Und plötzlich – wie bei allen anderen Gesprächen zuvor – überkommt mich dann wieder eine Ruhe und befällt mich eine Kraft – ich bin total ruhig.

Er hatte mich anfangs enttäuscht – ja, in dem Sinne, dass er mir meine Täuschung, der ich unterlag, genommen hatte. Ich hatte gehofft – im Unterbewusstsein –, er würde mir bestätigen, dass so etwas nicht wieder passiert. Das hatte er aber nicht, weil er es auch nicht konnte.

P. C. führte mich auf mich selbst zurück, dass ich eine Stärke in mir spüre und habe. Es gibt keine Garantie, dass uns so etwas nicht wieder passieren könnte. Aber er hat mir klar gemacht, dass ich gebraucht werde, und nicht, wie ich vorher dachte, dass ich so etwas nicht ein zweites Mal überleben würde. Dies hatte er aber nicht in einem alles erklärenden Satz gesagt, sondern das ist vielmehr in den Gesprächen so entstanden. Ich musste nicht einen Satz oder eine Formel auswendig lernen, sondern ich hatte meine innere Einstellung verändert.

In ihm habe ich einen Gesprächspartner gefunden, der in mir Denkprozesse auslöst, mich damit aber nicht allein lässt. Der Sinn meines Daseins – vielleicht besteht er darin, das Leben zu leben mit all seinen Sorgen und Nöten ... Er hat mir meinen Fatalismus genommen ...

Das ist es, was ich wollte: Selbsterkenntnis, keine Selbstzerfleischung.

Heute gelingt es mir leichter, mich dieser alten Situation zu stellen.

Was mich wirklich wunderte, war, dass es etliche Stunden gedauert hatte, bis wir das erste Mal überhaupt so direkt über Gott gesprochen hatten. Aber auch hier gibt es keine einfachen Erklärungen oder Angebote. Die Frage ist: Was bleibt, wenn ich sterbe?

Mit P. C. wird das Leben bis zum Ende gedacht. Was kommt danach? Ein Gedanke, den viele verdrängen. Diese Gespräche, die für mich schon sehr in die Tiefe gehen, führen mich aber erstaunlicherweise nicht in Angst und Unsicherheit. Vielmehr spüre ich dadurch eine Stärke und eine Gelassenheit.

Solche Dereflexionsgespräche, die auch – wenn der Ratsuchende dafür offen ist – ruhig ins Philosophische, Religiöse und Spirituelle gehen dürfen, können – wie hier beschrieben – weg von Angst und dem gleichsamen Starren des Kaninchens auf die Schlange hin zu innerer Ruhe, Stärke, Kraft, Vertrauen und Gelassenheit führen.

Normalerweise wird die Methode der Dereflexion im persönlichen Gespräch zwischen Therapeuten und Klienten angewandt. **Elisabeth Lukas** entwickelte im Laufe der Zeit aber auch sogenannte Dereflexionsgruppen, in denen neben positiven Gruppenprozessen die Methode der Dereflexion in der Gruppe wirksam wird. Solche Dereflexionsgruppen wollen unbewusste Vorgänge in uns sichtbar machen, innere Kraftquellen entdecken und als zukünftige Energiespender für das Leben aktivieren. In Gruppenprozessen wird – so gehört es sich – brav zugehört, wenn ein Gruppenmitglied spricht. Wenn dieses Gruppenmitglied aber jammert und klagt und gar nicht mehr damit aufhören will, so zieht dies die anderen Gruppenmitglieder in eine negative Richtung. Endloses und zerstörerisches Lamentieren muss eingeschränkt werden. Dies kann sich die Gruppe selbst zur Aufgabe machen. Freiwillige Selbstbeschränkung ist angesagt: »*Jeder Teilnehmer darf sich äußern, wie er will, nur soll er dabei auf deprimierende Beschreibungen von Missständen und auf Klagen über irgendwelche persönlichen Schwierigkeiten verzichten, um es sich selbst und den anderen leichter zu machen, die Aufmerksamkeit bewusst auf das Schöne und Glückspendende im Leben zu lenken ... Interessanterweise sind Gruppenteilnehmer schnell damit einverstanden, auf ›Gejammer‹ zu verzichten, bloß springt der ›Gesprächsmotor‹ unter diesen Umständen sehr stotterig an. Was hat man sich gegenseitig an Erfreulichem zu berichten? Darauf sind die Menschen in unserer Gesellschaft nicht trainiert.*«[64]

Dies umzutrainieren – in Gruppen oder einzeln – ist spannend und befreiend zugleich. Kleine Erfolgserlebnisse dürfen verstärkt werden, und dadurch wird das Feld der Wahrnehmung in positiver Richtung erweitert.

Die Einstellungsänderung, die Einstellungsmodulation und das aktive Denken, das sich bewusste Neueinstellen auf vorliegende Sachverhalte, ändert nicht die Realität, wie sie ist, *sie ändert aber unsere innere Haltung dazu.* Und das ist die halbe Miete. Sie lässt uns an tieferen Quellen der Kraft, der Freude, der Hoffnung, der Resilienz, der Zuversicht, des Trotzdem *trotz allem* teilhaben. Dies hilft ungemein, die Realität auszuhalten und dann auch ab und zu diese wirklich verändern zu können. Denn wer sich durch innere tragfähige Einstellungen und Werte schützt und stärkt, dem können negative Realitäten weniger anhaben. So jemand kann sogar schlimmste Lebenssituationen anders ertragen, aushalten und daran wachsen.

*»Über viele Jahre unter großen Kosten reiste ich
durch viele Länder, sah die hohen Berge, die Ozeane.
Nur was ich nicht sah, war der glitzernde Tautropfen
im Gras gleich vor meiner Tür.«*

Rabindranath Tagore

8. Achtsamkeit als Medikament

*»1. Die Gedanken sind frei,
wer kann sie erraten?
Sie fliehen vorbei
wie nächtliche Schatten.
Kein Mensch kann sie wissen,
kein Jäger erschießen
mit Pulver und Blei.
Die Gedanken sind frei!*

*2. Ich denke, was ich will
und was mich beglücket,
doch alles in der Still'
und wie es sich schicket.
Mein Wunsch und Begehren
kann niemand verwehren,
es bleibet dabei:
Die Gedanken sind frei!«*[65]

Eigentlich müsste Ihnen der Text dieses bekannten Liedes
im Laufe der Auseinandersetzung mit der Welt der Gedanken schon etwas suspekt geworden sein. Die Frage nach dem
freien Willen ist etwas schwieriger geworden. *Wer führt denn
eigentlich die Regie in meinem Kopf, in meinem Denken, in
meinem Fühlen?*

Das einfache Experiment einer Aufmerksamkeitsübung will zeigen, wie schwer es ist, zum Beispiel nichts zu denken. Immer wieder wende ich es als kleines Beispiel an, wenn ich Vorträge über dieses Thema halte:

»Setzen Sie sich bequem auf einen Stuhl, stellen Sie die Füße nebeneinander auf den Boden, legen Sie die Hände entspannt auf Ihre Oberschenkel und halten Sie Ihren Oberkörper aufrecht. Sorgen Sie dafür, dass Sie bequem und entspannt sitzen. Schließen Sie dann die Augen. Ihre Aufgabe lautet nun: DENKEN SIE EINE MINUTE AN NICHTS. Bitte bemühen Sie sich, diese Übung gründlich und ernsthaft zu machen.«

Von etwa 100 Zuhörern geben nach der Übung durchschnittlich drei bis fünf Personen an, dass ihnen diese Übung gelungen ist. Wenn ich dann nachfrage, warum das so ist, geben diese Menschen meist an, dass sie in Meditation, Stilleübungen oder Achtsamkeitstraining geübt sind. Die anderen Rückmeldungen zeigen eine Fülle von Gedankenmustern, die jeder von uns kennt. In nur einer Minute wurde an dies und jenes, an Vergangenes, noch zu Erledigendes oder an Zukünftiges gedacht, auch wenn man nichts denken wollte.

Das Nicht-Denken ist also schwieriger, als wir oft meinen, und ob die Gedanken wirklich so frei sind, wie das Lied behauptet, kann mit ein paar Fragezeichen versehen werden.

Jeanette van Stijn, international anerkannte Supervisorin und Persönlichkeitstrainerin nach der Methode des Enneagramms, nennt hierzu wichtige Erkenntnisse:

- *»Offenbar führen Sie nicht selbst Regie über das, was sich in Ihrem Kopf abspielt: Gedanken kommen und gehen, gewollt und ungewollt, angenehme und unangenehme.*

- *Sie haben oder bekommen Gedanken, aber Sie sind nicht Ihre Gedanken. Diese kommen und gehen.*
- *Offenbar steckt etwas in Ihnen, das von innen her wahrnimmt, was in Ihnen geschieht. Sie können schließlich berichten, wie Sie diese Minute erlebt haben und was in Ihrem Kopf vorging. Also nehmen Sie Ihr Denken, Ihre Gedanken wahr.*
- *Die Außenwelt nehmen wir mit unseren Sinnesorganen wahr. Womit wir uns innerlich wahrnehmen, hat die Wissenschaft noch nicht herausgefunden, zumindest nicht, soviel ich weiß. DIESES ETWAS WIRD IN SPIRITUELLEN KREISEN AUCH INNERER BEOBACHTER GENANNT* (Hervorhebung durch den Autor).
- *Mit dem inneren Beobachter können Sie registrieren, was sich in Ihrem Inneren abspielt. Wir brauchen und trainieren unseren inneren Beobachter für die Fähigkeiten der Selbstbeobachtung und -reflexion. In der Psychologie nennt man das Introspektion, eine Inspektion von innen.*
- *Mithilfe des inneren Beobachters können wir lernen, die Kontrolle über das, was in unserem Kopf geschieht, zu übernehmen. Wir können lernen, bewusst den Inhalt unserer Gedanken zu steuern, um bewusst unsere Aufmerksamkeit auf etwas zu richten oder stattdessen sie auf etwas anderes zu lenken.*
- *Das nennen wir Aufmerksamkeitstraining. Es ist der Ausgangspunkt und der Kern der Enneagramm-Methode für persönliche Weiterentwicklung und Selbstmanagement. ...«*[66]

Die *Wiederentdeckung des inneren Beobachters* baut an der Brücke zwischen Oberstadt und Unterstadt, von Bewusstsein und Unbewusstem weiter, von der Böschemeyer sprach. Die Einübung von *Aufmerksamkeit* und *Achtsamkeit* baut auch an der Brücke zwischen Psychologie/Psychotherapie/Lebenshilfe und Spiritualität. Unter Punkt 9 werde ich darauf näher eingehen.

Der bisher schon mehrfach genannte **Andreas Knuf** gehört zu einer neuen Generation von Psychologen und Psychotherapeuten, die sich der Verbindung von Psychotherapie und Spiritualität annähern. Nicht nur durch ihn wird damit die lange und nicht selten unselige Trennung dieser beiden Gebiete aufgehoben. Seele und Körper des Menschen werden wieder mit der Dimension des Geistes verbunden, Knuf argumentiert: »*Spirituelle Schulen der Gegenwart und achtsamkeitsorientierte Psychotherapeuten unterscheiden sich in ihrer Botschaft heute kaum noch.*«[67]

Folgende klassische Sinngeschichte[68] über achtsames Verhalten mit der Überschrift »*Wenn ich sitze ...*« zeigt überdeutlich, dass wir sehr selten präsent im Augenblick, im Hier und Jetzt sind:

»*Ein Rabbi wurde von seinen Schülern gefragt, wie er trotz seiner vielen Beschäftigungen immer so gelassen sein könne. Er antwortete: ›Wenn ich sitze, dann sitze ich; wenn ich stehe, dann stehe ich; wenn ich gehe, dann gehe ich.‹ Da sagten seine Schüler: ›Das tun wir doch auch, aber was machst du darüber hinaus?‹ Er sagte wiederum: ›Wenn ich sitze, dann sitze ich; wenn ich stehe, dann stehe ich; wenn ich gehe, dann gehe ich.‹ Und wieder sagten seine Schüler: ›Das tun wir doch auch.‹ Der Rabbi antwortete: ›Nein, denn wenn ihr sitzt, dann steht ihr schon; wenn ihr steht, dann lauft ihr schon; wenn ihr lauft, dann seid ihr schon am Ziel.‹*«

Der Rabbi lebt eine Präsenz im Augenblick, wie sie kluge und meist auch spirituelle Menschen aller Religionen auszeichnet. Die Wiederentdeckung der Achtsamkeit in unserer heute so häufig an der Oberfläche lebenden Zeit hilft, diese Präsenz neu zu üben und dabei ruhiger, gelassener, fokussierter und weniger gestresst zu denken, zu fühlen und zu leben.

Achtsamkeit ist eine Fähigkeit unseres Geistes, im Jetzt und Hier zu sein, wahrzunehmen, was in diesem Augenblick geschieht, und dieses dann bewusst aufzunehmen. Die Achtsamkeitstrainerin Ursula Richard spricht sogar von einer evolutionsgeschichtlichen Überlebensstrategie der Achtsamkeit. Sie »*ermöglicht uns zum Beispiel, Emotionen nicht nur zu sein, sondern sie als Gefühle bewusst wahrzunehmen, Impulsen nicht nur blind zu folgen, sondern sie zu merken und ihr Ausagieren unter Umständen auch zu unterlassen, uns bewusst an etwas zu erinnern, das wir uns dann vergegenwärtigen und für unser Handeln berücksichtigen können.*«[69]

Achtsamkeit gilt als das Herzstück der buddhistischen Lehren. Mehr und mehr wird sie für den Bereich Lebenshilfe und Therapie entdeckt und eingebaut. Eine natürliche Fähigkeit des Menschen wird neu genutzt, um ein ausbalancierteres, erfüllteres und damit gesünderes Leben zu führen. An der wissenschaftlichen Fundierung der positiven Auswirkungen der Achtsamkeit wird vielfältig gearbeitet. In verschiedenen neuen Veröffentlichungen wird gezeigt,
»*wie Achtsamkeit*

- *körperliche und psychische Gesundheit unterstützt und langfristig stabilisiert,*
- *Konzentration stärkt und Stresssymptome reduziert,*
- *seelisches Gleichgewicht und Lebensfreude fördert,*
- *Geistesklarheit und Präsenz erhöht,*
- *menschliche Beziehungen verbessert und*
- *die Arbeit von Psychotherapeuten, Coaches, Ärzten, Lehrern und anderen bereichert.*«[70]

So verbinden zum Beispiel **Sharon Salzberg** und **Jon Kabat-Zinn** medizinische Intervention mit buddhistischer Achtsamkeitsmeditation des Theraveda-Buddhismus an der Stress Reduction Clinic der University of Massachusetts (im

Medical Center in Worcester). Sie sehen in der Achtsamkeitsmeditation sogar ein *Medikament* gegen Angst, Panik, Depression, Stress, Asthma, Psoriasis und andere Krankheiten.[71]

Untersuchungen ergaben, dass medizinische Behandlungen allein oft nicht genügten, *die Aktivierung von geistigen Kräften leistete darüber hinaus dann Erstaunliches.* Der Zustand von Patienten mit Panikzuständen, von Ängsten und Depressionen, die an Achtsamkeitsmeditationskursen teilnahmen, änderte sich innerhalb von drei Monaten erheblich zum Positiven ohne die Zugabe von Medikamenten. Ein Patient, der an großen Schmerzen litt, sagte nach der Teilnahme an diesem medizinisch begleiteten Meditationskurs: »*Ich habe gelernt, dass ich nicht das gleiche bin wie meine Gedanken, und als Folge davon, dass ich etwas anderes bin als meine Schmerzen, meine Leiden.*«[72]

Der vorher schon zu Wort gekommene Psychologe **Knuf** zitiert den Psychotherapieforscher **Martin Bohus** vom Zentralinstitut für Seelische Gesundheit in Mannheim, der anhand aktueller Erkenntnisse neues Licht in das weite Feld der depressiven Erkrankungen bringt: »*Wenn depressive Menschen lernen, achtsam in der Gegenwart zu bleiben und ihren Gedanken nicht selbstverständlich zu folgen, halbiert sich ihr Risiko, erneut depressiv zu werden, über mehrere Jahre hinweg. Martin Bohus empfiehlt ... die ›fortwährende Übung in der Wahrnehmung und Beobachtung von inneren Gedankenströmen‹, denn so lerne das Gehirn, automatische Gedanken zu erkennen und den Kognitionen ihre zerstörerische Kraft zu nehmen.*«[73]

Für Christen ist es wichtig zu wissen, ob bestimmte alte oder neu entdeckte Methoden der Entspannung, der Achtsamkeit, der Bewusstseinsberuhigung oder -erweiterung mit ihrem Glauben vereinbar sind. Das meine ich auch, denn heute gibt es leider eine vielfach unselige Vermischung aller möglichen Ansätze, die schon öfters unter dem Begriff Patchworkreligion (Bastelreligion) beschrieben wurde.

Der bereits erwähnte Achtsamkeitsforscher **Jon Kabat-Zinn** erwähnt hierzu sehr Interessantes, das ich hier gerne weitergeben möchte: »*Achtsamkeit ist eine alte buddhistische Praxis, die auch heute für das Leben in der heutigen Zeit noch von großer Bedeutung ist. Diese Praxis hat nichts mit Buddhismus an sich zu tun, und man braucht auch nicht Buddhist zu werden, um sich ihr zu widmen. Vielmehr geht es dabei darum, aufzuwachen und in Harmonie mit sich selbst und der Welt zu leben. [...] Weise, Yogis und Zen-Meister haben diesen Bereich seit Jahrtausenden systematisch erforscht; ihre Erkenntnisse können uns im Westen heute in hohem Maße zugute kommen; sie stellen ein Gegengewicht zu der in unserer Kultur vorherrschenden Tendenz dar, Natur zu unterwerfen und zu beherrschen, statt anzuerkennen, dass wir selbst ein untrennbarer Teil von ihr sind. [...] Außerdem führt die Achtsamkeitspraxis zu einer Weltsicht, die der überwiegend reduktionistischen und materialistischen Sicht, die zur Zeit das Denken und die Institutionen im Westen beherrscht, entgegengesetzt ist. Doch ist diese Sichtweise weder besonders ›östlich‹ noch mystisch.*«[74]

Das hier erwähnte Aufwachen ist sehr mit dem christlichen »Seid wachsam« verwandt, das gläubige Christen zweimal jährlich in besonderen Zeiten einüben, um spirituell wieder achtsamer, lebendiger und bewusster zu werden: im Advent und in der österlichen Bußzeit (Fastenzeit).

Der große spirituelle Bereich der Achtsamkeit, der Meditation oder des alles umgreifenden Sinns, den vor allem

Buddhismus und Christentum abdecken, wird hier in den kommenden Jahren noch einige gute und interessante Verbindungen mit der modernen und spiritualitätsoffenen Psychologie liefern. Das Christentum darf hier seine reiche Tradition angesichts der vielfachen Nöte unserer Zeit neu abfragen. **Linda Lehrhaupt** vom Institut für Achtsamkeit in Bedburg ist davon überzeugt, »*dass Jesus selbst vorgelebt hat, was Achtsamkeit bedeutet:* ›*Er war gegenwärtig in jedem Augenblick und dazu in der Lage, jede Situation und jede Herausforderung seines Lebens anzunehmen. Auch das Leiden und den Tod.*‹ *Es gehe schließlich nicht darum, Unangenehmes loszuwerden und nur noch Angenehmes zu spüren, sondern einzig darum, das anzunehmen, was unser Lebensweg uns abfordert.*«[75]

Der in diesem Buch schon öfter zitierte Benediktinerpater **Anselm Grün** hat in der Verbindung von christlicher Spiritualität, Psychologie, Medizin, Lebenshilfe und Verlebendigung des christlichen Glaubens seit über 30 Jahren im deutschsprachigen Bereich echte Pionierarbeit geleistet. Es sollten noch mehr solche Brückenbauer tätig werden!

Dieses sinnvolle Zusammenbringen verschiedener Lebenshilfen spiegelt zum Beispiel ein Artikel im *Focus* vom 28.02.2011 wider, wo der deutschlandweit bekannte Arzt, Autor, Showmaster und Komiker **Eckart von Hirschhausen** auf die Frage, welche Rolle Meditationsverfahren und Achtsamkeitstraining in der Psychotherapie in Zukunft spielen könnten, Folgendes antwortet: »*Da ist eine große Wende im Gang. Das Ziel sollte ja sein, dass Menschen möglichst rasch ihr Leben wieder in die Hand nehmen und lernen, was ihnen gut tut – unabhängig vom Therapeuten. Insofern sind sieben Jahre Therapie nicht automatisch besser als sieben Monate. Aber wir Deutschen wollen alles richtig und gründlich ma-*

chen, auch bei der Spiritualität: Das Sitzkissen für 150 Euro muss besser sein als das alte. Der Coach für 2000 Euro am Tag ist erleuchteter als der für 400. Dabei geht es doch einzig darum, in die Gegenwart zu kommen. Das können Sie vielleicht schneller erreichen, wenn Sie mal mit einem kleinen Kind spielen und sich dabei total vergessen.«[76]

Menschen, die aus dem *Gedankenkarussell* oder dem *Hamsterrad der Perfektion* herauskommen wollen, tun gut daran, sich neu in die *Balance von Anspannung und Entspannung einzuüben.* Dabei gibt es verschiedene Traditionen des jeweiligen Kulturkreises. Ob christliche Mystik und Meditation, islamischer Sufismus, burmesische Atembeobachtung (Vipassanā), indisches Yoga, tibetischer Buddhismus, japanischer Zen oder das medizinisch orientierte Programm der Schulung der Körperwahrnehmung, *allen gemeinsam ist* ein Aufgehobensein in einem größeren Kontext der Balance, der Natur, des Kosmos, der Einheit von Körper, Seele und Geist, der Religion. Es geht darum, dass der Mensch freier, glücklicher und ganzheitlicher wird, damit er für sich selbst, für andere und für Gott zum Segen werden kann.

In gängigen Zeitschriften finden sich mittlerweile hilfreiche Aufzählungen von Techniken gegen Stress, die die Methoden der Entspannung, der Regenerierung, der Achtsamkeit, der Meditation nach ihrer Praktikabilität bewerten:[77]

Unter den *passiven Methoden* werden zum Beispiel folgende genannt: klassische Massage, Akupunktur und -pressur, ayurvedische Massage, Aromatherapie, Hypnose, Fußreflexzonenmassage und Rolfing.
Bewegt entspannen kann man sich bei: Sport, Yoga, Tai-Chi, Chi Gong, Alexander-Technik, Feldenkrais, Lu Yong, Boxsack, Tanzmeditation.

Zu den *Achtsamkeitstechniken* werden gezählt: autogenes Training, achtsamkeitsbasierte Stressreduktion, Zen, Biofeedback, Eutonie nach Gerda Alexander, progressive Muskelentspannung nach Jacobson, Mantra-Meditationen.

Atemzentrierte Techniken sind zum Beispiel: atembasierte Mantra-Meditationen wie das christliche Herzensgebet oder die buddhistische Achtsamkeitsmeditation Vipassanā.

Achtsamkeit gilt, wie schon erwähnt, als eine klassische buddhistische Erkenntnis und Praxis. Ich sehe eine große Chance darin, die im Menschen vorfindbare Fähigkeit zu Aufmerksamkeit und Achtsamkeit einerseits von buddhistischer Weltanschauung soweit wie möglich zu trennen und gleichzeitig *nach Achtsamkeitsansätzen im Christentum zu suchen.*

Der Salesianerpater **Herbert Winklehner** entdeckte bei der Erforschung der christlichen Spiritualität des heiligen Franz von Sales Tugenden wie Geduld, Dankbarkeit, Herzlichkeit, Gastfreundschaft und eben auch Achtsamkeit. »*Der Kirchenlehrer und Mystiker Franz von Sales lehrte die Menschen vor vierhundert Jahren eine Spiritualität, die sich vor den heute so angesagten buddhistischen Übungen keineswegs zu verstecken braucht. Bei ihm lautet der Satz der Achtsamkeit folgendermaßen: ›Meine Vergangenheit kümmert mich nicht mehr, sie gehört dem göttlichen Erbarmen. Meine Zukunft kümmert mich noch nicht, sie gehört der göttlichen Vorsehung. Was mich kümmert und fordert, ist das Heute. Das aber gehört der Gnade Gottes und der Hingabe meines guten Willens.‹ Franz von Sales' Übungen haben zwar keine asiatischen Namen wie ›Vipassana‹ oder ›Gathas‹, meinen aber das Gleiche. Er sagt dazu ›Betrachtung‹ und ›Besuchung‹. Ganz konkret bedeutet das, dass der Mensch sich am Morgen eine halbe Stunde zurückziehen soll, um sich auf Gott zu konzentrieren und zu hören, was er einem für heute sagen möchte. Im Laufe eines Arbeitstages*

folgt dann die Besuchung, das heißt, Gott einen kurzen Besuch abzustatten und ihm zu erzählen, was bisher gut gelaufen ist und was nicht. Am Abend wird in der Abendübung der Tag an Gott zurückgegeben, verbunden mit der Bitte, er möge einen auch am folgenden Tag begleiten. Und in all den Zeiten dazwischen und am Beginn einer Tätigkeit erinnert man sich für zwei oder drei Sekunden daran, dass Gott bei einem ist, dass man in seiner Gegenwart lebt und arbeitet. Das sind die kurzen Herzensgebete, die einfach nur so lauten können: ›Gott, du bist da, ich auch, fangen wir an.‹
Ein durch und durch buddhistisches Prinzip, allerdings mit einem Unterschied – und der ist durchaus entscheidend: Der Buddhist empfiehlt, in der Gegenwart zu leben, WÄHREND DIE CHRISTLICHE SPIRITUALITÄT DARÜBER HINAUS DAS LEBEN IN DER GEGENWART GOTTES MEINT.«[78]
(Hervorhebung durch den Autor)

Mein Anliegen ist es immer wieder, die reichen Schätze unseres christlich-abendländischen Kulturkreises neu zu entdecken und für ganzheitliche Gesundung einzusetzen. Dabei ist es für einen Christen wichtig zu wissen, dass die Anwendung beispielsweise fernöstlicher Entspannungstechniken wie Yoga, Chi Gong oft auch deren dahinterstehende Weltanschauung mehr oder weniger versteckt transportiert. Das muss man wissen und sich dann entsprechend verhalten.

Christliche Autoren wie **Samuel Pfeifer**[79] oder **Clemens Pilar**[80] veröffentlichten Bücher[81], die mir persönlich in ihrer warnenden und abgrenzenden Haltung gegenüber alternativen Heilmethoden oder anderen spirituellen Wegen zu weit gehen. Wer sich von konservativen, warnenden Stimmen nicht einschüchtern lassen will und sich als Christ auf weltanschaulich freiem Terrain bewegen will, der sei zwar vor Heilungsansätzen, die dem christlichen Glauben widersprechen, sehr wohl gewarnt – siehe die erwähnten Bücher. Ihm seien aber Methoden ans Herz gelegt wie autogenes Training, progressive Muskelentspannung nach Jacobsen, Feldenkrais oder die verschiedenen Ansätze von **Gerd Schnack**[82], einem Präventiv- und Sportmediziner, der unter anderem am Institut für Gesundheitsförderung in Hamburg und am Allensbacher Präventionszentrum tätig ist.

Andere Autoren aus dem christlichen Bereich haben sich des Themas »Achtsamkeit« eben auf andere Weise angenommen: mehr integrierend, verbindend und das Gemeinsame herausholend. Beispielhaft möchte ich hier drei Autoren und deren Bücher nennen:

- Dem Benediktiner **David Steindl-Rast**, einem führenden Vertreter des interreligiösen Dialogs, ist eine Verbindung der christlichen Kontemplation mit der aus dem Buddhismus kommenden Achtsamkeitsspiritualität gelungen.[83]
- Der weltweit anerkannte Franziskaner **Richard Rohr** verbindet Achtsamkeit mit der tragenden christlichen Haltung, der Hoffnung, und eröffnet hierbei einen christlich-spirituellen Weg für das 21. Jahrhundert.[84]
- Der erfahrenen christlich-geistlichen Begleiterin **Marjorie Thompson** gelingt in ihrem Büchlein eine Neuentdeckung christlicher Glaubensschätze, die durch Achtsamkeitsübungen lebendig werden können.[85]

Mittlerweile kann man in guten Zeitschriftenläden populärwissenschaftliche Magazine zum Thema Gesundheit-Bewusstsein-Lebenskunst-Spiritualität finden, die suchenden Menschen weiterhelfen wollen. Auch hier gibt es viel Oberflächliches, aber auch Gutes. Es kommt darauf an, das Gute und zu mir und meiner Religiosität und Spiritualität Passende zu finden und es dann auch anzuwenden. So nenne ich hier beispielhaft die Zeitschriften *Stern – Gesund leben. Das Magazin für Körper, Geist und Seele*, *Psychologie Heute*, *Psychologie Heute compact* und *bewusster leben. Neu denken und handeln*.[86]

»In jedem Menschen lebt ein ursprüngliches Bild
seiner selbst, das darauf wartet, erkannt zu werden
und endlich leben zu dürfen.«

Uwe Böschemeyer

9. Die Gedanken auf Höheres ausrichten – Spirituelle Psychologie und Psychotherapie

Seit den 1980er-Jahren wächst eine Verbindung, eine Brücke zwischen Psychotherapie und Spiritualität. Dies ist erwähnenswert, weil diese Bereiche sich vorher eher bekämpften. Doch ist hier Vorsicht geboten, denn nicht überall, wo Spiritualität draufsteht, ist Spiritualität im eigentlichen Sinne drin. Der Jesuit Bernhard Grom sieht in diesem neuen Miteinander weniger die Rückkehr der Religion in die Gesellschaft, sondern mehr das Entdecken positiver Spiritualität als einer psychisch-seelischen Ressource innerhalb der Psychologie und Psychotherapie. Außerdem wollen Klienten und Patienten in ihren religiösen Überzeugungen ernst genommen werden. Dies kann ich aus vielfältigen persönlichen Erfahrungen in der Arbeit mit Ratsuchenden bestätigen. Der Therapeut, der zugleich Geistlicher ist, wird heute verstärkt gesucht, genauso der Geistliche, der therapeutisch weitergebildet ist. Grom stellt weiter fest, dass der heute beinahe inflationär verwendete Begriff Spiritualität im Gebrauch sehr unterschiedlich verstanden wird: *»Während er im kirchlichen Bereich mehr und mehr das bieder gewordene Wort Frömmigkeit ersetzt, wird Spiritualität in der Psychologie und gesundheitsbezogenen Lebensqualitätsforschung seit etwa 1995 oft weiter und bisweilen transzendenzlos im Sinn einer säkularen Humanität verstanden.«*[87]

Deshalb erscheint es mir hier nun wichtig, diese neueren Entwicklungen in Psychologie, Psychotherapie und Spiritualität näher zu beschreiben und zu reflektieren.

Verschiedene Ansätze der Verbindung von Psychotherapie und Spiritualität

Eine spirituelle Wende erfasst nach und nach Psychologie, Psychotherapie und Gesundheitswesen. Lebenshilfe und Wellnessangebote bauen seit einigen Jahren verstärkt spirituelle Lebenshilfen und Entspannungsmethoden in ihr Programm mit ein. Das Wort Spiritualität hatte ursprünglich seine Beheimatung im christlichen Bereich, mittlerweile umfasst es aber gleichsam Heiliges und Profanes zugleich. Ausgehend vom angelsächsischen Raum bot es sich seit den 1960er-Jahren als Sammelbegriff immer mehr an: »*Die entstehende Psychokultur, die Humanistische und Transpersonale Psychologie, die Meditationsbewegung, der Trend zu einer Auswahlreligiosität mit östlichen Elementen sowie die Esoterikwelle wollten Erfahrungen erschließen, die Religiöses und Psychologisches beinhalten. ... (Jede) Art von Sinnsuche (wurde) als spirituell qualifiziert und mit Spiritualität ein weites, pluralismustaugliches semantisches Dach gefunden, unter dem man alle nicht rein materiellen Bemühungen um subjektives Wohlbefinden unterbringen konnte.*«[88]

Psychologen und Sozialwissenschaftler schätzen den Begriff Spiritualität, weil er für sie eine größere Weite besitzt als Religiosität. Theologen bewerten ihn aber eher als schwammig und oberflächlich. In der Tat lässt sich Spiritualität – und das liegt ganz in der Natur des Geistes (spiritus = Geist) – nicht umfassend eingrenzen. Grundsätzlich ist es positiv zu bewerten, dass durch diese Entwicklung die Einschränkung der Psychologie auf materialistische Triebabläufe, Reiz-Reaktions-Mechanismen und ähnliche reduktionistische Verkürzungen des Menschen aufgebrochen und *das Menschenbild wieder rehumanisiert wird.* Der Mensch ist eben nicht nur Körper und Psyche (im psychologischen Sinne), also nur psycho-somatisch zu deuten und zu verstehen. Der Mensch ist, so sage ich gerne, »dreifaltig«. Er ist ein Zusammenspiel von Körper, Seele (was viel mehr ist als Psyche) und Geist.

Im heutigen Gebrauch spiritueller Praktiken, die bei verschiedensten therapeutisch anmutenden Entspannungs- und Erleuchtungswegen angewandt werden, ist auch ein neuer Hang von Dogmatismus zu finden, der kritisch hinterfragt werden muss. Wenn du das und das nicht tust, ein bestimmtes Seminar nicht mitgemacht hast oder eine bestimmte Methode nicht praktizierst, dann giltst du als spiritueller Trockenschwimmer, dann kannst du nicht mitreden, dann ist es kein Wunder, dass du nicht heil wirst. Genau solche dogmatischen Auffassungen von Welt, Mensch und Heilungswegen werden andererseits den Kirchen vorgeworfen. Eine *»kompetente kirchlich ›gebundene‹ Spiritualität (legt) ihren Orientierungsrahmen offen und nimmt das Verlangen nach emotional bedeutsamer Glaubenserfahrung ernst, ohne die individuelle Sehnsucht und Betroffenheit zum einzigen Maßstab zu erheben.«*[89]

Diese subjektiv erfahrene Betroffenheit wird nämlich nicht selten zum alleinigen Bewertungskriterium gemacht. *Eine Vernunftkritik feiert fröhliche Urständ, das subjektive Gefühl ist das Ein und Alles.* Dies kann gefährliche, ja sektiererische Züge annehmen. Nichts darf mehr hinterfragt werden. Wie so oft scheint der Mittelweg zwischen Herz und Kopf, zwischen Intuition und Hirn der richtige zu sein.

Der Jesuitenpater **Bernhard Grom** gibt in einem lesenswerten Artikel[90] einen hilfreichen *Überblick über verschiedene Typen des Aufeinanderbezogenseins von Psychotherapie und Spiritualität* im deutschsprachigen Bereich. Die Einbeziehung spiritueller Themen von Klienten, Patienten, ja Menschen allgemein in psychologische und psychotherapeutische Ansätze oder Lebenshilfekonzepte macht eine vorher oft (bewusst) vergessene Ressource menschlichen Seins – die Spiritualität – *wieder für die Heilung und Integrität der menschlichen Ganzheit dienstbar.*

Vier Ansätze des Aufeinanderbezogenseins von Psychotherapie und Spiritualität im deutschsprachigen Raum nach Bernhard Grom

- **Typ 1: Psychotherapie und Spiritualität eigenständig, aber in Kooperation**
  Hierzu zählt die überkonfessionell ausgerichtete und charismatisch geprägte *de'ignis-Fachklinik auf christlicher Basis für Psychiatrie, Psychotherapie, Psychosomatik* in Egenhausen. Ferner gehört hierzu das *Institut für Psychotherapie und Seelsorge* in Freudenstadt mit seinem integrativen Ansatz der Biblisch-Therapeutischen Seelsorge, die *Akademie für Psychotherapie und Seelsorge* in Oberursel (interdisziplinäres Forum für christliche Psychotherapeuten und Seelsorger mit persönlichem Glauben im Sinn der Deutschen Evangelischen Allianz, einer Landes- und Freikirchen übergreifenden Gebets- und Evangelisationsbewegung), die *Bildungsinitiative für Seelsorge und Lebensberatung* in Kirchheim unter Teck und die psychiatrische und psychotherapeutische *Klinik Sonnenhalde* in Riehen/Schweiz.

- **Typ 2: Spiritualität – konkret integriert in eine professionelle Psychotherapie**

  Hier ist die *Theistische Psychotherapie* nach P. Scott Richards und Allen E. Bergin zu nennen, die den Glauben an einen personalen Gott, seinen Plan und seine Verbundenheit mit den Menschen und deren Verantwortung in bekannte psychotherapeutische Ansätze integriert. Kognitive Verhaltenstherapie, Selbstinstruktionen, Affirmationen und Visualisierungen, klientenzentrierte, tiefenpsychologische und kognitive Umstrukturierungen werden mit dem persönlichen Glauben der Klienten verbunden.

- **Typ 3: Spiritualität, die selbst Psychotherapie werden will**

  Hier sind die katholisch-charismatisch geprägte *Hagiotherapie* nach Tomislav Ivančić, die *psychosomatische Basistherapie* des Medizinpsychologen Balthasar Staehelin und die *christlich orientierte Psychotherapie* von Helmut Jaschke zu nennen.

  Unterformen von Typ 3 stellen *transpersonale Ansätze* dar, so zum Beispiel die *transpersonale Psychotherapie* an der Fachklinik Heiligenfeld bei Bad Kissingen, die *initiatische Therapie* nach Karlfried Graf Dürckheim und Pieter Loomans am Rütte-Forum in Todtmoos-Rütte sowie die *Schule für transpersonale Psychologie und Psychiatrie* in Freiburg.

  Alle genannten Ansätze neigen dazu, »*ihre Spiritualität als eigene Psychotherapie mit den entscheidenden Wirkfaktoren aufzufassen*«.[91]

- **Typ 4: Psychotherapeutische Wirkfaktoren spirituellen Ursprungs**

  Hier handelt es sich um die therapeutische Nutzung bekannter spiritueller Wege wie Yoga, Mantra- oder Zen-

meditation. »*Es entstand ein vierter Typ von ›spiritueller Psychotherapie‹, der aus Übungen religiöser Traditionen einzelne Wirkfaktoren übernommen und in professionelle Verfahren integriert hat – im Unterschied zu Typ 2 nicht mit ihren motivierenden religiösen Inhalten, sondern losgelöst davon, weltanschaulich (meistens) neutral.*«[92]
Methoden dieses Typs sind Achtsamkeit und Akzeptanz, Body-Scan (achtsames Wahrnehmen einzelner Körperregionen), Wahrnehmung und Lenkung des Atems, Loslösung und De-Identifikation von allem, was Leid erzeugt, Leerwerden im Geist.

Diese höchstwahrscheinlich mittlerweile nicht mehr vollständige Aufzählung verschiedener Ansätze der Verbindung von Spiritualität, Psychologie und Psychotherapie allein im deutschsprachigen Raum zeigt, wie wichtig es also zum Beispiel für einen Christen ist, genauer hinzusehen, welcher Inhalt hinter einer Verpackung ist, getreu dem ersten Johannesbrief: »*Prüft die Geister, ob sie aus Gott sind.*«[93]

Im Folgenden möchte ich erneut auf den Ansatz der Logotherapie und Existenzanalyse nach **Viktor E. Frankl** hinweisen, weil er mir persönlich sehr am Herzen liegt. Ich habe in diesem Ansatz für mich und meine Arbeit mit Menschen einen Schatz im Acker gefunden, der es immer wieder wert ist, gehoben zu werden. Nicht nur für mich gibt es eine eindeutige Nähe dieses Ansatzes zum christlichen Menschenbild.[94] Mit Jörg Riemeyer möchte ich Frankl als *den Anwalt der Rehumanisierung*[95] des Menschen in der Psychologie und Psychotherapie bezeichnen.

Viktor E. Frankls Ansatz einer sinnorientierten und transzendenzoffenen Psychotherapie

Die schon genannte Schülerin Viktor E. Frankls, **Elisabeth Lukas,** bezeichnete die von Frankl geschaffene sinnorientierte Psychotherapie schon im Jahr 1998 als den *»Inbegriff einer spirituellen Psychologie«*[96]. Das ist umso bemerkenswerter, weil Frau Lukas klinische Psychologin ist und mit allzu schneller Hinwendung zur Spiritualität – genau wie ihr Lehrer Frankl – sehr zurückhaltend war und ist.

Ich persönlich will dies modifizieren. Denn ich sehe den von Frankl entwickelten Ansatz als eine für Spiritualität offene Form der Psychotherapie an, weil Frankl den Bereich der Psychologie – damals auf Körper und Seele beschränkt – für den Bereich des Geistigen öffnete. Aufgrund seiner eigenen Entwicklung wurde er zu einer Zeit, in der das gar nicht üblich war, zu einem Propheten. Er legte gleichsam immer wieder den Finger in die offene Wunde einer Verkürzung des Bildes vom Menschen, das ihn als ein Produkt gesellschaftlicher Verhältnisse und als einen Spielball zwischen verschiedensten Triebstrebungen und den daraus resultierenden Konflikten sah.[97]

Ich empfinde diese psychotherapeutische Methode als einen *idealen Brückenkopf zwischen Psychologie und Spiritualität.* Dabei ist die Spiritualität nicht begrenzt auf eine bestimmte Religion oder Konfession. Die Logotherapie und Existenzanalyse lässt die Tür zur Transzendenz bewusst offen. Frankl selbst sieht die Aufgabe seiner Therapie darin, *»das Zimmer der Immanenz* (der diesseitigen Welt) *einzurichten und möglichst auszustatten und sich dabei nur davor zu hüten, dass sie die Türe zur Transzendenz nicht verstelle. Sie will nicht mehr als ersteres – mehr als letzteres aber kann man von ihr auch* *nicht verlangen. So betreibt sie, wenn man es so nennen will, eine Politik der offenen Türe; und durch die offengehaltene Türe kann der religiöse Mensch ungehindert ausgehen oder, wenn man es anders sagen will, der Geist echter Religiosität ungezwungen eintreten. [...]«*[98]

Diese »*Politik der offenen Tür*« vom Zimmer der Psychotherapie hin zum Zimmer der (religiösen) Spiritualität betone ich deswegen so klar, weil Frankl dies schon von Anfang an, also vor allem seit den Jahren nach dem Zweiten Weltkrieg hervorhob. Dabei sah er *das spezifisch Menschliche in der Ausrichtung des Menschen auf Wert und Sinn: »Das Wesen der menschlichen Existenz liegt in deren Selbsttranszendenz. [...] Mensch sein heißt immer schon ausgerichtet und hingeordnet sein auf etwas oder auf jemanden, hingegeben an ein Werk, dem sich der Mensch widmet, an einen Menschen, den er liebt, oder an Gott, dem er dient.«*[99]

Neuere Entwicklungen – wie oben schon dargestellt – kommen wieder verstärkt zu der Annahme, dass Psychologie / Psychotherapie und Religion / Spiritualität sich sehr gut ergänzen können. Der Mensch ist Körper, Seele *und* Geist, *man kann es nicht oft genug betonen.* Die geistige Dimension des Menschen wird zunehmend entdeckt und sinnvoll und hilfreich in spirituell-therapeutische Ansätze eingebaut. »*Das Ziel der Psychotherapie ist seelische Heilung – das Ziel der Religion jedoch ist das Seelenheil. Beide Bereiche können aber per effectum einander das angestrebte Ziel zu erreichen helfen. Glaube kann psychohygienisch wirken und Logotherapie [...] kann Glauben neu eröffnen.*«[100]

Seit 18 Jahren arbeite ich als Logotherapeut und seit gut 15 Jahren zugleich auch als katholischer Geistlicher. Ich kann aus vielfältigen Erfahrungen in unterschiedlichen Seelsorgebereichen (Pfarrseelsorge, Kurseelsorge, Krankenhaus-seelsorge, Wallfahrtsseelsorge und spirituell-therapeutische Einzelbegleitung) nur bestätigen, dass – passend zu unserem Thema – die Ausrichtung der belasteten und/oder belastenden Gedanken hin zu einem Adressaten im transzendenten Bereich – ich spreche hier gerne und bewusst von *GOTT* – den Menschen aus lebenshemmender Enge herausführen und befreien kann.

Renaud van Quekelberghe (Professor für Klinische Psychologie, Psychotherapeut und Theologe) erwähnt den Ansatz Viktor Frankls im Rahmen einer interessanten Untersuchung über Grundzüge verschiedener spiritueller Ansätze in der Psychotherapie als hilfreich, weil dessen *»klare Einbeziehung des (spirituellen) ›Über-Sinns‹ auf möglichst alle konkreten Ebenen und Schritte der therapeutischen Beratung und Behandlung eine [...] überaus wertvolle Hinterlassenschaft«*[101] sein kann.

In Viktor Frankls therapeutischem Ansatz haben wir einen *Glücksfall in der Verbindung zwischen Psychotherapie und Spiritualität,* weil seine Therapieform eine »transzendenzoffene Therapie« (Joachim Hänle) darstellt. *»Frankl hat [...] stets anerkannt und betont, dass echte und lebendige Religiosität einem Menschen unvergleichliche Geborgenheit und geistige Verankerung in der Transzendenz und dem Absoluten ermöglichen. Auch hat er [...] in vielen ›metaklinischen‹ Abschnitten seinen Glauben an ein letztes göttliches JA und ›Ur-Du‹ dargelegt.«*[102]

Schon **Papst Pius XII.** erwähnte am 13. April 1953 in einer Ansprache vor Teilnehmern des 5. Internationalen Kongresses für Psychotherapie und klinische Psychologie in Rom als nötige Grundhaltung für eine christliche Psychotherapie

Folgendes: »*Die Psychotherapie und die klinische Psychologie müssen den Menschen immer betrachten 1. als psychische Einheit und Ganzheit, 2. als eine in sich selbst geschlossene Einheit, 3. als soziale Einheit und 4. als transzendente, das heißt zu Gott strebende Einheit.*«[103] Der Ansatz Frankls erfüllt diese Grundhaltungen weltanschaulich und praktisch, auch wenn er sich natürlich nicht spezifisch christlich versteht. Ein Freund und Biograph Frankls (**H. Klingberg**) schreibt zum weltanschaulich-religiösen Hintergrund Frankls, dass dieser »›*durch den Holocaust zu einem frommen Juden wurde und dies bis zu seinem Tode blieb‹. Jeden Morgen schloss er sich in seinem Arbeitszimmer ein, legte die Teffilin an, die er auch auf seine vielen Reisen mitnahm, und sprach seine Gebete.*«[104]

Die Ausrichtung auf den Glauben

Die Entdeckung und Einbeziehung des Glaubens bei der therapeutischen Bearbeitung von Lebensproblemen wird also immer wichtiger. Genauso wird die Einbeziehung therapeutischer Ansätze für eine lebendige und sinnvolle Seelsorge immer wichtiger. Leider gibt es hierzu meiner Meinung nach immer noch zu wenige konstruktive Ansätze und Umsetzungen, die auch mit den dahinter liegenden Weltanschauungen zusammenpassen. *Aber: Es gibt sie!*

Der schon genannte **Bernhard Grom** reflektierte 2008 über die Zunahme von Spiritualität im deutschen Gesundheitswesen und stellte die Frage: »*Wie sollen sich die Kirchen zu den boomenden Gesundheits- und Heilungsangeboten mit spirituellem Hintergrund verhalten, die oft ›alternativ‹ genannt werden, die man aber meistens komplementär zur naturwissenschaftlichen Medizin in Anspruch nimmt und die längst auch in die Pfarrgemeindesäle drängen?*«[105]

Manche Angebote betonen, ihr Vorgehen sei unabhängig von der dahinterstehenden Weltanschauung, andere arbeiten eindeutig mit Ansätzen, die dem christlichen Glauben widersprechen oder entgegenstehen. Grom spricht vor allem von zwei Konfliktfeldern zwischen solchen Heilungsansätzen und dem christlichen Glauben:

- die Vorstellung von einer kosmischen Lebensenergie
- der Glaube an Karma und Reinkarnation.

Ob Geistheilung, schamanische Trancereisen, Reiki, Tai Chi, Chi Gong, Kinesiologie, Traditionelle Chinesische Medizin (TCM), Therapeutic Touch oder Aura-Chakra-Behandlung. Allen (und noch viel mehr Angeboten) gemeinsam ist das Lösen von Blockaden in den sieben Energiezentren (Chakren) und die Ermöglichung des Fließens von *psychokosmischer Energie*. Christlich gesehen wird dies schwierig: »*Dieses nicht unterscheidende Denken entdifferenziert nicht nur Geistiges und Materielles, sondern auch Schöpfer und Schöpfung. In dieser monistischen Sicht ist das menschliche Leben nicht Werk und Geschenk Gottes, sondern eine Manifestation des All-Einen selbst. [...] Auch andere Angebote tendieren zu einem ›Alles-ist-Energie‹-Pantheismus, der das Göttliche großenteils zur kosmischen Kraft verdiesseitigt und die eindrucksvolle Botschaft enthält: ›Entspanne dich und vertraue dem Kosmos – er ist Energie, die dich bis in deine Gesundheit hinein trägt.‹*«[106]

Das sogenannte *Karmagesetz* gehört zu diesen und auch anderen therapeutischen Ansätzen. Sinngemäß sagt es, dass Krankheit und andere Schicksalsschläge so gedeutet werden können, dass der Mensch durch frühere Leben sein jetziges durch Taten beeinflusst hat, die er nun abarbeiten muss, um sein früheres Versagen auszugleichen und sich auf eine höhere Stufe weiterzuentwickeln. »*Solche karmischen Deutungen machen den Kranken zwar für seinen Zustand verantwortlich, versprechen ihm aber für die nächste Inkarnation Kontrolle über sein Schicksal. Sie widersprechen dem christlichen Glauben ebenso wie energetische All-Einheitslehren.«*[107]

Der katholische Kalasantinerpater **Clemens Pilar** weist deutlich darauf hin, dass die unbedachte Anwendung all dieser modernen spirituellen und meist esoterischen Einflüsse zu einer heillosen Verwirrung unzähliger Christen geführt hat, die die verschiedenen Wege nicht unterscheiden und sich dann wundern, warum sie sich ihrem Glauben und dann auch ihrer Kirche immer mehr entfremden. Mit Pilar stimme ich überein, dass es für einen Christen auf die Frage hinausläuft, ob er seine Vollendung als Mensch darin sieht, sich selbst als Gott zu verwirklichen oder sein Innerstes zu öffnen, um von Gott innerlich erfüllt zu werden. Es macht eindeutig einen Unterschied, ob Gott als DU oder als ein ES verstanden wird. Es ist etwas anderes, an einen liebenden Schöpfer zu glauben oder an eine unpersönliche Energie. Für einen Christen geht es um eine Beziehung zu Gott und nicht um eine Methode, das Göttliche zu erreichen.[108]

In diesem Buch will ich mich nicht speziell mit dem Thema *Glauben und Gesundheit* beschäftigen, hier soll es vor allem um den *Aspekt des Denkens in Verbindung mit dem christlichen Glauben* gehen. Ich möchte aber darauf hinweisen, wie der christliche Glaube die Bereiche Gesundheit, Krankheit und die Bewältigung negativer Einschränkungen in diesen Feldern sieht. Bei Bernhard Grom habe ich eine schöne und griffige Zusammenfassung gefunden: »*In der Sicht des Schöpfungsglaubens sind Gesundheit und Vitalität wertvolle Gaben Gottes, die es uns erleichtern, bis in unser körperliches Befinden hinein das Leben als Geschenk Gottes zu bejahen, und die uns helfen, in der Freude und Würde zu leben, die er uns als*

Ebenbildern und Partnern zugedacht hat. Ihre Minderung ist nichts Positives, sondern Folge der Begrenztheit der Schöpfung – ein Leid, das Jesus in seiner Heilungstätigkeit bekämpft hat und das auch wir im Geist der Nächstenliebe beseitigen sollen, indem wir die Kranken besuchen (Mt 25, 36) und alles für sie tun, was in unserer Macht steht.«[109]

Diese schöpfungstheologische und eschatologische (heilsgeschichtliche) Ganzheitlichkeit hilft dabei in folgender Hinsicht:[110]

- Sie will die Fähigkeit unterstützen, an Gottes Zuwendung zu glauben, die uns Wert und Würde schenkt, uns aber erst nach dem Tod vollenden wird.
- Vitalität und Gesundheit sind nicht alles im Leben. Hier wird der Gefahr einer »Gesundheitsreligion« (**Manfred Lütz**[111]) entgegengewirkt, die alles Kranke und Behinderte abwertet.
- Der Kampfgeist Kranker und deren Angehöriger wird gestärkt, solange noch Aussicht auf Heilung besteht.
- Ermutigung zur ungebrochenen Annahme eines eingeschränkten Lebens und letzlich des Todes, wo dies unvermeidlich ist.
- Versöhnung mit Ohnmacht und Sterblichkeit im Vertrauen auf den, der sie selbst durchlitten hat: JESUS CHRISTUS.
- Das Heilsame in der (spirituellen) Beziehung zwischen (krankem) Menschen und Gott tritt in den Vordergrund.

Lebendiger christlicher Glaube – so weit ist man mittlerweile in der psychologischen Forschung – kann *»als kognitiver und emotionaler Einfluss zusammen mit anderen Faktoren unsere Gesundheit mitbestimmen. Er ist also eine wichtige, aber begrenzte Ressource, die – als Nebeneffekt – Krankheiten verhüten hilft und Heilungsprozesse unterstützt, ihren Hauptsinn aber in der spirituellen Beziehung zu Gott hat.«*[112]

Für mich stellt die vorher kurz dargestellte Logotherapie nach Viktor E. Frankl eine Therapieform dar, die Menschen mit religiösen Einstellungen in ihrem Glauben ernst nimmt und die mit dem Christentum kompatibel ist. »*Frankl hat eingehend über ärztlich-psychologische und kirchliche Seelsorge nachgedacht und – obwohl die Logotherapie weltanschaulich neutral sein soll – für ein unbefangenes Miteinander plädiert. Nicht wenige Theologen wurden Lehrer der Logotherapie: Uwe Böschemeyer, Eugenio Fizzotti, Wolfram Kurz, Stephan Peeck.*«[113]

Allmählich entwickelte sich in den letzten Jahren auf Kongressen und Tagungen ein neues Suchen nach Möglichkeiten, Spiritualität, Religiosität und auch den christlichen Glauben mit Medizin, Psychologie und Psychotherapie in Verbindung zu bringen. Ich sehe diese Entwicklung mit großer Freude und nehme, so weit ich kann, an ihr Anteil. In aller Kürze berichte ich über drei sehr unterschiedliche solche Kongresse, an denen ich teilnehmen konnte.

Der Christliche Gesundheitskongress in Kassel vom 21. bis 23. Januar 2010 zeugte von einem neuen christlichen Selbstbewusstsein, das den Aufbau von Netzwerken und einen weiterführenden Austausch zwischen christlicher Spiritualität und therapeutischen Ansätzen anstrebt. 2008 wurde hier ein Anfang gemacht, 2012 fand der dritte Kongress in Kassel statt. Im Trägerkreis der Veranstaltung von 2010 waren etliche Christen verschiedener Konfessionen und Berufsfelder zu finden, zum Beispiel Vertreter der Diakonie, die Barmherzigen Brüder, die Arbeitsgemeinschaft christlicher Mediziner, der Katholische und der Evangelische Krankenhausverband, Christen im Gesundheitswesen und viele andere mehr. Da ich die Ziele des Christlichen Gesundheitskongresses im Chor der vielen anderen Anbieter für wichtig erachte, möchte ich diese hier auch aufzählen:

1. »Ein ausgewogenes theologisches Verständnis vermitteln zu Krankheit – Heilung – Gesundheit, welches biblisch fundiert ist und die unterschiedlichen Erfahrungen im christlichen Heilungsdienst reflektiert.
2. Den aktuellen wissenschaftlichen Forschungsstand zum Einfluss von Spiritualität und Religiosität auf Krankheit und Gesundheit verständlich machen und praktische Konsequenzen davon ableiten.
3. Christen, die im Gesundheitswesen in den verschiedenen Arbeits- und Verantwortungsbereichen tätig sind, durch ›Praxis‹-Erfahrungen und Leitlinien ermutigen, den Berufsalltag auf der Grundlage des christlichen Glaubens aktiv zu gestalten.
4. Den christlichen Gemeinden umsetzbare Konzepte anzubieten für die Begleitung kranker Menschen sowie für vielfältige heilende und ehrenamtliche Dienste.
5. Mitarbeitende aus Gesundheitswesen und Gemeinde inspirieren, die modernen pflegerischen, therapeutischen und medizinischen Erkenntnisse zu verbinden mit dem kirchlichen Glaubens- und Erfahrungsreichtum im Sinne einer christlich fundierten Heilkunde.
6. Das Zusammenwirken von Gesundheitswesen und Gemeinden fördern und anhand von Modellerfahrungen Möglichkeiten gegenseitiger Befruchtung aufzeigen.
7. Im Blick auf die ethisch und ökonomisch zu verantwortende Weiterentwicklung der Strukturen unseres Gesundheitswesens die christliche Stimme verstärken.«[114]

Die theologischen, sozialen und therapeutischen Kompetenzen von Christen in Gemeindestrukturen, im Gesundheitswesen und als Gestaltungssubjekte in unserer Gesellschaft – und das im konfessionell übergreifenden Sinne – werden zunehmend neu, modern und selbstbewusst wieder entdeckt, weiter entwickelt und neu eingebracht. Ich erachte dieses Tun als sehr wichtig, da die Stimme der Christen durch alle möglichen und unmöglichen Fremdanbieter sonst marktschreierisch übertönt wird. Der zutiefst menschenfreundliche Ansatz der christlichen Religion kann durch solche gebündelte Veranstaltungen wieder neu in eine weltanschaulich zunehmend durcheinandergewürfelte Gesellschaft hineingetragen werden.

Der Mediora Gesundheitskongress vom 17. bis 20. März 2011 in Schwäbisch Gmünd präsentierte eine Reihe von Angeboten, die medizinische, psychologische und christliche Bereiche miteinander zu verbinden suchten. Der Veranstalter schrieb dazu: »*Der moderne Mensch sieht sich ständig einer Vielzahl von Möglichkeiten gegenüber, sein Leben zu bestimmen. Ohne tragfähige Orientierung gelingt es nicht, Kurs zu halten. Die gute Resonanz auf unsere Kongressreihe Mediora zeigt auf, dass gerade der christliche Glaube ein wichtiges Steuerelement für die individuelle gesundheitliche Prävention sein kann.*«[115] Einzelne Beiträge fand ich interessant, das pietistisch-evangelikale Ambiente war mir dagegen etwas fremd. *Aber:* Nur wenn man sich gegenseitig kennenlernt, weiß man auch über die Vertreterinnen und Vertreter einer anderen Konfession besser Bescheid und wird Wege finden können, das »Entweder-oder-Denken« zu überwinden in Richtung eines »Sowohl als auch« und dabei das Verbindende mehr zu betonen als das Trennende.

Hier fühle ich mich meinem amerikanischen franziskanischen Mitbruder **Richard Rohr** geistig verwandt, der schreibt: »*Ich war immer gern katholisch, bin aber zugleich irgendwie auch Protestant und Pfingstler. Ich wusste schon früh, dass es sich nur um unterschiedliche Erkenntniszugänge handelt: Worte spalten die Wirklichkeit in entweder – oder, aber meine Lebenserfahrung war immer sowohl als auch.*«[116]

Die Tragweite dieser Erkenntnis wird im Klappentext auf der Rückseite des Buches noch deutlicher dargestellt: »*Unser Erleben und Denken ist geprägt von Gegensätzen: wahr oder falsch, gut oder böse, gläubig oder ungläubig. Täglich erfahren wir, wie daraus Gewalt und Fundamentalismus entstehen. Von den Mystikern aller großen Religionen können wir lernen, das dualistische Denken zu überwinden und mit Paradoxien leben zu lernen.*«

Der internationale Kongress »Spiritualität und Intimität – Tiefenerfahrung in Therapie & Beratung« vom 6. bis 8. Mai 2011 in Lindau am Bodensee wurde von der Gesellschaft für Logotherapie und Existenzanalyse (GLE) aus Wien veranstaltet. Die Teilnahme an diesem Kongress brachte mir viele neue und bereichernde Erkenntnisse in der Verbindung von Medizin, Psychologie, Psychotherapie und vor allem der Logotherapie, auch wenn diese von der GLE anders weiterentwickelt wurde, als ich dies von Deutschland her gewohnt bin. Das speziell Christliche kam dort ausdrücklich wenig vor, wobei es durch einzelne Teilnehmer und auch Referenten manchmal angesprochen wurde.

Im Grußwort von **Alfried Längle** (Präsident der GLE) ist Folgendes zu lesen: Wir treffen uns »*zu einem Themenbereich, der eine lange Tradition in der Psychotherapie-Geschichte hat: sowohl die Frage des spirituellen Bezugs des Menschen als auch die Einbindung und Respektierung der Intimität, also des ganz persönlichen Innenlebens, sind Themen seit Bestehen der Psychotherapie. Im Besonderen waren Sinn, Glaube und Religion Themen der Logotherapie, deren Geschichte auch allein durch das Sinn-Thema in steter Berührung mit Religion verlief. Gerade deshalb war es für V. E. Frankl eine Erfordernis, die ›Ärztliche Seelsorge‹ von der ›Religiösen‹ getrennt zu halten und eine klare Abgrenzung von Psychotherapie und Seelsorge bewusst zu halten.*

In der Entwicklung von der Franklschen Logotherapie zur psychotherapeutischen Existenzanalyse haben wir den Schritt von der metaphysischen zur personal begründeten Existenz vollzogen. Diese Auseinandersetzung fand besonders heftig in der Diskussion über ›Sinnglaube oder Sinn-Gespür‹ statt. Grundlage dieses neuen Zugangs zur Existenz ist die ausgeprägte phänomenologische Ausrichtung der Existenzanalyse. [...] AUF DIESEM HINTERGRUND UNSERER EIGENEN ENTWICKLUNG SOLL DER STELLENWERT DER SPIRITUALITÄT IN UNSERER ARBEIT FOKUSSIERT WERDEN.«[117] (Hervorhebung durch den Autor)

Im Bereich der Logotherapie und Existenzanalyse wird also zunehmend auch nach dem Stellenwert der Spiritualität gefragt, ja sogar gezielt danach gesucht. Die Referentin **Luise Reddemann** (Nervenärztin, Fachärztin für psychotherapeutische Medizin, Psychoanalytikerin – keine Logotherapeutin) sagte z. B. sinngemäß Folgendes: »*Über 30 Jahre musste ich meinen christlich-evangelischen Glauben heimlich praktizieren, da im Bereich der Psychoanalyse der Glaube als Illusion oder Neurose angesehen wird. Als ich mein Buch ›Überlebenskunst‹ herausbrachte, sagte eine Kollegin zu mir, dass ihr das alles zu spirituell sei. Ich wollte die Kraft des christlichen Glaubens anhand von Johann Sebastian Bach aber bewusst darstellen, weil ich wusste, dass Bach nicht nur mir Trost und Kraft geben konnte. Die Entwicklung innerhalb der Psychotherapie hat mir Recht gegeben.*«[118] Und später sagte sie sinngemäß: »*Was früher verboten und anrüchig war – die Spiritualität und Religiosität im Klienten und im Therapeuten –, das wird heute schon wieder fast inflationär und übertrieben in den Vordergrund gestellt. Auf beiden Seiten war und ist keine geringe Heuchelei im Gange.*«

Da gebe ich ihr vollkommen Recht. Wer meint, heute etwas im Zwischenbereich von Medizin, Psychologie und Psychotherapie auf sich zu halten, der kehrt auf jeden Fall irgendeine Art von Spiritualität heraus, die meist nur gefühlsbetont und wenig reflektiert ist. Extreme Haltungen neigen zu Übertreibungen, in der goldenen Mitte wird die Lösung wieder einmal zu finden sein. *Zum Menschsein gehört die körperliche, die seelische und die geistige Dimension.* Es war höchste Zeit, dass die geistige und damit auch spirituelle Dimension wieder Einzug findet in den verschiedenen Formen der Heilkunst (Medizin, Psychologie, Psychiatrie ...). Selbst innerhalb der Psychotherapieangebote (ganz ohne Spiritualität) gibt es heute eine verwirrende Anzahl von Therapieansätzen, die sehr fragwürdig sind. **Ulrich Buchner** bringt dies in seinem Buch »Wenn IRRE Irrenärzte werden« auf sehr pointierte und nachdenklich stimmende Weise auf den Punkt.[119]

Die dargestellten interessanten und persönlich erlebten Querverbindungen zwischen »Geist, Körper und Psyche (Seele)« auf den drei Kongressen lassen hoffen, dass eine *Rehumanisierung der Medizin und Psychologie/Psychotherapie,* von der Viktor E. Frankl immer wieder sprach[120], voranschreitet. Und gleichzeitig dürfen noch viel mehr Querverbindungen zwischen Psychotherapie und christlicher Spiritualität stattfinden.

Ich erachte es als sehr wichtig – ich wiederhole mich bewusst –, dass christliche Gedanken, Ansätze und Hilfsmöglichkeiten in unserer Gesellschaft wieder verstärkt auftauchen. Dies muss auf eine undogmatische Art und Weise geschehen im Sinne eines tiefgegründeten Humanismus und einer echten Toleranz. Aus meiner Erfahrung in der Begleitung von Ratsuchenden weiß ich, dass viele Menschen bei Geistheilern,

Reiki-Anwendern (ich schreibe bewusst nicht Reiki-Meister, denn die wenigsten Anbieter sind Meister ihres Faches), Schamanen, Hexen (Sie haben richtig gelesen), Erdgeister-beschwörern, Lichtwasseranbetern, Reinkarnationsthera-peuten, Tarot-Kartenlegern usw. ihr Heil suchen. Viele »lau« gewordene Christen sind darunter. Und nicht wenige sind nach diversen Behandlungen nicht nur viel Geld los gewor-den, sondern verwirrter als zuvor. Frei nach Goethes Faust kann ich nur sagen: »*Die Geister, die ich rief, werde ich nicht mehr los.*« Wir benötigen im »Chor der Anbieter« wieder fundiert Christliches, gepaart mit professionellen therapeu-tischen Ansätzen. Nutzloses, ja Schädliches kann nicht mit Gewalt, sondern nur mit Professionalität und einem Behei-matetsein in seinem Glauben (Wissen und Praxis) beiseite geräumt werden.

Folgende Sinngeschichte[121] will dies humorvoll untermauern:

NACHFOLGER GESUCHT

Eines Tages bemerkte der König, dass er alt geworden war. Er rief seine Söhne in die große Halle. »Bis zum Abend habt ihr Zeit«, sagte er, »diesen Saal zu füllen.« Er gab ihnen einen Sil-berling. Das war nicht viel. »Wer es schafft, soll mein Nachfol-ger werden.«
Die beiden zogen los. Der Ältere kam an ein Feld, auf dem Leute gerade Weizen droschen. »Ich gebe euch einen Silberling für die Spreu!« Die Bauern waren froh, die Spreu los zu sein, und brachten sie sogar ins Schloss. »Du kannst mich zum Kö-nig machen«, rief der Ältere seinem Vater zu, »ich habe den Saal gefüllt.«
Aber der Vater wollte noch warten. Als es dämmerte, kam schließlich der Jüngere. »Räumt dieses nutzlose Zeug hier raus«, sagte er. Dann stellte er eine Kerze in die Mitte des Saa-

les. Er zündete sie an. Warmes Licht füllte den ganzen Raum
und ließ die Gesichter des Königs und der Söhne, der Diener
und der Mägde leuchten.
Der alte König lächelte: »Du wirst mein Nachfolger.«

Der Saal steht für mich hier für die Welt, die Gesellschaft, in
der wir leben. Christen sehen sich immer in der »Nachfolge
Christi«, das gehört zum innersten Sinnkern der christlichen
Religion. Es geht nicht darum, mit nutzlosem Zeug die Welt
zu füllen und dann falsch selbstbewusst zum neuen König
ausgerufen werden zu wollen. Innerhalb der verschiedensten »Heilsangebote« der heutigen Zeit gibt es nicht wenige
solcher selbsternannten »Könige«, Gurus und »Heilspro-
pheten«. Sie bringen letztlich aber nur »nutzlose Spreu«. Die
Welt heller zu machen, Licht in die Gesellschaft zu bringen,
Gesichter zum Leuchten zu bringen, das ist die wahre Kunst
echter Nachfolger. Der christliche Glaube weiß, dass Jesus
Christus das »Lumen gentium«, das »Licht der Völker« ist.
Wer in seinem Geiste handelt, ist sein Nachfolger und bringt
Licht in diese Welt.

»Wenn du erfährst, dass dich etwas in Einklang mit deinem innersten Wesen bringt, so ist es die richtige Wahl. Gottes Wille ist nicht etwas, das uns von außen auferlegt wird, sondern er entspricht unserem innersten Wesen.«

Daniel Hell

10. Christlich-spirituelle Antworten zur Gedankenbefreiung

Eine positive Querverbindung und -verknüpfung der Bereiche Psychologie, Medizin, Psychotherapie und christliche Spiritualität ist dem Benediktinerpater **Anselm Grün** schon vor gut 35 Jahren gelungen, als er die Weisheit der altchristlichen Wüstenväter mit der modernen Psychologie in Verbindung brachte. Dies baute er immer weiter aus und schuf auch interessante Querverbindungen und Formen der Zusammenarbeit mit Fachleuten anderer Disziplinen. Ich möchte hier auf diesen wichtigen Punkt vor allem unter dem Gesichtspunkt Denken – Gedanken eingehen. Denn auch hier hält das Christentum Schätze bereit, die gehoben werden wollen.

Spirituelles Umdeuten in Gedanken – Wüstenmönche als Therapeuten

Im Laufe der letzten Jahrzehnte gab es einige Versuche, die therapeutische und lebensbehilfliche Weisheit der christlichen Wüstenväter neu zu entdecken und für Menschen von heute fruchtbar werden zu lassen. In diesem Teilpunkt möchte ich auf ein paar dieser Erkenntnisse hinweisen, damit sie auch für den Leser und die Leserin dieser Seiten als echte Lebenshilfen bekannt werden.

Hans Conrad Zander

Ich weiß es noch wie heute. Als ich vor einigen Jahren alle sechs Wochen zu Ausbildungseinheiten von Süd- nach Norddeutschland fuhr, konnte ich die vielen Stunden in den Zugabteilen nutzen, um einige Bücher zu lesen. Eine Kollegin, die mit mir in Ausbildung war und in einem der neuen Bundesländer im Osten lebt, wies mich eines Tages auf ein Buch hin, weil es ihr als evangelischer Christin die Augen für Grundlegendes in der christlichen Religion geöffnet hatte. Da war ich aber gespannt. Den Autor des besagten Buches kannte ich schon von anderen Veröffentlichungen, und ich mochte seinen Witz und seine Geistesschärfe. Das besagte Buch hat den Titel »*Als die Religion noch nicht langweilig war. Die Geschichte der Wüstenväter*«. Der Autor ist der ehemalige Dominikanerpater **Hans Conrad Zander**[122].

Schon der Titel machte mich neugierig, denn nicht nur mir kam und kommt einiges in meiner Religion langweilig, abgestanden, festgefahren, blockiert oder einfach uninteressant vor. Ich weiß von vielen Zeitgenossen, dass Religion und dann noch die christliche Religion für sie nichts (mehr) zu sagen hat ..., *und das finde ich sehr schade,* denn ich durfte schon so manchen Weg zum Sinn, zum Glück, zum Trost und zur Zufriedenheit in dieser meiner christlichen Religion finden.

Hans Conrad Zander beschreibt auf lebendige Weise die Geschichten verschiedener großer Wüstenväter, ja sogar von einer Wüstenmutter. **Antonius** (der Einsiedler), **Pachomius**, **Simeon** und **Maria** (die Wüstenmutter) werden in einer existenziellen Weise beschrieben, die heutige Menschen in ihrer *Suche nach Mehr* anspricht. Leider suchen diese, weil die christliche Religion für sie langweilig geworden ist, woanders, sei es im ostasiatischen Raum, sei es im esoterischen Bereich oder sonst wo.

Die Suche der Wüstenväter und -mütter nach Sinn, nach einem tragenden Grund wird von Zander so dargestellt – *»Woher, wohin, wozu und wer bin ich?«* –, dass der interessierte Leser merkt: Auch ich bin irgendwie ein Sucher in der Wüste, und die alten Sucher können mir dabei helfen.

Die Wiederentdeckung christlicher Schätze aus der Vergangenheit und der Mystik als Hilfe zu einem echten spirituellen Leben ist voll im Gange. Die wirklich erstaunlichste Tatsache über Jesus und all die, die ihm ernsthaft, wirklich ernsthaft gefolgt sind, ist, *»dass er – anders als fast jeder andere Religionsstifter – Gott inmitten von Unordnung und Unvollkommenheit gefunden hat und uns gesagt hat, wir müssten das auch tun. Sonst würden wir auf Erden niemals glücklich sein.«*[123]

Das schreibt der große spirituelle Sucher und geistliche Lehrer unserer Zeit, der Franziskaner **Richard Rohr**. Ich bringe das bewusst in Verbindung mit dem Buch von Hans Conrad Zander, weil er auf geniale Weise genau dies anhand der Beispiele der Wüstenväter herausgearbeitet hat. Richard Rohr fügt für mich Entscheidendes hinzu: *»Das ist einer der Gründe, weshalb Jesus für die meisten Zeitalter und Kulturen so unverständlich geblieben ist und bleibt und weshalb die meisten Menschen die großartige gute Nachricht nicht fassen können, die sich hinter diesem außerordentlichen Bewusstseinssprung verbirgt. Dieses Unvermögen, das Herz seiner Botschaft zu begreifen, und das Fehlen eines konkreten Programms, um diese Wahrheit persönlich zu erleben, sind Merkmale unserer derzeitigen religiösen Krise.«*[124]

Den suchenden Menschen von heute geht es wie Menschen zu allen Zeiten: Sie suchen Menschen, die es ernst meinen, die Gott erfahren haben und von denen sie lernen wollen. *Aber wie kann man »Echte« von »Scharlatanen« unterscheiden.* Ganz einfach, meint Hans Conrad Zander und schreibt: *»Wie heute noch bei den Hindus, so gab es dafür im Jahr 394* *für Heiden und für Christen ein klares, leicht überprüfbares Kriterium: Wer Gott wirklich erlebt hat, besitzt hinfort selber göttliche Kraft. Das heißt: Er ist fähig, Wunder zu wirken. Von einem ägyptischen Einsiedler zum andern reisend, wurden die griechisch-römischen Expeditionäre, zunehmend fassungsloser, Zeugen unglaublicher Wunder.«*[125]

Nicht nur wirkliche Wunder sind hier gemeint, sondern vor allem auch das »Wunder«,

- was Menschen ertragen und auf sich nehmen können, wenn sie wissen, wofür,
- was Menschen leisten können, wenn sie ihre Gedanken in Ordnung bringen und von Gott in Ordnung bringen lassen,
- was Menschen für eine innere Stärke aufbringen und echte Heilung an all den Unzulänglichkeiten erfahren können, wenn sie sich – ohne Ablenkungen – auf das Wesentliche konzentrieren.

Die Wüstenväter (und -mütter) wurden zu Vorreitern echter Therapeuten, die Seelenheilkunde mit tiefer Spiritualität verbinden konnten. Man muss sie nicht zwanghaft kopieren, sondern ihre Botschaft für uns Heutige entdecken. Hans Conrad Zander sieht vor allem in der echten Einsamkeit, dem Alleinsein und dem Rat von einem Älteren das Mehr eines echten spirituell-religiösen Suchens auch für uns: *»Alleinsein als ungezähmtes Abenteuer, Religion als elementare Begegnung mit einem Älteren, der im sokratischen Umgang mit sich selbst etwas mehr Erfahrung hat als ich. Hätte jeder von uns gelegentlich in seiner Nähe einen ›Abba‹, einen etwas erfahreneren Menschen, der kolossale Betreuungsbetrieb der christlichen Kirchen wäre so überflüssig wie der uferlose Jahrmarkt esoterischer Sinntiefe.«*[126]

Dem ist nichts hinzuzufügen ...

Gertrude und Thomas Sartory

Gertrude und **Thomas Sartory** bearbeiteten ab dem Jahre 1980 die *Aussprüche der heiligen Väter – Apophtegmata Patrum* und ihre Bedeutung für Menschen von heute. In der Einführung zu einem ihrer Bücher heißt es: »*Christliche Spiritualität hat in ihnen [den Aussprüchen der heiligen Väter] ihren authentischen Ausdruck gefunden, denn nicht Theologie ist ihr Inhalt, sondern das Leben, das Ringen der Seele, der Kampf des Herzens, das nie endende Abenteuer des Weges zu Gott.*«[127]

Das Denken, Fühlen und Wollen sollte trainiert werden, denn durch konsequentes Üben kann man fit werden, nicht nur im körperlichen, sondern auch im geistig-spirituellen Sinn. Die alten Wüstenväter übten konsequent den Umgang mit ihren Gedanken. Sobald sich ein Gedanke im Menschen ausbildet, hängt alles davon ab, wie man mit ihm umgeht: ob er Raum bekommt oder abgewiesen wird, ob er genährt wird oder man sich ihm innerlich verschließt und ihn nicht ins Herz einlässt.[128]

Genau diese Aussage im Umgang mit unseren Gedanken wurde im Laufe der Zeit von mehreren anderen Autoren aufgegriffen und auch in Verbindung mit der Weisheit der Wüstenväter gebracht.

Anselm Grün und Daniel Hell

In verschiedenen Büchern[129] wies **Pater Anselm Grün** immer wieder auf alte Methoden im christlichen Mönchtum hin, die im geistlich-spirituellen Kampf erprobte Hilfen boten. *Vor allem der Umgang mit den Gedanken konnte da in* *christlich-spiritueller Weise gewinnbringend verbessert und die Praxis des Glaubens gereinigt, bereichert und vertieft werden.*

Ein wahrer »Schatz im Acker« ist das Werk »*Antirrhetikos*« von **Evagrius Ponticus,** einem Mönchsvater aus dem vierten Jahrhundert nach Christi Geburt, der in der ägyptischen Wüste lebte und von vielen Menschen um Rat gefragt wurde, wie sie denn mit ihren Problemen, Gefühlen und Gedanken richtig umgehen könnten.

Die Benediktiner der Abtei Münsterschwarzach haben dieses Werk 2010 neu herausgegeben, weil gerade heute alte Weisheitsjuwelen sehr gesucht und gefragt sind. Pater Anselm Grün und Pater Fidelis Ruppert schreiben im Vorwort: »*In ihrer Geradlinigkeit, feinfühlig, jedoch ehrlich, helfen [...] die Schriften des Evagrius auch heute noch, die Grundproblematiken und Grundbewegungen des menschlichen Herzens zu erkennen und dementsprechend zu handeln. [...] [Den Mönchen] passierte genau das, was auch uns Heutigen vielfach geschieht: Wenn wir in die Stille kommen, dann melden sich zunächst mal die inneren, ungelösten Themen und belästigen uns. Da es in der Wüste kaum Abwechslung und Ablenkung gab, waren diese Mönche ganz und gar ihren inneren Sehnsüchten, Leidenschaften und Problemen ausgeliefert.*«[130] Da braucht es Durchblick, Erfahrung, Wissen, Weisheit und Hilfe. Deshalb kamen die Mönche und viele andere in Scharen zu einem Älteren, einem Kundigen.

Evagrius Ponticus entwickelte zusammen mit **Johannes Cassian** eine Art *monastische (mönchische) Psychologie im Umgang mit bösen und schlechten Gedanken* – die Acht-Laster-Lehre oder die Lehre von den acht bösen Gedanken: Völlerei, Unkeuschheit (Wollust), Geld- oder Habgier und Geiz, Zorn, Traurigkeit, (geistliche) Lustlosigkeit, eitle Ruhmsucht und Stolz. Daraus entwickelte sich im Laufe der Geschichte dann die Lehre von den so genannten Todsünden.

Evagrius Ponticus wollte den Ratsuchenden helfen, Hintergründe von Gedanken, Leidenschaften, Sehnsüchten und Fehlverhalten besser zu durchschauen. So betonte er immer wieder, dass die gedachten Gedanken nicht gleich Sünden sind, sondern zunächst einfach mal nur gedachte Gedanken. Solche Gedanken hinterlassen im Menschen Gefühle, Leidenschaften und andere Regungen, ob man das will oder nicht. »*Solche Gedanken oder Emotionen oder leidenschaftliche Gefühle zu haben oder nicht zu haben liegt nicht in der Macht des Menschen. Es hängt vom Menschen, von seiner Freiheit ab, ob er sich auf diese negativen Impulse dann einlässt und sündigt oder ob er sie überwindet und freier wird.*«[131]

Es geht also darum, mithilfe einer Methode sich und seine inneren Strebungen besser kennenzulernen, diese zu durchschauen und Gegenstrategien zu entwickeln, um dann freier und reifer für das (geistliche) Leben zu werden. Das wirkt sich dann natürlich auch im Zusammenleben mit anderen aus. Genau um so eine Hilfe geht es auch dem heutigen Menschen, der – *passend zu unserem Thema* – *Ordnung, Ruhe und Konstruktivität in seine Gedanken bringen möchte.*

Auch moderne psychologische Ansätze, die sich mit diesem Ansatz beschäftigen, bestätigen die Wichtigkeit, sich nicht mit seinen Gedanken zu identifizieren, eine gesunde Distanz dazu zu haben, ihnen gegenüber Stellung beziehen zu können und ihnen nicht ausgeliefert zu sein. Anselm Grün stellt in dem genannten Buch immer wieder interessante Querverbindungen zur Psychologie von C. G. Jung und seiner Schule her.[132]

Daniel Hell[133], Professor für Klinische Psychiatrie und Leiter des Kompetenzzentrums für Depressions- und Angstbehandlung im schweizerischen Hohenegg, spricht davon, dass das Wissen der Wüstenväter (also auch von Evagrius Ponticus) moderne Ansätze der Psychologie und Psychotherapie erhellen kann. So können zum Beispiel alte Erkenntnisse zur lähmenden Unruhe oder spirituellen Trägheit genutzt werden, um den Umgang mit depressiven Verstimmungen zu vertiefen und zu verbessern.

Hell entdeckte bei seinen Studien, dass das ursprüngliche Verständnis beispielsweise der Acedia (Trägheit des Herzens, depressive Verstimmung) bei den Mönchsvätern »*keine gesellschaftliche oder religiöse Verurteilung beinhaltet hat, sondern eine tiefe und tiefsinnige Auseinandersetzung mit dem depressiven Erleben darstellt. Sie hat zu Einsichten geführt, die erst viel später von der Psychoanalyse in anderer Form neu entwickelt worden sind. Darüber hinaus stößt man bei der Lektüre der aufgeführten Schriften auf ein Menschenverständnis, das sich gerade von ideologisch geleiteten Beurteilungen abhebt. Die Wüstenväter beschäftigte vor allem die Frage, wie ein einzelner Mensch unter schwierigsten Bedingungen das Leben meistern kann.*«[134]

Gleichsam als *Appetitanreger* möchte ich Ihnen nun ein paar Beispiele der therapeutischen Kunst der alten Wüstenmönche nennen. Bei allen handelt es sich um *innere Kämpfe*, wie Evagrius Ponticus selbst schreibt. *Es handelt sich also um Kämpfe, die sich in Gedanken abspielen, »die gegen uns von jedem dieser acht Dämonen herangeführt werden. Ich habe aber auf jeden einzelnen der Gedanken eine Widerrede aus den heiligen Schriften niedergeschrieben und zusammengestellt, die ihn entkräftet.*«[135]

Das Ganze funktioniert fast wie die Arbeit mit Affirmationen, besser mit christlichen Affirmationen. Ich bin fest davon überzeugt, dass in den geistlichen Worten mehr Kraft, Geist und Energie steckt als nur die Worte allein. Diese Worte transportieren *DEN*, der hinter den Worten steht, der diese Worte gesprochen hat, der in diesen Worten präsent geworden ist. Eine der grundlegenden Aussagen des Christentums lautet nicht zufällig: »*Und das Wort ist Fleisch geworden und hat unter uns gewohnt.*«[136] Deshalb haben solche Worte die Kraft, die neurotisierenden, bösen, zerstörerischen, verwirrenden und krank machenden Gedanken in Schach halten zu können.

Eine wichtige Voraussetzung, dass diese helfenden Worte negative Gedanken stoppen, reinigen und umwandeln können, ist das grundsätzliche Glauben an Gott, das Vertrauen darauf, dass ER uns durch Worte der Bibel Medizin gegen die Krankheiten der Seele (negative, böse Gedanken) gegeben hat und der gläubige Mensch in der Nähe Gottes oder der Nähe Christi einen Schutzraum finden kann, wo das Negative seine Kraft verliert.[137]

Meiner Meinung nach wirken deshalb christliche Affirmationen und Weisungen aus der Bibel tiefer und eindrücklicher, als es die rein psychotherapeutischen tun. Denn hier wird neben der psychosomatischen Dimension (Seele und Körper) auch die noetische Seite des Menschen (Geist) angesprochen, der in seiner dreifachen Ganzheitlichkeit hier mehr beachtet wird.

Beispiele aus der »großen Widerrede« (Antirrhetikos) von Evagrius Ponticus:

- »Gegen die Gedanken, die mir raten und sprechen: Lebe nicht so hart und reibe deinen schwächlichen Körper nicht durch dauerndes Fasten und Abmühen auf:
  Ps 49,10: Mühe dich in Ewigkeit, und du wirst leben in Ewigkeit und das Verderben nicht schauen, während du Weise sterben siehst.«[138]

- »Zum Herrn wegen der Menge der unreinen Gedanken, die uns zermürben und quälen und unser Denken nach verschiedenen Seiten lenken:
  Ps 3,2 ff: Herr, wie sind es doch so viele geworden, die mich bedrängen; viele stehen gegen mich auf, und viele sagen zu meiner Seele: Für dich gibt es keine Rettung bei deinem Gott. Du aber, Herr, bist mein Beistand und mein Ruhm und der mein Haupt erhöht.«[139]

- »Gegen Gedanken der Trauer, die auf uns wegen der zeitlichen Geschäfte zukommen und unseren Geist in große Bedrängnis versinken lassen und ihn töten:
  2 Kor 7,10: Denn die gottgefällige Trauer bewirkt Sinnesänderung zum Heil, die nicht bereut werden muss; die Trauer der Welt aber bewirkt den Tod.«[140]

- »Gegen Gedanken des Zorns, die nicht zulassen, dass wir uns mit unseren Brüdern aussöhnen, indem sie hinreichende Gründe uns vor Augen stellen [...]:
  Eph 4,26 f: Zürnt, aber sündigt nicht; die Sonne soll nicht untergehen über eurem Zorn, und gebt dem Teufel keinen Raum!«[141]

Bedenken wir bitte, dass diese Sätze im vierten Jahrhundert aufgeschrieben wurden. Für den (gläubigen) Menschen von heute dürfen solche Weisungen noch in eine Sprache übersetzt werden, die dieser besser verstehen und nachvollziehen kann. So manche alte Schätze liegen zum Entdecken bereit ...

Im Folgenden möchte ich ein paar Beispiele aus dem christlichen Bereich nennen, die sich des Themas Gedanken angenommen haben und es auf verschiedene Weise fruchtbar bearbeiten.

Joyce Meyer

Die mittlerweile international bekannte amerikanische Evangelistin **Joyce Meyer** füllt nicht nur große Hallen, wenn sie den Menschen das Evangelium Jesu Christi näher bringen will, sie hat feste Plätze bei Fernsehsendern (zum Beispiel Bibel TV). Joyce Meyer ist auch sozial weltweit sehr engagiert und hat viele Bücher, CDs und DVDs zu modernen Themen verfasst. Ich persönlich schätze ihre Art und Weise, wie engagiert und fantasievoll sie Probleme heutiger Menschen mit der Bibel zu lösen versucht. Ihr Buch »*Das Schlachtfeld der Gedanken*« – ein Millionen-Bestseller – zeigt auf, *wie wir unser Leben verändern können, wenn wir unser Denken verändern.*

In einer ihrer zahlreichen Publikationen sind Sätze zu lesen, die aufhorchen lassen: »*Das ist eine Mission, die nur Sie selbst erfüllen können – niemand außer Ihnen kann Ihre Gedanken kontrollieren.*

- *Es ist an der Zeit, dass Sie aufhören, auf Ihre Umstände zu blicken.*
- *Es ist an der Zeit, dass Sie aufhören, Dinge zu entschuldigen.*
- *Es ist an der Zeit, dass Sie aufhören, darüber nachzugrübeln, was andere über Sie denken.*

Es ist an der Zeit, dass SIE Ihre Gedanken auf das ausrichten, was Gott über das Leben eines gläubigen Menschen sagt. Wenn Sie dies umsetzen, werden Sie eine übernatürliche Ver-

änderung Ihres Lebens erfahren. Es gibt hier keine schnelle Lösung, dies ist keine Lektion, die man irgendwann abhakt. ES IST EIN LEBENSSTIL, EIN GOTTINSPIRIERTES DENKMUSTER, DAS SIE SICH ANEIGNEN MÜSSEN, UM DIE VERÄNDERUNG ZU ERLEBEN, DIE SIE ERREICHEN WOLLEN. Lassen Sie das Alte los und strecken Sie sich aus nach dem Neuen! Gott verspricht uns, dass wir durch die Beziehung zu Jesus eine neue Kreatur werden – von innen nach außen – und das beeinflusst jeden Teil unseres Seins.«[142]

Die Quintessenz ihres Ansatzes fasst sie unter der Überschrift »Jeden Gedanken unter den Gehorsam gegen Christus gefangen nehmen« zusammen. Für katholische Ohren ist diese evangelistische Sprache zwar etwas befremdlich, wenn man sich aber hineinhört, entdeckt man den helfenden Wahrheitsgehalt für einen gläubigen Christen.
So zitiert sie zum Beispiel 2 Kor 10,4-5: »Die Waffen, die wir bei unserem Feldzug einsetzen, sind nicht irdisch, aber sie haben durch Gott die Macht, Festungen zu schleifen; mit ihnen reißen wir alle hohen Gedankengebäude nieder, die sich gegen die Erkenntnis Gottes auftürmen. Wir nehmen alles Denken gefangen, sodass es Christus gehorcht.«[143]

Ein Leben im Ungehorsam gegenüber Gott ist für Joyce Meyer die Frucht falschen Denkens. Dieses Denken ist anders als das Denken Gottes, denn schon bei Jes 55,8 heißt es: »Meine Gedanken sind nicht eure Gedanken, und eure Wege sind nicht meine Wege.« Joyce Meyer schreibt: »Was auch immer Sie oder ich denken mögen – Gott hat seine Gedanken über uns in sein Buch, das wir Bibel nennen, hineingeschrieben. Wir müssen uns entscheiden, unsere Gedanken im Licht des Wortes Gottes zu untersuchen, und dabei stets willens sein, unsere Gedanken den seinen zu unterwerfen, wissen wir doch, dass seine Gedanken die besten sind. Genau darum geht es in

2. Korinther 10,4-5. Achten Sie darauf, wie es in Ihrem Den-
ken aussieht. Stimmt das, was Sie da sehen, nicht mit Gottes
Gedanken (der Bibel) überein, so legen Sie Ihre eigenen Ge-
danken ab und denken Sie seine. Menschen, die sich in der
eitlen Nichtigkeit ihres eigenen Denkens bewegen, zerstören
nicht nur sich selbst, sondern fügen auch den Menschen um sie
herum allzu oft verheerenden Schaden zu. Die Gedanken sind
das Schlachtfeld. Auf diesem Boden, dem Boden des Denkens,
werden Sie den Krieg, den Satan gegen Sie entfesselt hat, ent-
weder gewinnen oder verlieren.«[144]

Wir haben es hier mit einer besonderen Sprache zu tun. Die
häufig verwendete Gegenüberstellung von Gott und Satan
ist eine evangelistische Eigenart, aber wie gesagt: Wenn man
dem Wahrheitsgehalt der Botschaft nachgeht, dann wird
man erkennen, dass da viel dran ist. Eine gewisse Nähe zur
Methode der Wüstenväter oder dem Antirrhetikos des Evagrius Ponticus ist nicht von der Hand zu weisen.

Der schon erwähnte Psychiater **Daniel Hell** zitiert Evagrius
Ponticus mit einer Stelle aus einem Brief aus der Wüste, die
zeigt, dass ein Gedanke nicht grundsätzlich gut oder schlecht
ist, sondern diese Qualitäten erst in seiner Wirkung auf den
Denkenden ausformt: *»Sei ein Türhüter deines Herzens und*
lass keinen Gedanken ohne Befragung herein. Befrage einen
jeden Gedanken (einzeln) und sprich zu ihm: Bist du einer der
unseren oder einer unserer Gegner? Und wenn er zum Hause
gehört, wird er dich mit Frieden erfüllen. Wenn er aber des
Feindes ist, wird er dich durch Zorn verwirren oder durch eine
Begierde erregen.«[145]

Mit Frieden erfüllt werden, das ist Praxis und Ziel jeder guten
Meditation. In der Sprache christlicher Wüstenväter heißt
dieser Zustand *Herzensruhe.* Damit ist eine *»innere Zufrie-*

denheit und Gewissheit gemeint, die sich weder um das Gestern und Morgen sorgt noch sich am eigenen Erfolg oder Besitz freut. Ein solcher Zustand der inneren Ruhe lässt sich nicht durch äußere oder geistige Manipulationen herbeiführen«[146], aber durch gewissenhafte und stete Übung.

Auch hier geht es – ähnlich wie bei Joyce Meyer – darum, seine Seele zu transzendieren, sich über sich selbst zu erheben und sich in einen Größeren und Besseren (GOTT) hineinzubegeben. Wer sich mit religiöser Meditation beschäftigt – egal welchem religiösen Kontext sie entspringt –, wird feststellen, *dass sich genau darin ein Schlüssel befindet, um inneren Gedanken- und Gemütsfrieden zu finden.*

Peter Dyckhoff

Der katholische Theologe, Priester und Psychologe **Peter Dyckhoff** entdeckte in seinem Leben einen der Wüstenväter als Retter seiner Seele und seiner Existenz. Bevor er in fortgeschrittenem Alter Priester wurde, musste er den elterlichen kaufmännischen Betrieb aufgrund des plötzlichen Todes des Vaters übernehmen. Mehr und mehr erfuhr er dabei die Fremdbestimmung der neuen Aufgaben, wurde darüber sehr unglücklich, griff zu Alkohol und Tabletten und fühlte sich zunehmend gefangen und ohnmächtig. Am Tiefpunkt seines Lebens angelangt, entdeckte er das *Ruhegebet des Johannes Cassian* und übte es stetig. Dies war seine menschliche, gesundheitliche, geistige und geistliche Rettung. Nach gut zwölf Jahren konnte er die ungeliebte Aufgabe abgeben und seinem Herzenswunsch nachgehen, Priester und Seelsorger zu werden.

Ich möchte Ihnen eine Kurzbeschreibung des Ruhegebetes nach Dyckhoff nennen, die zeigt, wie wertvoll die Übung dieses Gebetes werden kann. Eine gewisse Nähe zur östlichen Praxis der steten Wiederholung eines Mantras ist zwar vorhanden, wir haben es hier aber – und das ist mir wichtig – mit einer christlichen Praxis zu tun: »*Evagrius Pontikus lehrte Cassian das Ruhegebet [...]. Ein einziger kurzer Satz wird als Mittel benutzt, die nötige Stille zu erlangen. Die Fülle der Gedanken wird durch die strenge Armut eines einzigen Verses mehr und mehr reduziert. [...] Die aus dem Ruhegebet gewonnene Ruhe kann nicht nur helfen, den Alltag kraftvoller und sicherer zu bestehen, sondern sie schenkt auch das Gefühl der letzten Geborgenheit in Gott und somit Mut zum Loslassen. [...] Die Hingabe des eigenen Willens an Gott wird eingeübt, damit – gestärkt durch seine Gabe – mit neuer Willenskraft unsere Aufgaben wieder angegangen werden können.*«[147]

Seinen Schilderungen der positiven Veränderungen in seinem Leben soll hier ein größerer Raum gegeben werden, weil dies viele Leser und Leserinnen interessieren wird, ist doch seine Biografie der Lebensgeschichte vieler heutiger Menschen ähnlich.[148]

1937 geboren, hatte Peter Dyckhoff mit 16 Jahren einen schweren Unfall, der ihn eine Zeitlang sogar an den Rollstuhl fesselte. In dieser Lebenssituation kam er stark ins Nachdenken über den Sinn des Lebens. Christliche Literatur beantwortete ihm Fragen, die er im Religionsunterricht oder in der Kirche nicht beantwortet bekam. Nach längeren Überlegungen wollte er katholischer Priester werden, was sein Vater, der einen großen Textilbetrieb mit 300 Mitarbeitern hatte, ihm nicht erlaubte. Trotzdem begann er nach dem Abitur das Theologiestudium, das durch einen Sportunfall abgebrochen wurde. Dieser Unfall lies die alte Wunde des

Unfalls mit 16 Jahren wieder aufbrechen, und Dyckhoff lag wochenlang im Koma. Ein Kompromiss mit seinem Vater führte dazu, dass er dann Psychologie studierte. Während des Abschlussexamens verunglückte sein Vater mit 50 Jahren tödlich, und Dyckhoff musste den elterlichen Betrieb übernehmen. In dieser Zeit ging er nicht mehr in die Kirche, weil er deren Lehren als oberflächlich und dogmatisch erlebte. Er machte seine Arbeit ungern, das innere Vakuum wurde immer größer, er begann zu trinken und zunehmend Beruhigungsmittel zu nehmen. Auch eine Beziehung zu einer Frau zerbrach in dieser Zeit.

Spirituell machte er sich dann doch noch auf die Suche. Damals fand er eine Nähe zur Hare-Krishna-Bewegung und zur Transzendentalen Meditation. Die Begegnungen dort waren für ihn menschlich ansprechend, die religiöse Botschaft ließ ihn aber eher kalt. Mehr durch Zufall fand er dann zum Ruhegebet nach Johannes Cassian. Dies sprach ihn sehr an, *brachte Ordnung in seine Gedanken, in seine Seele und in sein spirituelles Suchen.* Mit der Zeit gab er selbst die Erfahrungen mit diesem Gebet weiter.

Nach zwölf Jahren konnte er den heimischen Betrieb an einen Geschäftsführer abgeben und gründete ein Meditationszentrum. Dort spürte er mehr und mehr, dass sein psychologisches Wissen und die Technik der Meditation nicht alles waren. Der alte Herzenswunsch, Priester zu werden, wurde wieder stärker. Dyckhoff studierte Theologie und wurde 1981 mit 43 Jahren zum Priester geweiht. Neben Einsätzen in verschiedenen Seelsorgebereichen entwickelte er sich mehr und mehr zu einem Fachmann für das Ruhegebet nach Johannes Cassian und veröffentlichte hierzu einige Bücher.
Im Folgenden möchte ich ihn selbst zu Wort kommen lassen, denn die Beschreibungen über körperliche und seeli-

sche Veränderungen durch das stete Üben des Ruhegebetes lassen aufhorchen. Der Christ von heute sucht nach Wegen der religiös-spirituellen Praxis und findet diese so wenig in einer sich oft dogmatisch und starr-organisatorisch zeigenden Kirche. Nicht wenige suchen dann bei östlichen oder esoterischen Angeboten, um Ruhe für die Seele zu finden. Dabei gibt es sehr wohl gute und das Leben positiv verändernde spirituelle Wege im Christentum.

Dyckhoff schreibt:

»Zunächst fielen mir körperliche Veränderungen auf:

- *Schon nach einigen Tagen erfuhr ich einen wohltuenden Zustand tiefer Ruhe für Körper, Geist und Seele.*

- *Meine Spannungskopfschmerzen, die mich oft an den Rand der Verzweiflung gebracht hatten, nahmen ab – bis sie nach Jahren ganz verschwanden.*

- *Der Konsum von Schmerzmitteln, Schlaftabletten und auch von Alkohol reduzierte sich bereits nach einigen Wochen. Das Verlangen nach Alkohol schwand mehr und mehr, und die Notwendigkeit, Tabletten einzunehmen, war immer seltener gegeben.*

- *Eine langsame, sich von selbst einstellende Veränderung der Ernährung führte zu körperlicher Entlastung und zu größerem Wohlbefinden.*

- *Eine Normalisierung meines zu niedrigen Blutdrucks trat ein; er wurde jedoch erst nach mehreren Jahren konstant.*

- *Ich litt unter starken Schlafstörungen und führte diese auf Überarbeitung und Übermüdung zurück. Von diesem weitverbreiteten Leiden – wie der Umsatz von Schlafmitteln beweist – wurde ich durch das Ruhegebet völlig befreit.*

- *Die Anfälligkeit für Krankheiten – vornehmlich Grippeerkrankungen – hat nicht nur abgenommen, sondern ist fast gänzlich verschwunden. Ich bin sicher, dass durch das Ruhegebet das Immunsystem gestärkt wird.*

Neben diesen und anderen körperlichen Verbesserungen durfte ich gleichzeitig eine größere psychische Stabilität und Belastbarkeit erfahren. Wie ich später gesehen habe, werden viele dieser Veränderungen, die ich mit mir und an mir erleben durfte, durch wissenschaftliche Untersuchungen bestätigt, die man weltweit an Meditierenden und denjenigen, die das Ruhegebet üben, durchführte:

- Durchhaltevermögen und Ausdauer wurden gestärkt.
- Es zeigte sich eine Leistungssteigerung bei der Arbeit.
- Obwohl ich mehr und länger arbeitete, fühlte ich mich weniger angestrengt.
- Nach Ermüdungen und Erschöpfungen erholte ich mich schneller.
- Vorurteile nahmen ab. Urteile wurden objektiver.
- Nichts brachte mich mehr so leicht aus der Fassung.
- Die Tage wurden erfüllender erlebt.
- Selbstachtung und mein Selbstvertrauen wurden größer.
- Träume waren nicht mehr angstbesetzt und so unangenehm wie früher.
- Größere Lebensfreude führte zu einer gesteigerten Vitalität.
- Ich wurde gelassener und fähig, längere Zeit allein zu verbringen.
- Zielgerichtetheit und Kreativität wurden gefördert.
- Einiges, was ich mir seit langem wünschte, fiel mir ›wie von selbst‹ zu.«[149]

Heute ist Peter Dyckhoff ein gefragter Mann in Sachen Christliche Meditation nach der Weise des Ruhegebetes von Johannes Cassian. Dyckhoff betont – und auch hier finden wir viele Parallelen in der Spiritualitätsgeschichte aller Religionen – die *Einfachheit dieser Übung, die aber stetig und treu geübt werden will*. In einem Interview sagt er: »*Es passiert etwas, wenn ich dieses Gebet länger ausübe. Es werden heilende Kräfte frei, die individuell dahin fließen, wo der Betende das größte Defizit hat. Ruhe ist immer etwas Heilsames, und wenn jetzt diese körperliche Ruhe noch gefüllt ist mit einer Innerlichkeit, mit einem Gebet, das anstrengungslos ist, dann kommt es zu Veränderungen, die erstaunlich sind. Wichtig ist, nicht bei der Theorie stehen zu bleiben, sondern das Gebet konkret zu praktizieren, möglichst täglich bei Sonnenaufgang und bei Sonnenuntergang, das sind die klassischen Zeiten [...]*«[150]

Andere Interviews mit Peter Dyckhoff bringen schöne Seiten echt gelebter christlicher Spiritualität zum Vorschein: Bescheidenheit, Echtheit, Klarheit und der Wunsch, das Geschenkte wieder weiterzugeben: *»Anders als manch andere spirituelle Lehrer hat Dyckhoff seinen Ausstoß an Büchern nicht jährlich erhöht und den Bedürfnissen einer an ›leichter‹ Spiritualität interessierten Leserschaft angepasst. An seinem erfolgreichsten Buch ›Auf dem Weg in die Nachfolge Christi. Geistlich leben nach Thomas von Kempen‹ arbeitete Dyckhoff ein Jahr. Im Gartenhaus, einem umgebauten Hühnerstall, betete er und betrachtete den sperrigen Urtext so lange, bis er Formulierungen fand, um ihn heutigen Lesern zu erschließen. Das Buch von Kempen hatte in mir die Leidenschaft entfacht, Priester zu werden. Ich musste diese Perle der christlichen Tradition einfach neu beleben. Der alte Text war an vielen Stellen zu streng. Da gab es zu viele ›du musst‹ und ›du sollst‹.*«[151]

Hier haben wir wieder diese selten gewordene Kunst, alte (christliche) Texte für die heutige Zeit fruchtbar werden zu lassen. Das Wesentliche ist immer einfach, und das Einfache – denken Sie an den Bestseller »Simplify your life« von Werner Tiki Küstenmacher – kommt dem heute so großen Bedürfnis nach Ruhe, Selbstfindung und auch Gottbezogenheit sehr entgegen.

Dyckhoff sieht aus eigener Erfahrung in einem geglückten und gelungenen Leben eine Entwicklung. *»Befreiung aus Ängsten, Zwängen, Fremdbestimmung, um schließlich sich selbst zu finden. Diese Entfaltung dürfe allerdings nicht als*

Ego-Trip missverstanden werden. Was in einem zum Leben erwache, sei Gabe und Aufgabe zugleich. Bei suchenden Menschen trifft Dyckhoff offenkundig einen Nerv. Entgegen aller Schicksalsschläge und Zukunftsangst strahlt der Pastor christliche Hoffnung aus: ›Da ist eine Kraft in uns, die es unendlich gut mit uns meint und die uns nicht ins Bodenlose sinken lässt.‹«[152]

Aus dieser Antwort leuchtet für mich ein entscheidender Unterschied zwischen christlicher und esoterischer Spiritualität hervor: Der, der empfangen hat, möchte gerne und ohne Starallüren und Geschäftemacherei weitergeben, damit auch andere den Weg zu Ruhe, Gelassenheit, innerem Frieden und Gottesnähe finden können.

Peter Dyckhoff empfiehlt, für einen geordneten Ausgleich zwischen Körper, Seele und Geist immer wieder in die Stille zu gehen:

- *»Weder die Ruhe noch die Aktivität dürfen überhandnehmen.*
- *Gönnen Sie sich Zeiten, in denen Sie allein sind und schweigen können.*
- *Schaffen Sie dem stillen Gebet oder Ruhegebet einen Platz in Ihrem Alltag.*
- *Halten Sie sich mit voreiligen Äußerungen über andere Menschen zurück.*
- *Nehmen Sie – besonders abends – nicht zu schwere Nahrung zu sich.*
- *Achten Sie auf genügend Schlaf.*

Üben Sie des Öfteren innere Einkehr: Ziehen Sie sich in die Stille zurück und nehmen Sie rückblickend wahr, was Sie fühlen, denken, sprechen und tun; ordnen Sie Ihre Gefühle und Gedanken; beschäftigen Sie sich mit einem kurzen geistlichen Text und lassen Sie ihn auf sich wirken; geben Sie dann im Gebet der Hingabe alles, was Sie bewegt, ab und lassen Sie sich in der tiefer werdenden Ruhe in die Nähe Gottes führen.«[153]

Wir sehen wieder: Die therapeutische Weisheit der alten christlichen Wüstenväter findet auch heute einen helfenden und heilenden Zugang zu suchenden Menschen. Die Erfahrungen alter christlicher Praxis führen – wenn in die heutige Zeit umgesetzt – durch stete Übung zu innerer Gedanken-Klarheit, Ruhe, Gelassenheit und Belastbarkeit.

Franz Jalics

Als ein weiteres Beispiel gelungener Umsetzung christlich-spiritueller Praxis für ein geordnetes Denken, Fühlen, Tun und eine positive Gottbezogenheit möchte ich den Weg des Jesuitenpaters **Franz Jalics** nennen, der die Weisheit christlicher und jesuitischer Spiritualität produktiv weitergibt. Die jesuitische Spiritualität vor allem der ignatianischen Exerzitien hat eine tiefe geistige Verbindungslinie zu den Wüstenvätern. Auch Jalics durfte persönlich und dann in langjähriger Exerzitientätigkeit die Erfahrung machen, dass Menschen von heute »*einen einfachen, spontanen und unmittelbaren Kontakt zu Gott [suchen]. Überall, wo ich zur Einfachheit, Unmittelbarkeit und Innerlichkeit führte, atmeten Menschen auf und sagten mir, dass sie diesen einfachen Weg zu Gott jahre- oder jahrzehntelang vergeblich gesucht hätten. Andere gestanden mir, sie seien Gott insgeheim auf diese unmittelbare Weise begegnet, hätten sich jedoch nicht getraut, es zuzugeben, aus Angst, sie würden von Seelsorgern nicht verstanden werden.*«[154]

Franz Jalics steht in der geistlichen Tradition des Gründers der Jesuiten, Ignatius von Loyola, der selbst wiederum der Tradition der Wüstenväter nahestand. Ähnlich wie bei Peter Dyckhoff steht die persönliche Lebensgeschichte Jalics' hinter seiner Gottsuche und daraus folgend dann der Entwicklung einer spirituellen Gebetsform, die große Auswirkungen auf das Gesamtbefinden des Menschen hat. Um Pater Franz Jalics näher kennen zu lernen, beschreibe ich kurz seine Lebensgeschichte.[155]

1927 in Ungarn geboren, kam er als 17-jähriger Offiziersanwärter nach Deutschland und erlebte die schweren Bombardierungen Nürnbergs, was in ihm tiefgreifende religiöse Erfahrungen wachrief. Nach Kriegsende wurde er ein Jahr lang als Flüchtling in einem Lager festgehalten. Schon in dieser Zeit half ihm die Naturbeobachtung wie eine hervorragende Lehrmeisterin der Kontemplation. Jalics trat Ende der 1940-er Jahre in die Gesellschaft Jesu ein. In den 1950-ern ging er nach Chile und Argentinien, wo er viele Jahre Dogmatik lehrte. Mit zwei Mitbrüdern wollte er Zeichen der Solidarität mit den Armen zeigen und zog in ein Armenviertel. 1976 wurde er dort durch eine sogenannte Todesschwadron verschleppt und musste fünf Monate lang gefesselt und mit verbundenen Augen an einem unbekannten Ort verbringen. Das Üben der Kontemplation und die Anrufung des Namens Jesu (beides lehrt er bis heute mit großem Zulauf) ließ ihn diese überaus schwere Zeit überstehen. Seit den 1980-er Jahren lehrt er in Oberfranken kontemplative Exerzitien und das Jesusgebet. Tausende von Suchenden lernten bei ihm einen spirituellen Weg kennen, der auf Einfachheit, Erfahrung, Übung, Jesusbezogenheit aufbaut. Jalics bildete viele Geistliche beider Konfessionen aus, die im europäischen Raum in gut ökumenischer Weise diese Form einer das ganze Leben in Ordnung bringenden Gebetsform verbreiten. Pater Jalics verfasste wenige, aber weit verbreitete Bücher. Das 1994 erstmals und mittlerweile in mehreren Auflagen erschienene Grundwerk »Kontemplative Exerzitien. Eine Einführung in die kontemplative Lebenshaltung und in das Jesusgebet« wurde in viele Sprachen übersetzt. Teilweise liest es sich wie ein Krimi und führt den Leser durch viele praktische Hinweise und Gesprächsprotokolle mit Meditierenden gleichsam in die eigene Seele und deren Suchbewegungen und Erfahrungen.

Franz Jalics legt großen Wert auf Achtsamkeit im Beten, Atmen, Schweigen, in der Körperbeobachtung und Naturbeobachtung. Eine Grundeinsicht aller kontemplativen Gebetsweisen ist: »*Gott ist immer da. Gott ist ewige Gegenwart. Aber wir sind nicht da. Wir sind zerstreut, sind mit Gedanken, Sorgen und Plänen in der Vergangenheit und Zukunft, kreisen um uns selbst. Gott aber können wir nur in der Gegenwart begegnen.*«[156] Deshalb arbeitet das kontemplative Beten mit Übungen, die behilflich sind, einfach dazusein, die Gegenwart wahrzunehmen. Ähnlich wie in anderen Religionen wird dann der Atem mit einem Wiederholungsgebet harmonisiert. Im Buddhismus sind es Namen für Buddha oder die Om-Meditation, im Hinduismus zum Beispiel die Wiederholung des Namens Krishna, im Islam das Rezitieren der 99 Namen Allahs. Ganz in der Tradition des Jesus-Gebetes, das weit zurückgeht, wird bei den kontemplativen Exerzitien nach Franz Jalics der Satz »*Herr Jesus Christus, erbarme dich meiner*« mit dem Atem verbunden. Beim Einatmen der erste Teil, der Name (Herr Jesus Christus), beim Ausatmen der zweite Teil, die Gebetsbitte (erbarme dich meiner). Eine konzentriertere Form arbeitet dann nur noch mit den Namen: beim Ausatmen JESUS, beim Einatmen CHRISTUS, anfangs noch laut, später einfach nur noch in Gedanken.

Äußerlich setzt das kontemplative Jesusgebet ähnlich wie östliche Gebetspraktiken beim Atem an. »*Aber inhaltlich zielt es ausdrücklich auf die Verwurzelung des Betenden in Jesus Christus. Es geht um Selbsterfahrung und um Christuserfahrung, um Christusmystik, die Erfahrung des Paulus: ›Ich lebe, aber nun nicht ich, sondern Christus lebt in mir.‹*«[157]

Ein großer Vorzug dieser Gebetsform ist, dass man es nicht nur während stiller Gebetszeiten an ruhigen Orten, sondern auch während alltäglicher Beschäftigungen oder beim Wandern üben kann. Darauf werde ich im nächsten *Kapitel »Frei im Kopf und in der Seele durch Bewegung«* Bezug nehmen. Es kann dadurch in Fleisch und Blut übergehen und das Denken, Fühlen und Tun nachhaltig und auf christliche Weise positiv verändern.

Folgendes Gesprächsprotokoll zwischen Franz Jalics, dem Exerzitienmeister (EM), und einem Ratsuchenden (Werner) soll kurz die behutsame Weise einer modernen Unterweisung im Gebetsleben zeigen, das sich auch auf die Ordnung der Gedanken bezieht. Die Hervorhebungen im folgenden Zitat stammen von mir.

»Werner: Wir sollten den Eingebungen Gottes folgen und nicht den Direktiven von Menschen.
EM: WIE ERKENNT MAN EINGEBUNGEN?
Werner: Man hört auf seine innere Stimme.
EM: Die Eingebungen Gottes erscheinen in unserem Bewusstsein als Gedanken, genauso wie die Eingebungen unseres egoistischen Eigenwillens. Anders gesagt, BEI IDEEN UND GEDANKEN, DIE EINEM PLÖTZLICH KOMMEN, WEISS MAN NIE, OB SIE VOM EIGENWILLEN ODER OB SIE VON GOTT KOMMEN.
Werner: UND WIE UNTERSCHEIDET MAN DEN EIGENEN DICKKOPF VON DEN GEDANKEN, DIE VON GOTT KOMMEN?
EM: Direkt kann man das nicht unterscheiden, nur indirekt.
Werner: Und wie?
EM: DIE BEZIEHUNG ZU GOTT UND ZU DEN MENSCHEN IST PARALLEL. Wer sich auf die Menschen einlassen kann, der lässt sich auch auf Gott ein. Und umgekehrt. Bei

wem die Fähigkeit, sich auf Menschen einzulassen, sehr gering ist, der muss wissen, dass er sich auch auf Gott selten einlässt. JEDEM IST DIE FREIHEIT GEGEBEN ZU WÄHLEN, auf welche Menschen er sich einlässt oder nicht. Auf unseren Fall bezogen bedeutet es, dass jeder wählen kann, auf welchen Exerzitienmeister er sich einlässt. Hat man die Entscheidung in Freiheit getroffen und kann sich dennoch nicht auf den gewählten Begleiter einlassen, ist es ein Zeichen, dass man auch den Eingebungen Gottes nicht ohne weiteres folgt.«[158]

Daniel Hell weist darauf hin, dass auch die Wüstenväter sich im Allgemeinen mit Ratschlägen zurückhielten und sich weigerten, Ratsuchenden Entscheidungen abzunehmen. Dieser Psychiater bestätigt mit einem Zitat von Anselm Grün das oben von Franz Jalics Gesagte, wenn er schreibt: *»Wenn du erfährst, dass dich etwas in Einklang mit deinem innersten Wesen bringt, so ist es die richtige Wahl. Der Benediktinermönch Anselm Grün schreibt: ›Gottes Wille ist nicht etwas, das uns von außen auferlegt wird, sondern er entspricht unserem innersten Wesen.‹«*[159]

Viele exemplarische Geschichten in dem erwähnten Grundwerk kontemplativen Betens weisen darauf hin, dass der Mensch von heute, der sich in seinen Aufgaben verzehrt und nach und nach ausbrennt, *sich unbedingt Zeit nehmen muss für seine Seele,* für die Herzensruhe, für die engagierte Gelassenheit, deren Fundament in einem vertrauenden Beziehungsverhältnis zu einem tragenden Grund (Gott) liegt. *Die Quellen unserer Kraft liegen nicht alleine nur in uns.* Franz Jalics zeigt uns, wie hilfreich, beruhigend und heilend eine treu geübte spirituelle Praxis sein kann.

»Der Mensch ist wesentlich einer, der auf dem Weg ist.«

Anselm Grün

11. Frei im Kopf und in der Seele durch Bewegung

Verschiedene Gründe haben im Laufe der letzten Jahrhunderte dazu geführt, dass der menschliche Körper in der westlichen Welt gegenüber der Seele (seit dem Mittelalter) und gegenüber dem Geist und dem Verstand (seit der Neuzeit) vernachlässigt wurde, weil man in ihm lediglich ein Gehäuse, ein Instrument, ein Werkzeug sah. **Annemarie Pieper** hat hierzu eine gute Zusammenfassung geschrieben.[160] Eine ihrer Grundaussagen ist: *»Alle metaphysisch-christlichen Theorien, die den Vorrang des Geistigen vor dem Körperlichen betonen, definieren Wohlergehen nicht von den leiblichen Bedürfnissen oder dem körperlichen Wohlbefinden her, sondern aus der Verstandesperspektive. Aus dieser hat der Körper keine eigenen Rechte, sondern ist ausschließlich gehorsamspflichtig gegenüber der Autorität des Geistes, der seinen eigenen Interessen die unbedingte Priorität zuerkennt und sich einer ständigen Reinigung von Lüsten unterzieht, um sich – unbefleckt durch Begierden und Triebe – in abstrakte Höhen aufzuschwingen und rein geistigen Gedanken hingeben zu können.«*[161]
Das hat zwar interessante philosophische und metaphysische Gedankengebäude hervorgebracht, die Abspaltung vom Leiblichen und Körperlichen hat aber auch zu vielen Problemen und damit zusammenhängenden Krankheitsbildern geführt.

Die Entfremdung vom Körper und die damit verbundenen Schwierigkeiten und Erkrankungen werden seit wenigen Jahrzehnten mehr und mehr erkannt, und auch die christliche Theologie und Spiritualität reflektiert und revidiert manchen körperfeindlichen Ansatz, den sie im Laufe der Jahrhunderte entwickelt hatte. Die Verbindung von Körper, Seele und Geist als Einheit wird mehr und mehr berücksichtigt und zum Beispiel auch in Therapieformen eingesetzt.

In westlichen Gesellschaften entwickelte sich auf der anderen Seite aber auch eine Überbetonung des Körperlichen. Unter dem Stichwort »bodyworship« (Körperverehrung, Körperkult) kann man die fast religiöse Alleinvertretung des Körperlichen nicht nur in so manchem Fitnessstudio nachvollziehen. *»Der Körper hat Konjunktur. Und die Unzufriedenheit mit ihm hat einen neuen Markt und eine ganze (Medien-, Schönheits- und Gesundheits-) Industrie hervorgebracht, deren einziges Ziel es ist, Bedürfnisse zu befriedigen, denen die kirchlichen Institutionen immer weniger gerecht werden: Bedürfnisse nach Ganzheit, Heil und Glück. [...] Bei näherer Betrachtung stellt man allerdings fest, dass sich die neue Körperlichkeit von der alten Körperfeindlichkeit in Wenigem unterscheidet. In beiden ist der Körper, so wie er ist, nicht gut genug.«*[162]

Ich möchte in meinen folgenden Ausführungen in die Richtung der Ausbalancierung zwischen Körper, Seele und Geist gehen und hier besonders das Augenmerk auf den *Zusammenhang zwischen Bewegung und befreitem Denken* richten.

Der in diesem Buch schon öfter genannte evangelische Theologe, Coach und Buchautor **Werner Küstenmacher** stellte im Rahmen seiner Zeitschrift »Simplify your life« eine interessante Methode vor, *wie Bewegung und Gebet produktiv miteinander verbunden werden können.* Diese Methode nennt er in Anlehnung an das »Geh-Betbuch« von Linus Mundy[163]

»Geh-Beten«[164]. Solche Gedanken inspirierten mich und mein Denken und Tun. Ich machte mich auf die Suche nach weiteren Informationen zu diesem Thema und bin fündig geworden. Ich praktiziere das Gefundene selbst und will es gerne an die Leser und Leserinnen weitergeben, denn es hilft uns, im Zusammenhang zwischen Denken und Bewegung einiges Neues zu entdecken.

Auch in diesem Bereich gilt die alte Weisheit, dass es letztlich nichts Neues unter der Sonne gibt. Es ist aber wichtig, Bekanntes für heute fruchtbar werden zu lassen. Die Glaubenspraxis der Mönche und Nonnen kennt neben der Vielzahl von Prozessionen in der Liturgie zum Beispiel das Beten im Kreuzgang des Klosters, wo das Gehen, Schreiten, Innehalten mit dem Gebet verbunden wird.

Dazu nun ein Beispiel: Der Abt von St. Bonifaz in München, **Johannes Eckert**, deutet das Klostermodell und den Klosterplan auf moderne Weise, um Ordnung in das Leben zu bekommen. Im Kreuzgang und im Garten einer Abtei sieht er Räume des Wachsens, der Kultivierung, des geduldigen Wartens und der demütigen Erdverbundenheit, nachdem er in der Kirche den Raum der Gottsuche und der Hingabe, den Raum des Gebetes und der gottesdienstlichen Feier und den Raum der verbindenden Vision gefunden hat. Genannte Räumlichkeiten (Kirche, Kreuzgang und Garten) *können dabei behilflich sein, wieder mehr zu sich selbst, zu Gott zu finden, bei sich selbst zu sein und/oder über sich selbst hinaus eine Geborgenheit in Größerem zu finden.*[165] Man muss aber nicht wie ein Mönch oder eine Nonne in einer Abtei leben, um diese Erkenntnisse für sich umzusetzen. Es handelt sich um einen hilfreichen Vollzug, der von jedem Menschen im Alltag umgesetzt werden kann.

Im Folgenden möchte ich grundlegende Zusammenhänge zwischen dem Gehen/der Bewegung und dem Denken nennen.

Bewegung – philosophische Zusammenhänge

Wir alle wissen – und nicht selten sagt es auch unser Arzt zu uns –, dass wir uns viel mehr bewegen müssten. Walking, Jogging, Radfahren, Schwimmen, Wandern und einfaches Spazierengehen können zu einer Fitnessquelle für Körper, Seele und Geist werden. Zwei bekannte deutsche Philosophen sollen mir Paten sein, um den Zusammenhang zwischen Bewegung und Gedanken ein wenig aufzuzeigen.

Der große Philosoph **Immanuel Kant** sagte einmal sinngemäß: »*Es gibt kein Problem, das nicht durch Gehen gelöst werden kann.*« Er selbst ging jeden Tag seine Runden. »*Er nahm immer denselben Weg durch eine kleine Lindenallee, die man nach seinem Ableben zu seinem Gedenken ›Philosophengang‹ taufte.*«[166]
Kant nutzte den täglichen Spaziergang zum Ausgleich und zur Erholung von der Arbeit am Schreibtisch. Kants Leben war absolut geordnet, so auch sein täglicher Spaziergang, der uns auf *drei wichtige Aspekte der Geh-Erfahrung* hinweist:

- **Monotonie**: »*Im Grunde ist das Gehen immer das Gleiche: Man setzt einfach einen Fuß vor den anderen. Diese Monotonie birgt jedoch ein Geheimnis: Es ist ein Heilmittel gegen die Langeweile. Bei der Langeweile trifft der unbewegte Körper auf die Leere des Denkens. Die ständige Wiederholung, die das Gehen ausmacht, tötet die Langeweile [...] Im Zustand der Langeweile sucht man immer nach etwas zu tun. [...] Beim Gehen gibt es immer etwas zu tun, nämlich* das Gehen. *Eigentlich gibt es jedoch auch nichts mehr zu tun, da man einfach geht. [...] Diese monotone Verpflichtung des Körpers befreit das Denken. Beim Gehen muss man sogar nicht einmal mehr denken [...] Der Geist ist durch die lang andauernde und automatische Anstrengung des Körpers plötzlich wieder verfügbar. Jetzt können auch die Gedanken kommen, erscheinen und sich verfestigen.*«[167]

- **Regelmäßigkeit**: Ähnlich wie Kants philosophisches Werk die Zwischenergebnisse disziplinierter und tagtäglicher Kleinarbeit Seite um Seite zu einem großen Ganzen aneinanderreihte, so ist dies auch mit einer Wanderung, die mit einem Schritt beginnt und durch die Aneinanderreihung von Schritten zu einem Spaziergang, einer Wanderung, letztlich der Lebensreise wird. Kants täglicher Spaziergang war ein regelmäßig wiederkehrender und notwendiger Mosaikstein für das Gesamtwerk seines Lebens.[168]

- **Sich bemühen** in Zwangsläufigkeit und Disziplin im Philosophieren und im Gehen. »*Das Zwangsläufige beim Gehen ist die Tatsache, dass wir gezwungen sind, anzukommen, wenn wir uns einmal auf den Weg gemacht haben. Da gibt es kein Entrinnen, wir müssen uns einfach vorwärtsbewegen. Am Ende der Anstrengung und des Wegs kommt man dann auch immer an, es genügt also, eine Stunde der anderen hinzuzufügen und sich immer wieder zu sagen: Vorwärts!*«[169]

Der Philosoph **Friedrich Nietzsche** verband das Denken und Gehen anders als Kant. *Nietzsche dachte gehend und ging denkend.* Er »*war den ganzen Tag unterwegs, notierte rasch, was der Körper in Bewegung, in der Auseinandersetzung mit dem Himmel, dem Meer, den Gletschern, aus dieser Auseinan-*

dersetzung seinen Gedanken eingab. Auffallend ist bei seinen Wanderungen immer die aufstrebende Bewegung. ›Ich bin‹, sagt Zarathustra, ›ein Wanderer und ein Bergsteiger [...], ich liebe die Ebenen nicht und es scheint, ich kann nicht lange still sitzen. Und was mir nun auch noch als Schicksal und Erlebnis komme – ein Wandern wird darin sein und ein Bergsteigen: man erlebt endlich nur noch sich selber.‹ Gehen bedeutet bei Nietzsche vor allem sich erheben, hinaufsteigen, klettern.«[170]

Für Nietzsche ist das Gehen und Unterwegssein eine Grundbedingung für das Werden seines philosophischen Werkes. Dabei wurde Nietzsche mehr und mehr zum »Eremiten«, zu einem Einzelgänger und Wanderer, der im Gehen schrieb und dessen Denken frei von der Last anderer Gedanken großer Denker war, auf die er sich nicht beziehen musste, die er nicht zu zitieren brauchte. Seine philosophischen Gedanken sind *»keine langwierigen Darlegungen, sondern leichte und zugleich tiefe Gedanken«*[171].

Bewegung – körperliche und seelische Zusammenhänge

Gehen, Sich-Bewegen macht letztlich den Kopf frei, bringt Sauerstoff in alle Zellen – auch in die Gehirnzellen – und schenkt gesunde Entspannung. Auch wenn es mittlerweile eigentlich jeder wissen müsste, dass Bewegung dem Menschen guttut: Nur jeder dritte Erwachsene in unserem Land betätigt sich mindestens einmal pro Woche sportlich. Die meisten schränken ihre Bewegungen auf das Notwendigste ein: vom Bett zum Frühstückstisch zum Auto zur Arbeitsstelle, wo man meist acht Stunden sitzt, dann wieder ins Auto, an den Esstisch, um dann erschöpft im Fernsehsessel und schließlich im Bett zu landen.

Die Entwicklung des menschlichen Gehirns hat aber evolutionsgeschichtliche Zusammenhänge mit der Entwicklung des Menschen zum aufrechten Gang. Das aufrechte Gehen hat entscheidend zur Vergrößerung des menschlichen Gehirns beigetragen. »*Im Gehen und durchs Gehen weitet sich unser Weltbezug nach innen und außen. Die Gehenden sind frei, da sie gleichzeitig in sich hinein und aus sich herausgehen können.*«[172] Die mangelnde Bewegung in unserer Zeit zieht nicht nur psychische und physische Probleme nach sich, sie entspricht einfach nicht unserer menschlichen Natur.

Das Sich-Bewegen gehört zu unserer Grundkonstitution. Viele Krankheiten *körperlicher* wie auch *seelischer* Art können durch gezielte Bewegung gelindert oder sogar beseitigt werden. Der Selbstmanagementtrainer **Marco von Münchhausen** macht die Ausschüttung der drei Glückshormone *Dopamin*, *Serotonin* und *Endorphin* dafür verantwortlich, dass Sich-Bewegen dem Menschen einfach guttut. Auf der anderen Seite sind die Zusammenhänge zwischen Lustlosigkeit, Mattheit und Depression durch mangelhafte Bewegung bekannt und bewiesen. Auch das Einschwingen in einen Rhythmus gleichmäßiger Bewegung hilft dem Menschen, innerlich ausgeglichener, zentrierter und stabiler zu werden.[173] Der heutige Mensch ist vielfach aus seinem Rhythmus herausgeworfen und wird dadurch leichter krank. Eine Disharmonie entsteht, die unerträglich und krankmachend wird. Parallelen zu kosmischen Gesetzen oder Gesetzen der Musik sind nicht zufällig. So hat ein weltweites Netz von Forschern Indizien dafür gesammelt, »*dass die vielen einzelnen Rhythmen im Körper nicht einfach beziehungslos nebeneinander her schwingen, sondern wie die Instrumentalisten eines Orchesters aufeinander hören können. Je gesünder ein Organismus ist, desto öfter stellen sich körperinterne Rhythmen zueinander auf ganzzahlige Verhältnisse ein – genauso wie in der Welt der*

Musik statt des zufälligen Frequenzgemisches eines Geräuschs ein harmonischer Klang entsteht.«[174]

In einer guten Zusammenfassung bringt von Münchhausen es auf den Punkt: »*Bewegung verzehnfacht die Sauerstoffversorgung des Körpers, sie versorgt das Gehirn mit Energie und steigert so die Gedächtnisleistung, der Energiegrundumsatz wird um 25 Prozent gesteigert und reguliert den Appetit, schädliche Blutfette werden verbrannt und Stresshormone abgebaut. Die Leistungsfähigkeit wird durch Vermehrung der winzigen körpereigenen Kraftwerke, der Mitochondrien, gesteigert, ebenso wird das Kreativitätshormon ACTH vermehrt ausgeschüttet, unsere Herzleistung und Gefäßdurchblutung werden verbessert, die Muskulatur und Gelenke gestärkt, die Verdauung aktiviert und unser Immunsystem gefestigt. Nicht zuletzt fördert Bewegung auch einen erholsamen Schlaf.«*[175]

Das Sich-Bewegen wird in unserer Zeit mehr und mehr neu entdeckt. Wer beispielsweise bewusst zu Fuß geht, macht in der Regel die Erfahrung, dass sich sein schnell und hektisch gewordener Alltag beruhigt. Er hat eine nur für ihn reservierte Zeit, im Gehen findet er seinen eigenen Rhythmus. Er findet die Balance zwischen Anspannung und Entspannung, von der er ganzheitlich profitiert.

In heute selbstverständlicher permanenter Verfügbarkeit, Schnelligkeit und im sogenannten Multitasking (gleichzeitig mehrere Dinge tun) ist das einfache Sich-Bewegen ein Therapeutikum der kurzen Auszeit, des Mit-sich-selbst-Seins, der Rückkehr eines Körper- und Leibgefühles, der Entschleunigung. Beliebt sind Joggen, Walken, Radfahren, Inline-Skaten, Schwimmen, Skilanglaufen, Rudern, auch das Nutzen von Trampolin, Stepper, Laufband, Cross- oder

Hometrainer. *Am wenigsten aufwändig ist immer noch das einfache Gehen, das Spazierengehen, das Wandern.*
Michael Stössinger, ein Redakteur der Zeitschrift Stern bringt dies ins Wort: Es geht darum, *»dem täglichen Getwitter, den Farce- und Facebooks und dem Standby-Modus zu entfliehen. Eins mit sich sein für eine oder zwei Stunden, manchmal auch für mehr«*[176]. Mit oder ohne Hund durch die Landschaft zu laufen, ist nicht nur für ihn die beste Form, mit sich selbst wieder ins Gespräch, in Kontakt zu kommen, einen klaren Kopf dabei zu bekommen und zufriedener zu werden, sondern es könnte auch für alle Menschen eine echte Lebenshilfe sein.

Bewegung in der Natur – eine Wiederentdeckung

Unsere Seele benötigt immer wieder Rückzugs- und Fluchtmöglichkeiten. Die Natur ist dabei ihr liebster Aufenthaltsort, *»hier tankt sie auf, hier findet sie Klärung, hier ist sie an ihrer Quelle. Sie ist unendlich tief und grenzenlos, sehnt sich nach Klarheit der Gedanken und Ziele.«*[177] Das Sich-in-der-Natur-Bewegen ist wie ein Reframing, ein Sich-wieder-Einordnen in einen natürlichen Rahmen. Und das muss nicht gleich wieder perfektioniert oder zu einem Leistungssport gemacht werden. Die Wiederentdeckung des Unterwegsseins[178], des einfachen und bewussten Gehens[179] und des Wanderns[180] zeigt, dass Menschen immer deutlicher spüren, dass Lebensqualität eindeutig über Lebensquantität steht.

Ulrich Grober, der mit seinem Buch *»Vom Wandern. Neue Wege zu einer alten Kunst«* einen Bestseller in mehreren Auflagen brachte, stellt das *Wandern* als eine Kontrast- und Differenzerfahrung zu einer unkontrollierbaren Beschleunigung oder einer Verarmung der Erlebniswelten in den

Mittelpunkt: »*Wandern – der Fuß, der Schritt, das humane Tempo ist das Maß. In Bewegung bleiben. Sich selbst orientieren. Bei Wind und Wetter. Im Wesentlichen so wie Ötzi, der Mann aus dem Eis, vor 5.000 Jahren in der Bergwelt der Alpen. So wie 30.000 Jahre vor ihm Homo neanderthalensis auf seinen schmalen Pfaden über die eiszeitlichen Rheinterrassen. So wie die lange Kette der Generationen seit der Morgenröte der Menschheit im Osten Afrikas. Den Boden unter den Füßen spüren, den Bach plätschern hören, die blühende Landschaft riechen. ›Geht‹ das noch in unserer von Technik überformten Restnatur, mit unserem abgestumpften Sensorium?*«[181]

Ja, der Mensch ist nicht nur zum Denken berufen, er ist auch ein Gehender, und das wird wieder mehr und mehr entdeckt und gemacht. Dabei kommt es wieder nicht darauf an, dass man im Wettbewerb mit anderen die größten und längsten Touren macht oder sich an die Grenzen seiner Belastbarkeit bringt. Es geht auch nicht darum, dass man dann das richtige Outfit oder die besten Laufschuhe hat. *Es geht einfach um das achtsame Tun, um das bewusste Tun,* das einen sich wieder selbst spüren lässt und die Gedanken aus dem Hamsterrad befreit und kreativ fließen lässt. Beim Wandern berühren sich Selbsterfahrung und Selbstsorge, Selbstgespräch und Gespräch mit einem imaginären Dritten (zum Beispiel Gott), Tagträumen und Sinneserfahrungen, Körpergefühl und Geschöpflichkeit und nicht zuletzt ganzheitlicher Zufriedenheit.

Peter Wild empfiehlt deshalb einen Achtsamkeitstag im Gehen, einen Wandertag, der einem dabei helfen kann, sein Denken, Fühlen und Existieren zu ordnen und zu befreien. Der Aufenthalt in der Natur kann dabei eine große Hilfe sein. Wilds Reflexion darüber möchte ich hier gerne zitieren, da wohl jeder Mensch diese beschriebenen Phasen des Gehens

kennt: »*Solche Wandertage strukturieren meine Erholungs-
zeit. Mir ist aufgefallen, dass mich zu Beginn der Wanderung
oft noch die Themen meiner Arbeit beschäftigen. Ich stecke innerlich in einer Debatte, diskutiere ungelöste Fragen, grenze
mich von Personen und ihren Meinungen ab, so lebhaft, als
ob sie neben mir hergehen würden, ich erkläre oder verteidi-
ge, was ich gemacht habe. Es braucht eine Zeit, meistens etwa
eine gute Stunde, bis sich die Arbeitstage verabschieden. Wenn
mir diese Gespräche auf den Wecker gehen, kürze ich ihre Zeit
auch willentlich ab, indem ich meine Aufmerksamkeit, ähnlich
wie bei der Meditation, auf die Atembewegung richte und den
noch fälligen Gesprächen gegenüber Desinteresse zeige.*
*Nach dieser Gesprächsphase stellt sich meistens eine Zeit der
Stille ein; eine Stille, die ich als eher dumpf erlebe. Ich gehe
vor mich hin, fast automatisch. In mir breitet sich eine Stille
aus, die mit Müdigkeit vermischt ist. Das ist die Phase, in der
ich die Wanderung auch wieder abbrechen könnte. Trotz des
Gehens scheint nichts zu laufen.*
*Mit der dritten Phase setzt dann für mich jene Aufmerk-
samkeit ein, die mir das Wandern wertvoll macht: die Achtsamkeit. Ich erlebe mich als äußerst gesammelt, ganz bei mir
und gleichzeitig ansprechbar und offen für den Reichtum der
Umgebung, durch die ich gehe. Pflanzen, Blumen, Sträucher,
Bäume, Gräser, Tiere, die auftauchen, Vögel mit ihren Bewegungen und ihrem Gesang, Menschen, denen ich begegne, die
Luftströmungen, die mich berühren, die Orte mit ihren Bau-
ten, Straßen und Wegen, mit ihrer Geschichte, all das strömt
auf mich zu und teilt sich mir mit. Im Gehen gehe ich in der
Wahrnehmung auf.*«[182]

Genau dies – das selbsttranszendente über sich und sein
Denken hinausgehende Aufgehen in der Wahrnehmung –
befreit unsere Gedankenkapriolen und unsere Seele. Dabei
ist sehr wichtig, seinen Rhythmus, seine Geschwindigkeit,

seine Belastbarkeit und Ausdauerfähigkeit zu kennen, sie zu trainieren und dabei eine stärkere Balance zwischen Körper, Seele und Geist zu finden. **Dirk Schümer** bringt diese Erkenntnis in schöne Worte: Unterwegs im Gehen *»wird jedem klar, dass unsere hockende Lebensweise ganze Stränge von intellektueller Wahrnehmung und Körpergefühl blockiert. Ich merke, dass ich nur mit einem Teil meiner Organe gelebt habe: Augen, Hirn, Hintern. [...] Wer wandert, wird jedoch nach und nach wieder ganz und braucht dafür keine Therapie, keine Diät und nicht einmal eine Religion. Der ganze Körper, der auf so angenehme Art ermüdet, gewährt mir die eigentümliche Erfahrung, das Richtige getan zu haben. Ich bin nicht an meine Grenzen gegangen, aber ich bin nun ganz bei mir.*«[183]

Mentales Nordic Walking – eine Verbindung von körperlicher und mentaler Bewegung

Ein fränkisches Ehepaar – **Toni** und **Walter Goth** aus Kirchehrenbach –, passionierte Nordic Walker, entwickelte in den letzten Jahren zusammen mit dem Erlanger Medizinpsychologen und Hirnforscher **Siegfried Lehrl** eine Methode, körperliche und geistig-mentale Bewegung und Beweglichkeit sinnvoll zu verbinden: das Mentale Nordic Walking (MNW).

Lehrl arbeitete Mitte der 1990-er Jahre als akademischer Direktor an der Psychiatrischen und Psychotherapeutischen Klinik der Universität Erlangen-Nürnberg. *»Dort befasste sich Lehrl besonders mit Intelligenz- und Gedächtnisforschung sowie mit Methoden zur Steigerung der mentalen Leistungsfähigkeit. Außerdem ist er seit 1997 Vorsitzender der Gesellschaft für Gehirntraining (GfG) in Ebersberg. Die GfG hat das ›Mentale Aktivierungs Training‹ (MAT) entwickelt, eine Methode zur raschen und nachhaltigen geistigen Leistungssteigerung.*«[184]

Es bot sich also an, bewährte Bewegungsabläufe mit effizientem Hirntraining zu verbinden. Verschiedene Programme wurden entwickelt, denen allen die Bewegung und das Sprechen und Rechnen während der Bewegung gemeinsam ist. Mittlerweile wurden mehrere Hundert Langzeittests ausgewertet, die bestätigen, dass durch die Verbindung von Gehen und Denkaufgaben nicht nur der Körper trainiert und gestärkt wird, sondern auch die geistige Fitness und die mentale Gesundheit gefördert werden.

»2009 wurde das Mentale Nordic Walking beim Treffen des internationalen Walking-Verbands vorgestellt. Der englische Verband hat das Konzept bereits übernommen, die Italiener sind gerade dabei. Das Mentale Nordic Walking funktioniert am besten, wenn die Bewegungsabläufe bereits automatisiert sind [...] Deshalb eignet sich die Kombination aus körperlicher und geistiger Anstrengung außer fürs Walking auch für Spaziergänge oder den Heimtrainer.«[185]
In Verbindung mit gesunder Ernährung ergibt sich hier ein Gesamtpaket, das viel mehr ist als Wellness. Es ist ein Beweis dafür, dass die Abstimmung von Körper, Seele und Geist sowie deren Nutzung und Beanspruchung den Gesamtorganismus des Menschen lebendiger, freier und ausgeglichener macht.

Bewegung in der Stadt – eine Alternative

Für viele Menschen ist Bewegung in der Natur oft nicht möglich, weil sie in einer Großstadt wohnen, wo scheinbar alles zugepflastert oder zubetoniert ist. Nicht wenige können sich Ausflüge ins Grüne nur im Urlaub leisten, manche sogar das nicht. Viele Menschen verlieren in urbanen Räumen den Bezug zu sich selbst, zum Leben und dann auch zu ihrer Religiosität und Spiritualität.

Neben den bekannten Möglichkeiten der sportlichen Bewegung in Städten (Walking, Jogging, Marathon, Rudern, Radfahren usw.) entwickelt sich mittlerweile auch hier eine Art Gegenbewegung, die versucht, innerlich (spirituell) und äußerlich (vor allem durch Bewegung) *das Menschsein in der Stadt neu zu entdecken*. Denn auch Städte und Großstädte bieten mit ihren Parks, Friedhöfen oder Naherholungsgebieten, die per Fahrrad, Bus oder Bahn zu erreichen sind, Möglichkeiten des Abschaltens und des Freiwerdens durch Bewegung. In solcher Atmosphäre wiederum kann der Mensch die Erfahrung machen, spirituell aufgehoben zu sein.

Ursula Richard hat in ihrem Buch »*Stille in der Stadt*« ein Fenster zur Freiheit in der Begrenzung einer Stadt geöffnet. Das Problem des Gehetztseins des urbanen Menschen liegt letztlich nicht im Außen, also in der städtischen Umgebung, sondern im Innen, *in unserer Bewertung der äußeren Umstände*. Nicht die Polarisierung zwischen Stadt (laut, hektisch, zerstreuend, Energie zehrend) und Land (ruhig, meditativ, fokussierend, Energie spendend) ist der Punkt zwischen Ausbrennen und Entspannen, *sondern wie wir Freiräume in Begrenzungen finden können*. Es kommt darauf an, Möglichkeiten der Entspannung, der Bewegung und Orte in der Stadt zu finden, die uns helfen, wieder mehr zu uns zu kommen. »*Wenn man sich ernsthaft auf die Suche macht, wird man erfahren können, dass es sehr viel mehr und auch ganz andere [Orte] sind, als wir gemeinhin denken, wenn wir uns meditative oder sonstige ›Kraftorte‹ vorstellen.*«[186]
Sakrale Räume und Gärten, die schon genannten Parks und Friedhöfe, kleine stille Hinterhöfe, Brachland, der eigene Balkon und viele andere sonst unbeachtete Orte können helfen, *achtsam wieder mehr Mensch zu werden.*

Das eher buddhistisch ausgerichtete Buch von Ursula Richard kann dem Großstadtmenschen, der sich (immer noch oder bewusst wieder) im Christentum beheimatet fühlt, eine Hilfe sein, die Gedanken und Tipps für ein bewusstes christliches Leben kompatibel zu machen. Wenn man sich zum Beispiel mit dem Satz des Görlitzer Mystikers und Philosophen Jakob Böhme »*Mach nur die Augen auf und du wirst sehen, die ganze Welt ist von Gott erfüllt*« durch eine Stadt mit ihren Licht- und Schattenseiten bewegt, dann kann sich etwas im Bewusstsein eines Menschen ändern. Und wenn sich in einem selbst etwas ändert, dann ändert das auch unsere Umgebung. Dazu ein Beispiel aus dem genannten Buch, wo **Annekatrin Hennenhofer** vom Projekt Spiritualität des evangelischen Kirchenkreises Hamburg-Ost zitiert wird: »*Urbane Spiritualität bedeutet für mich auch [...], dass wir uns nicht ins Kloster zurückziehen, sondern in uns einen schweigenden Raum inmitten der Tumulte der Großstadt entwickeln, sodass wir mit schwebender Aufmerksamkeit – die wir in der Meditation üben – auch dieser Stadt begegnen und dadurch in beidem sind, in diesem inneren Kloster und dieser äußeren Stadt. Und das wirkt sich auch heilend auf die Großstadt aus.*«[187]

Während eines einwöchigen Urlaubs im Herbst 2011 in Hamburg habe ich diese Form der Achtsamkeit geübt. Jeden Tag ging ich alleine durch die vielfältigen und unterschiedlichen Angebote dieser Weltstadt: Parks, Friedhöfe, Botanischer Garten, Museen, Kirchen, Fußgängerzonen, Hinterhöfe, Hafengebiet usw. Sechs bis acht Stunden war ich unterwegs mit mir alleine und gar nicht einsam. Mein Fotoapparat half mir, die verschiedenen Schönheiten dieser Großstadt zu entdecken und noch mehr danach zu suchen. Der Blick durch den Sucher der Kamera hilft, Eindrücke besser zu fokussieren und sich dann umso mehr daran zu erfreuen. Abends kehrte ich körperlich müde, aber geistig bereichert zurück, konnte oft ein heißes Bad nehmen und dann das Erlebte in den leisen Abendstunden ausklingen lassen.

Dabei konnte ich das erfahren, was Ulrich Grober treffend ins Wort fasst: *»Ich lege, indem ich wandere [auch stadt-wandere; Anm. d. Verf.], einen Vorrat an verarbeitungsfähigen Erfahrungen an. Mit diesem Vorrat kehre ich in den Alltag zurück – mit einer größeren Souveränität. Ohne das eigene Erleben in begehbaren Räumen ist man den medial vermittelten Bildern ausgeliefert. Virtuelle Realitäten werden nur im Gegenlicht von realen Erfahrungen produktiv.«*[188]

Ich habe in dieser guten Woche erfahren, dass Gott sich auch in Räumen, wo wir ihn meist nicht vermuten, durch die richtige Wahrnehmung und Einstellung sehr wohl finden lässt.

In diesem nun bearbeiteten Teilpunkt wollte ich bewusst auch schon auf einen Zusammenhang zwischen Bewegung und Spiritualität hinweisen, der unter dem Teilpunkt *»Bewegung – spirituell-religiöse Zusammenhänge«* noch genauer beleuchtet werden wird.

Bewegung in Räumen – eine weitere Alternative

Professor **Gerd Schnack**, ein Facharzt für Chirurgie, Unfallchirurgie und Sportmedizin, ist seit gut 20 Jahren auch im Bereich Präventivmedizin tätig und immer wieder auf nationalen und internationalen Fortbildungen im Bereich Gesundheit und Medizin als Referent zu finden. Ich durfte ihn schon zweimal erleben: 2010 auf dem 2. Christlichen Gesundheitskongress in Kassel mit dem Titel »Beauftragt zu heilen – in Beruf, Gemeinde, Gesellschaft« und 2011 auf dem Gesundheitskongress »mediora 3« – Prävention: Körper – Seele – Geist in Schwäbisch Gmünd. Da Prof. Schnack sich auch verstärkt auf christlichem Parkett bewegt, möchte ich ihn hier beispielhaft mit einer von ihm entwickelten Methode, dem »Swing & Relaxx«[189], erwähnen.

Als ausgewiesener Fachmann im medizinischen Bereich konnte er viele Zusammenhänge unserer Zivilisationskrankheiten vor allem mit Bewegungsarmut nachweisen. Kreativ und praktisch-phantasievoll werden gewonnene Erkenntnisse in verschiedenen Bereichen angewandt. Was mir daran gut gefällt, ist die pragmatische Art, Bewegung und Prävention in einer »Zeit ohne Zeit« zu üben. Dabei verbindet er körperliche Übungen auch mit rezeptivem Meditationstraining. Körper, Seele und Geist werden also übend in Einklang gebracht. Vor allem auch das *Üben in Räumen* legt er seinen Lesern ans Herz und vergisst dabei – für mich sehr sympathisch – den Aspekt des Genießens nicht. Das ist deshalb zu betonen, da viele Menschen auf Anraten des Arztes ihr Bewegungsnotprogramm machen, und das meistens auch nicht gerne. Was man nicht gerne tut, das wird man irgendwann unterlassen. *»Damit Bewegung mit positiven Gefühlen und damit mit dem ›Flourishing-Effekt‹ (Erblühen, Aufblühen, Gedeihen) in Verbindung gebracht werden kann, muss sie zu etwas werden, das man mit allen Sinnen genießt.«*[190]

Wenn wieder einmal das Wetter nicht mitspielt oder jemand nicht in ein Fitnesscenter gehen will oder kann, dann gibt es auch andere Möglichkeiten der Bewegung. *Der, der erkannt hat, dass Bewegung auch den Kopf und die Seele frei machen kann,* wird Wege finden, sich daheim zu bewegen. Die Klassiker dabei sind die verschiedenen Hometrainer (Standfahrrad, Stepper, Laufband usw.), sehr empfehlenswert finde ich das Springen auf einem kleinen Trampolin, das nicht viel Platz einnimmt, da es schnell aufgebaut und wieder zusammengelegt und in eine freie Ecke gestellt werden kann, wenn es nicht benutzt wird.

Das leichte und entspannte Training mit einem Minitrampolin macht Freude und vereinigt in sich Erkenntnisse aus Sport- und Präventivmedizin, der Musiktherapie, der Physiotherapie, der orthopädischen Rückenschule und der neuromuskulären Trampolintherapie. Dabei werden nicht nur Muskeln, Gelenke und Knochen trainiert, sondern auch das Herz-Kreislauf-System in Schwung gebracht. Das Lymphsystem und der Stoffwechsel werden aktiviert, das Balancegefühl und der Gelenk-Lagesinn werden geschult. Und: Das Energiesystem – die Asiaten sagen Chi oder Qi dazu – wird durch harmonisierende Bewegungsabläufe ins Fließen gebracht.

»*Der Vorteil des Trainings auf dem Trampolin ist, dass es sich rund um die Uhr in den eigenen vier Wänden, in kürzester Zeit und auf einfachste Art durchführen lässt; Musik wirkt dabei motivierend.*«[191] Das musikbegleitete Tanzjogging auf dem häuslichen Rebounder (Minitrampolin) »*hat nicht nur eine ganz außerordentliche gesundheitsfördernde Wirkung als körperliches und geistiges Jogging. Unerreicht ist bei dieser Art von Training auch die Bereitschaft der Menschen, es in die Praxis umzusetzen (die sogenannte Compliance). Das liegt daran, dass nicht die Leistung, sondern ein positives Erleben im Vordergrund steht und den Anstoß für eine Lebensänderung auf Dauer gibt.*«[192]

Ich selbst, der ich viel am Schreibtisch oder vor dem PC sitzen muss, habe diese Bewegungsart als Ergänzung zum Spaziergang, zum Radfahren, zum Schwimmen und Wandern sehr schätzen gelernt. Gerade weil es wetterunabhängig und schnell gemacht werden kann, gerade weil es wirklich Freude macht, tue ich es. Und, passend zu unserem Thema: Ich kann nach so einer Übung von 10 bis 15 Minuten manche Gedankenblockade und körperliche Verspannung ausgleichen.

Bewegung – geistige Zusammenhänge

Die bisher beschriebenen psychosomatischen Zusammenhänge beziehen sich bisher mehr auf den Bereich der Seele und des Körpers. Auf der *geistigen* Ebene gilt dies genauso: Wenn du mit den Gedanken nicht weiterkommst, dann mach dich auf, geh, bewege dich und finde neue Wege!

Eine Fülle von Verbindungen zwischen Denken und Gehen sind uns auch in unserer Sprache geläufig: Gedankengänge; Denkbewegungen; von etwas ausgehen; sich verrennen; stecken bleiben; nichts geht mehr; Gedankenstillstand; die Gedanken wandern lassen; die Orientierung oder den roten Faden verlieren und wiederfinden; mit seinen Gedanken abschweifen; einen Ausweg finden; in sich gehen ...

Solche Umschreibungen zeigen uns, dass Gehen und Denken nicht nur zusammenhängen, sondern auch, dass das Gehen dem Denken hilft. Die Zusammenhänge zwischen Bewegung und Denken sind frappierend. So sagt der österreichische Schriftsteller **Thomas Bernhard** in seinem Roman »Gehen«: »*Wenn wir einen Gehenden genau beobachten, wissen wir auch, wie er denkt. Wenn wir einen Denkenden genau beobachten, wissen wir auch, wie er geht. [...] Wir gehen mit unseren Beinen, sagen wir, und denken mit unserem Kopf. Wir könnten aber auch sagen, wir gehen mit unserem Kopf*«[193] oder denken mit den Füßen. *Ein gehender Denker und denkender Geher hat ein anderes Denken als der, der unbeweglich denkt.* Während wir gehen, bewegen wir nicht nur unsere Füße, sondern auch unsere Gedanken, unseren Verstand. Dieser kommt dann in Bewegung, was durchaus neue Einfälle oder Erkenntnisse bringen kann.

Der vorher schon genannte Philosoph **Friedrich Nietzsche** war jemand, der seine philosophischen Gedanken und Werke meist beim Gehen, Wandern oder Klettern ersann und niederschrieb. Überspitzt bringt er es auf folgende Aussage: *»Man solle so wenig als möglich sitzen, keinem Gedanken Glauben schenken, der nicht im Freien und bei freier Bewegung geboren sei. Alle Vorurteile kämen aus den Eingeweiden. Das Sitzfleisch sei die eigentliche Sünde wider den Heiligen Geist.«*[194]

Moderne Hirnforscher bestätigen den Zusammenhang zwischen Bewegung und Denken. **Gerd Kempermann** vom Berliner Max-Delbrück-Centrum sagt, dass die Frequenztaktung innerhalb des Gehirns von außen beeinflussbar ist und somit *»wiederholende Bewegungen wie zum Beispiel Laufen dazu führen, dass die Rhythmen des Gehirns sehr stabil werden [...]. Der Rhythmus des Gehens stabilisiert den Rhythmus des Gehirns und regt uns so zu einer intensiveren Denkleistung an.«*[195]

Auch diese Erkenntnis ist nicht neu, Nietzsche zeigt uns das oder auch die alte griechische Philosophenschule der Peripatetiker. Das Verb περιπατειν – *peripatein* bedeutet so viel wie *umherwandeln*. Die Peripatetiker *»entwickelten ihre philosophischen Gespräche während des Auf-und-ab-Gehens in einer Säulenhalle, dem sogenannten Peripatos. [...] Doch die Verknüpfung von Gehen und Denken war in der Antike nicht nur den Philosophen, sondern auch den Rhetorikern geläufig.«*[196] Jeder Punkt einer Rede konnte mit einer Wegmarke verbunden werden, um den roten Faden immer wiederzufinden. »*Eine Redewendung wie ›Wo war ich stehengeblieben?‹ ergibt vor diesem Hintergrund durchaus Sinn – denn [demzufolge] entsteht durch die Verknüpfung von Raum und Rede in unserem Kopf eine Landkarte, auf welcher der Ablauf unseres Gedankenganges schematisch verzeichnet ist.*«[197]

Das Gehen, Sich-Bewegen und Vorankommen haben Verbindungen zur geistigen Erkenntnis, zum eigentlichen Menschsein und zu viel tieferen Zusammenhängen, die im Zwischenbereich von geistiger und spiritueller Welt liegen. So schreibt zum Beispiel **Ulrich Grober**: »*Wandern [sich bewusst bewegen; Anm. d. Verf.] und Sinnsuche, das ist keine willkürliche Verknüpfung. Der aufrechte Gang ist nicht umsonst seit der Antike und vor allem seit Rousseau und Herder eine Metapher für die Freiheit des Menschen.*«[198]

In hervorragender Weise hat dies Mahatma Gandhi gezeigt. Seine asketischen Wanderungen durch Indien hatten großen Nachhall. Er konnte sein Volk – auch wenn es ihm immer wieder Haftstrafen und andere Probleme brachte – innerhalb weniger Jahre in die Unabhängigkeit vom britischen Empire führen. Sein aufrechter Gang, seine innere Unabhängigkeit führte ein ganzes Volk in den aufrechten Gang, in die innere und äußere Unabhängigkeit. »*Gandhi hat sein ganzes Leben lang nie aufgehört, lange Strecken zu Fuß zu gehen. Er führte sogar seine ausgezeichnete Gesundheit auf diese Gewohnheit zurück. Er wanderte bis zum Schluss.*«[199]
Gandhi gibt uns ein sehr gutes Beispiel für die Verbindung von bewusster Bewegung und mentaler Stärke. Beides befruchtete sich gegenseitig, und wir dürfen uns durch solche positiven Beispiele auf unserer Lebensreise motivieren lassen.

Wir haben unseren individuellen Weg zu finden und zu gehen. Stillstand lähmt und tötet, Bewegung bringt Fortschritt, auch wenn das Ziel oft noch unklar ist. Als Überleitung zum spirituell-religiösen Bereich möchte ich deshalb wieder eine Sinngeschichte anbieten, die das etwas verdeutlichen will:

GESUNDER MENSCHENVERSTAND

Albert Einstein hält einen anspruchsvollen Vortrag über das Verhältnis von Raum und Zeit. Als er fertig ist, steht ein Zuhörer auf und widerspricht: »Was Sie hier ausgeführt haben, ist mir viel zu spekulativ. Wir sind doch nicht in der Kirche. Nach meinem gesunden Menschenverstand kann es nur das geben, was man sehen und überprüfen kann.«
Einstein lächelt und antwortet: »Dann kommen Sie doch bitte nach vorne und legen Ihren gesunden Menschenverstand hier auf den Tisch.«[200]

Bewegung – spirituell-religiöse Zusammenhänge

Zu den vorher schon genannten hilfreichen Neubewertungen der Zusammenhänge zwischen Gehen und Denken kommt für religiöse Menschen das zunehmende Interesse am Pilgern und Wallfahren hinzu. Der Bestseller »Ich bin dann mal weg« des deutschen Comedian **Hape Kerkeling**[201] brachte ein Grundgefühl vieler Menschen ins Wort, denen Erschöpfung und Burnout droht. Kerkelings Buch, das nun auch verfilmt wird, zeigte vielen Menschen, deren Religiosität zwar irgendwie vorhanden, aber nicht eindeutig ist, dass es eine große Hilfe zur Neuordnung der Gedanken, der Seele und des Lebens sein kann, sich auf einen inneren und äußeren Pilgerweg zu machen. Für einen religiösen Menschen ist das Gebet schon lange als das älteste Mentaltraining bekannt, das auch eine Befreiung, Erfrischung und Belebung bringen kann.

Eine kleine Sinngeschichte will dies wieder verdeutlichen. Wer das Beten im Alltag einübt, den wird es tragen – auch in schweren Lebenssituationen:

ZWÖLF UHR MITTAGS

Dem Pfarrer einer Stadt im Süddeutschen fiel ein alter, bescheiden wirkender Mann auf, der jeden Mittag die Kirche betrat und sie kurz darauf wieder verließ. Eines Tages fragte er den Alten, was er denn in der Kirche tue. Der antwortete: »Ich gehe hinein, um zu beten.« Als der Pfarrer verwundert meinte, er verweile nie lange genug in der Kirche, um wirklich beten zu können, sagte der Besucher: »Ich kann kein langes Gebet sprechen, aber ich komme jeden Tag um zwölf und sage: Jesus, hier ist Johannes.«
Eines Tages musste Johannes ins Krankenhaus. Ärzte und Schwestern stellten bald fest, dass er auf die anderen Patienten einen heilsamen Einfluss hatte. Die Nörgler nörgelten weniger, und die Traurigen konnten auch mal lachen. »Johannes«, sagten sie, »du bist immer so gelassen und heiter.« »Ach«, winkte Johannes ab, »dafür kann ich nichts. Das kommt durch meinen Besucher.« Doch niemand hatte bei ihm je Besuch gesehen. Er hatte keine Verwandten und auch keine engeren Freunde. »Dein Besucher«, fragte eine Schwester, »wann kommt der denn?« »Jeden Mittag um zwölf. Er tritt ein, steht am Fußende meines Bettes und sagt: Johannes, hier ist Jesus.«[202]

Verbindung von Gehen und Beten: Geh-Beten

Der amerikanische Meditationslehrer **Linus Mundy** schrieb 1996 ein Buch mit dem Titel »The complete guide to prayer-walking. A simple path to body-and-soul-fitness«. Die deutsche Übersetzerin Christiane Heinen machte daraus das schöne Wortspiel »Geh-Beten«. Und so erschien 1998 das »Geh-Betbuch« von Linus Mundy auf Deutsch.²⁰³ Hier werden auf einfache Weise uralte Erkenntnisse geistlicher Lehrer in die Gegenwart übertragen. Das Prayer Walking, das Geh-Beten kann als Mentaltraining, als Selbstmotivation und als Verbindung zum Göttlichen, zu Gott genutzt werden, um neue mentale Stärke zu gewinnen.

Was ist Geh-Beten? *»Um es auf eine Formel zu bringen: Geh-Beten ist Training für die ganze Person. Es ist eine Übung, die jeden einzelnen Teil der menschlichen Person beansprucht und ihm dient: dem Verstand, dem Körper, dem Geist (oder der Seele). Es ist eine Gebetsübung, die es uns ermöglicht, gleichzeitig in uns selbst und auf unseren Lebensraum zu schauen.«*²⁰⁴

Was es mit dem Gehen auf sich hat, das haben wir ein wenig in den zurückliegenden Punkten betrachtet. Was aber ist Gebet?
Gebet ist nicht abhängig von äußeren Räumen. Man kann im stillen Kämmerlein, in der Natur, in Kirchen und Gotteshäusern beten. Beten muss auch nicht unbedingt ein Reden, ein Bitten, ein Danken, ein Loben oder ein Klagen sein. Beten kann auch einfach nur ein Sich-Bewegen in Gott sein. Beim Beten finden wir wieder zur Einheit mit Gott, mit uns selbst, mit unserer Mit- und Umwelt. Beten bringt uns zurück in den Einklang mit unseren ureigenen Rhythmen.

Das Geh-Beten verbindet zwei Seiten des Menschen: das Tun und das Sein. Interessanterweise verbindet es auch die westliche Lebensart (Tun) und die fernöstlich-asiatische (meditatives Sein) miteinander.
»Das Wunderbare am Geh-Beten ist, dass es uns gestattet, nach außen hin aktiv zu sein, uns zu regen und zu bewegen, während wir zugleich innerlich gelassener und ruhiger werden

und uns sammeln. Wir lernen, auf unsere Schritte zu achten, während wir gehen, so dass wir nicht gedankenlos durchs Leben stolpern. Gleichzeitig blicken wir auf und richten unsere Augen von neuem auf den Horizont, auf den großen Zusammenhang. Da die meisten von uns auf sich selbst gestellt sind, soweit es die Seele betrifft, kann uns das Geh-Beten auf verschiedene Weise helfen, zurechtzukommen:

- Geh-Beten ist eine Entspannungsübung, die uns hilft, mentale und muskuläre Spannungen abzubauen.
- Geh-Beten ist eine Form der Meditation.
- Geh-Beten fördert unsere Phantasie: Wir vergegenwärtigen uns einen friedlichen und trostreichen Ort in unserem Innersten.
- Geh-Beten hilft uns, unsere Vorstellungskraft zu gebrauchen: Indem wir uns ausmalen, wie wir in jeder beliebigen Situation unser Selbstvertrauen und unsere Kompetenz behaupten, lernen wir, unsere Gefühle zu beherrschen.
- Geh-Beten ermutigt zum konstruktiven Selbstgespräch.«[205]

Als aktiver Christ will ich diese Punkte von Mundy natürlich noch ergänzen:

- Geh-Beten bringt mich auf aktiv-kontemplative Weise in Kontakt mit Gott, in dem ich mich bewege, atme und lebe, in dem ich bin.
- Geh-Beten hilft mir, durch stete Wiederholung von Schritt und innerem Wort in die Tiefe zu kommen. Die alte Tradition des Rosenkranzgebetes zum Beispiel kann hier wunderbar mit dem Gehen verbunden werden.
- Geh-Beten öffnet mein Denken und Suchen für Gottes Inspiration.
- Da Jesus Christus ein Wanderprediger war und mit seinen Jüngern die Frohbotschaft gehend verbreitete, bringt

Geh-Beten mich in Kontakt mit den Ursprüngen meiner Religion.

- Geh-Beten bringt die Menschen auf den Weg zu Gott. Jesus Christus sagt von sich: *»Ich bin der Weg, die Wahrheit und das Leben.«*[206] Er ist also für einen Christen der Weg zu Gott. *»Wer sich auf Jesus einlässt [...], der findet seinen Weg zum Leben und zu Gott. Doch dieser Weg ist nicht immer der bequeme Weg. [...] Und oft führt unser Weg durch ein Labyrinth von verschlungenen Pfaden, bis wir das verborgene spirituelle Zentrum auffinden, bis wir unser wahres Selbst und darin Gott als das Zentrum unseres Lebens finden.«*[207]

- Auch der heilige Franziskus, zu dessen Orden ich gehöre, war ein Wanderprediger, der in den Fußspuren Jesu gehen und ihm nachfolgen wollte. Geh-Beten bringt mich in Kontakt zu einem der beliebtesten Heiligen, nicht nur in der katholischen Tradition.

- Geh-Beten ist innerhalb der christlichen Frömmigkeitsgeschichte eigentlich nichts Neues. Schon seit jeher – zum Beispiel im alten Mönchtum – wurde das Beten mit dem Gehen verbunden.[208] Alte Formen des Geh-Betens wie das Wallfahren oder das Pilgern sind heute wieder sehr gefragt.

Mit Linus Mundy möchte ich nun fünf erprobte Schritte für gelingendes Geh-Beten nennen.[209]

Abstand nehmen

Wir alle brauchen hin und wieder Abstand zu den Dingen, Beschäftigungen und Arbeiten, die uns in Trab halten und nicht selten gefangen nehmen. Kleine Pausen und Fluchtorte können uns dabei helfen, die permanente Anspannung immer wieder durch körperlich-mentale Entspannung abzubauen. Auch wenn es nur kleine Auszeiten sind: Sie helfen, mit sich und dem Grundplan des Lebens wieder besser in Kontakt zu kommen. Die Verbindung von Gehen und Beten ist hier eine Idealform, um wieder klarer und entspannter zu werden. Dabei soll jeder seine eigene Form des Geh-Betens entwickeln. Es gibt hier kein richtig oder falsch. Das Beten kann laut oder leise geschehen.

Offen werden

Wenn wir diesen Ort, das Areal, den Weg oder die Straße dann betreten und die Weite um uns herum spüren, dann atmen wir durch, geben das Belastende an die Umgebung oder an Gott ab und öffnen uns für Neues. Stellen wir uns vor, wie wir mit der Atemluft das Gute einatmen und mit der verbrauchten Luft das Schlechte ausatmen. Mundys Merksatz hierfür lautet: Beruhigen Sie das Bedrängte in sich, aber bedrängen Sie auch das Geruhsame in sich selbst, das, was sich in Ihnen allzu ruhig festgesetzt hat! Atmen Sie bewusst!

Sich besinnen

Versuchen wir uns auf unser ganzes Leben zu besinnen, zurück bis in die Kindheit. Nehmen wir unsere Erinnerungen wahr, alles, was in uns aufsteigen will, und nehmen wir es mit auf unserem Unterwegssein. Versuchen wir, die Teile unseres Lebens – auch die belastenden – in ein großes Ganzes, in den Plan unseres gesamten Lebens einzuordnen. Sehen wir jeden Schritt, den wir tun, als natürlichen Akt der Dankbarkeit dafür an, dass wir dasein dürfen. Ein stiller Spaziergang beruhigt immer. Schmecken wir dabei die Zeit, freuen wir uns, dass diese freie Zeit uns geschenkt ist und uns niemand wegnehmen kann.

Umdenken

Während des Gehens und Betens nehmen wir frische Luft in uns auf. Jedes Mal sehen wir etwas Neues, auch wenn wir den Weg schon oft gegangen sind. Jeder Schritt, den wir tun, bringt uns nach vorne. Das Geh-Beten ist ein *Erfolgstraining,* das uns nach vorne bringt. Nehmen wir – auf dem Weg – neue Richtungen und neue Chancen in unserem Leben wahr. Treffen wir dann eine Entscheidung im Umgang mit unserem eigenen Leben, mit der Arbeit, mit anderen, mit Gott. Wir sind herausgefordert, immer wieder die Spur unseres Lebens, des Zusammenlebens mit anderen und des Planes Gottes für unser Leben herauszufinden. Geh-Beten kann dabei sehr nützlich sein.

Wiederholen

Die Wiederholung ist die Mutter des Studiums, so sagt eine alte Weisheit. Wiederholung als Teil eines Mentaltrainings führt zum Erfolg. Regelmäßige Übungen sind immer erfolgreich und wirksam. Machen wir bewusstes Geh-Beten zu unserer täglichen Gewohnheit, bauen wir es als *Motivation* und *Selbstmotivation* für jeden Tag in unsere Abläufe ein und gestalten wir darüber hinaus jedes Gehen zu einem Geh-Bet. Dann wird unser Leben ausbalancierter und stimmiger.

Mundy empfiehlt in seinem Buch auch bestimmte Gebete[210], die während des Gehens innerlich gesprochen werden sollen und uns damit in den Einklang mit uns selbst, der Natur und

Gott bringen können. Beispielhaft sollen hier ein paar der christlichen Frömmigkeitstradition entnommene Gebetssätze genannt werden. Dabei ist die Koordination mit dem Atem wichtig. Anfangs kontrolliert, mit der Zeit wird sich das von alleine einstellen:

- Herr Jesus Christus, (einatmen) – erbarme dich meiner. (ausatmen)
- Mein Herr (einatmen) und mein Gott. (ausatmen)
- Ich bin (einatmen) frei. (ausatmen)
- Leite (einatmen) meine Schritte. (ausatmen)
- Sende aus deinen Geist, (einatmen) und das Antlitz der Erde wird neu. (ausatmen)
- Ich bin dein, (einatmen) weise mir den Weg. (ausatmen)
- Nichts soll dich ängstigen. (einatmen) – Gott allein genügt. (ausatmen)
- Mit ganzem Herzen (einatmen) vertrau auf den Herrn. (ausatmen)

Parallelen zu den Erkenntnissen und Praktiken von **Peter Dyckhoff** oder **Franz Jalics**, über die ich schon im Kapitel »*Christlich-spirituelle Antworten der Gedankenbefreiung*« geschrieben habe, sind nicht zufällig, schöpfen doch auch diese aus alten Quellen. Die Nähe zu der in Psychologenkreisen bekannten Arbeit mit Affirmationen ist auch nicht verwunderlich.

Die Verbindung von Beten, Spiritualität und Bewegung nimmt zu. Ich bin darüber sehr dankbar, denn lange Zeit herrschte im Christentum eine latente bis offene Leibfeindlichkeit vor. Prominente Vertreter wie der Prämonstratenserpater **Tobias Breer** aus Duisburg-Hamborn oder der Erzbischof von Bamberg, **Ludwig Schick**, bauen Sport und Bewegung ganz gezielt in ihren Tagesablauf ein. Und ihre menschenfreundliche und weltoffene Spiritualität zeigt, dass die Verbindung von Glaube und Sport sehr sinnvoll und bereichernd sein kann.

Pater Tobias Breer OPraem, der in den Medien als »Marathon-Pater«, »Trainer Gottes« oder »Der Langläufer« bezeichnet wird, verbindet das Marathonlaufen mit sozialem Einsatz für sozial Benachteiligte. An über 25 Marathonläufen hat er bereits teilgenommen, die von Sponsoren unterstützt werden. Pater Tobias gibt als ausgebildeter Coach auch gefragte Managementseminare. *»Angefangen hat er mit dem Laufen schlicht deshalb, weil er als Coach seinen Führungskräften nichts von Bewegungsmangel erzählen wollte, während er selber daran litt. [...] ein stundenlanger Lauf ist gleichsam ein Weg zur inneren Mitte. ›Da fließen die Gedanken und der Kopf wird frei.‹«*[211]

Ludwig Schick, seit 2002 Erzbischof von Bamberg, ist schon lange aktiver Sportler. Frühaufsteher können ihn frühmorgens seine Laufrunden drehen sehen, bevor er dann ein großes Tagespensum bis spät in die Nacht zu leisten hat. Seit 2003 legt er jedes Jahr sein Sportabzeichen in der Region Bamberg ab, 16 Mal durfte er schon das Goldene Sportabzeichen[212] gewinnen. Der Bamberger Oberhirte ist durch seine ausgeglichene, offene, menschenfreundliche und positive christlich-spirituelle Ausstrahlung bekannt. Die Verbindung von gezielter Bewegung und Gedankenklarheit praktiziert er, auch wenn so manchen Frommen das Bild eines Erzbischofs in Turnhosen befremdet. Ich persönlich finde es sehr gut, dass er damit auch vielen Gläubigen und Geistlichen ein Beispiel für Körperfreundlichkeit gibt.

Roland Wolff, ein katholischer Pfarrer mit Sportstudium, entwickelte Fitnesssysteme für lebenslange Bewegung, die sich aus dem christlichen Glauben speisen. Sein neuestes Buch »Fit-Beten. Spirituelle Fitness für den Alltag« greift die Idee der Verbindung von Bewegung und Gebet auf sympathische und einfache Weise auf. Das Beten wird in den Alltag eingebaut und bremst damit die immer stärker um sich greifende Unruhe aus. Auf der anderen Seite werden Bewegungsabläufe gezielter und bewusster gemacht. Die Grundformel für (christliche) Gesundheitsvorsorge mit Fit-Beten lautet demnach:

- Gebet
- Bewegung
- beliebige Wiederholung.

Passend zu unserem Thema der Verbindung von Gebet, Bewegung und Gedanken schreibt Roland Wolff:

»Durch das Training filtern Sie heilend Ihr Denken. Dazu eine kleine Geschichte: Eine Frau klagte einem weisen Einsiedler, dass sie beim Beten so zerstreut sei. Worauf der Einsiedler ihr einen verschmutzten Korb zeigte. Wenn man Wasser – so belehrte er – durch diesen Korb rieseln lässt, kann der Korb das Wasser nicht halten. Aber das durchfließende Wasser wird manches von dem Schmutz im Korb mitnehmen.

Auch unsere Aufmerksamkeit im Alltag gleicht oft einem löchrigen verschmutzten Korb. Wenn man aber – um im Bild zu bleiben – das Quellwasser des Betens hindurchschickt und sich dabei bewegt, klären und befreien sich unsere Gedanken.«[213]

Roland Wolff zählt für mich wieder zu den christlichen Autoren, die auf humorvoll-kreative Art Weisheiten aus anderen Religionen, Philosophien und Fitnessmethoden christlich umdeuten. So wird aus einer Adlerübung im Yoga eine Johannesübung, oder Thaiboxen kann zur Quelle von Paulusübungen werden. Traditionelle gymnastische Übungen oder moderne Sportarten werden mit christlich-biblischen Motiven verbunden und damit wirklich zum Fit-Beten.[214]

Diesen ganzen Themenbereich »Bewegung und Denken« möchte ich durch eine Rückmeldung aus meiner Beratungspraxis quasi abrunden. Sie stammt von einer 46-jährigen Frau, die ihre Erfahrungen, die sie beim Laufen macht, niederschrieb. Mittlerweile ist sie eine leidenschaftliche Läuferin, die sogar bei Marathonläufen schon dabei war. Das für mich Wertvolle am Geschriebenen ist, dass ich sie dazu etwas überreden musste und sie dann diesen Beitrag nach längerem »Schwanger-Gehen« auf einmal »geboren hat«. Er ist etwas anders als das, was man in esoterischen Kreisen zu diesem Thema meist lesen kann. Ihr spiritueller-religiöser Bezug ist – und das ist ihr beim Nachdenken und Schreiben selbst deutlich geworden – eindeutig christlich:

Ich habe ein gutes Gefühl für meinen Körper. Da bin ich wirklich sehr aufmerksam und spüre, wenn irgendetwas nicht stimmt, schon bevor es schmerzt oder sich andere Symptome zeigen. Ich kann meine Aufmerksamkeit dann dorthin richten und auch sonst dafür sorgen, dass sich die Schwachstelle wieder erholen kann. Ich bin – Gott sei Dank – nur ganz selten krank. Ich kann auch spüren, wenn bei langen Läufen sich mein Stoffwechsel verändert. Wenn der Zucker im Blut verbraucht ist und der Körper auf Fettverbrennung umstellt, dann kann ich das spüren.

Je nachdem, wann und was ich gegessen habe, werde ich plötzlich ganz schwach, das Denken wird stumpf, jeder Schritt fällt schwer. Der Tank ist einfach leer. Aber da ist ja noch die Reserve. Mein Körper hat durch Training, durch Erfahrung gelernt, diese Reserven anzuzapfen. Und ich habe gelernt, dass ich meinem Leib vertrauen kann. Ich laufe einfach weiter. Ich weiß, dass er die Reserven findet und dass es dann weiter geht. Und das ist auch so. Ich denke dann nicht mehr, vertraue nur und nach einigen Minuten ist neue Kraft da für den Weg.

Mit meiner Seele ist das nicht anders. Allerdings kann ich das nicht im Geringsten steuern. Aber auch hier hilft die Erfahrung. Wenn ich sehr mutlos oder traurig bin und mich einfach nur irgendwo verkriechen möchte, kostet es mich große Überwindung, die Laufschuhe anzuziehen. Die ersten Schritte sind dann auch elendiglich schwer. Mich aufzumachen, das ist der einzige aktive Part für mich. Aber das muss ich auch wirklich tun, sonst geschieht nichts. Beim Rest kann ich zwar sehr viel tun, um zu verhindern, aber gar nichts »hervorrufen«. Es ist ein Geschenk. Ich laufe ...

Ich gebe mich ganz der Bewegung hin. Alles ist rhythmisch: links, rechts – einatmen, ausatmen – kommen und gehen. Erst kreisen meine Gedanken noch um die Dinge des Alltags. Aber mit jedem Schritt und jedem Atemzug lasse ich die Welt ein wenig hinter mir. Ich werde mir immer mehr selbst bewusst, hole mir Kraft aus der Luft und lasse sie durch meinen Körper gleiten. Meine Schritte werden immer leichter. Alles geschieht von ganz alleine. Ich muss nichts mehr tun. Es ist ein Zustand im Dazwischen. Ein Schweben, ein inneres Summen, ein heller Ton. Es ist, als ob die Zeit verschwinden würde. Dann spüre ich es.

Ich kann spüren, woher ich komme und wohin ich zurückkehren werde. Ich kann spüren, dass Gott da ist. Auch für mich. Ich spüre seine Liebe in mir, winzigklein wie ein Molekül im Weltall, aber mächtig genug, um mich unendlich glücklich zu machen für einen ewigkurzen Augenblick. Ich bete das Vaterunser. Still. Aber jede Zeile wird lebendig und wirkmächtig. Ich gebe mich ganz hin. Voller Liebe, Demut und Dankbarkeit. Er ist da für mich. Er ist immer da. Ich bin geborgen in der Lie-

be und Fürsorge Gottes. Er ist der Vater im Himmel, sein Name und was er für uns Menschen bedeutet, ist heilig, allein heilig, sein Reich wünsche ich mir und allen anderen Menschen auf dieser Welt, sein und nur sein Wille geschieht. Es ist gut so, hat seinen Sinn, auch wenn ich ihn nicht erkennen kann.

Und ich spüre, wie kostbar das Leben ist. Auch mein Leben. Nämlich das, was Gott MIR geschenkt hat.

Dann spüre ich meine Seele und wie sehr sie Gott liebt und zu ihm gehört. Eines Tages wird sie zu ihm zurückkehren dürfen. Sie ist sehr leidenschaftlich und hat großes Heimweh. Aber sie muss noch warten. Bis Gott sie ruft. Nicht eher. Denn nur sein Wille geschehe.

Und in diesem Beten, diesem Vertrauen und Hinwenden an Gott erschließen sich meiner Seele ebenso wie meinem Leib neue, verborgene Kraftreserven. Es geht weiter...

Darum laufe ich. Und wenn es sein muss, auch Marathon.

»Gleicht euch nicht dieser Welt an, sondern wandelt euch durch ein neues Denken, damit ihr prüfen und erkennen könnt, was der Wille Gottes ist: was ihm gefällt, was gut und vollkommen ist.«

Römer 12,2

»Prüft alles, und behaltet das Gute!«

1 Thessalonicher 5,21

12. Alles prüfen, das Gute behalten, anwenden und frei werden

Überall nimmt eine neue Unübersichtlichkeit in unserer modernen Welt zu. Das Leben ist hektischer geworden, der Druck, durch neue Medien überall erreichbar zu sein, bedroht die letzten Rückzugsgebiete für Ruhe, Nachdenklichkeit, Besinnung und Erholung. Das deutsche Nachrichtenmagazin »Der Spiegel« empfiehlt eine *»Anleitung zu einer digitalen Diät«*[215], um der Diktatur einer chronischen Erreichbarkeit zu entkommen. Die Omnipräsenz von Computern, Smartphones und Tablet-PCs hat nicht nur unser Leben, sondern auch unser Denken verändert.

Seit über 800 Jahren gibt es die franziskanische Spiritualität im christlichen Glauben. Franz von Assisi lebte eine schöpfungsnahe Frömmigkeit und Einfachheit, die besonders heutige Menschen in einer kompliziert gewordenen Welt wieder anspricht.

Dabei gehen wir Franziskaner weltweit eine produktive Allianz mit der neuen Zeit und ihren Möglichkeiten ein. Fran-

186

ziskanische Einfachheit und moderne Technik passen sehr wohl zusammen. Wir deutschen Franziskaner haben zum Beispiel eine gute Internetpräsenz, wir verbinden moderne Lebensart mit tragenden christlichen Grundwerten und arbeiten in dieser Zeit und in dieser Gesellschaft für Gott und die Menschen. Unsere Erfahrung zeigt, dass heutige Menschen auf ihrer Suche nach Spiritualität und Lebenshilfe über die modernen technischen Zugangswege Kontakt zu uns finden. Wir staunen sogar über das Phänomen, dass junge Männer durch diese Hilfen zu uns finden und Franziskaner werden.

Wir leben in dieser Welt und in dieser Zeit. Für mich ist es wichtig, hier alles zu prüfen und das Gute zu behalten, wie es der Apostel Paulus schon in seinem ersten Brief an die Thessalonicher geschrieben hat. Und gleichzeitig gilt für mich auch die Bibelstelle, in der Paulus den Römern schreibt, dass sie sich nicht dieser Welt angleichen sollen, sondern sich durch ein neues Denken wandeln und dann prüfen und erkennen können, was der Wille Gottes ist. Man muss nicht alles Moderne mitmachen, aber man darf prüfen und erkennen, was – um es auf christliches Leben anzuwenden – hilfreich ist, um die frohe Botschaft des Evangeliums unter die Leute zu bringen.

Genauso wichtig ist es, diesen Grundsatz auch im Bereich »Glaube – Kraft – Gedanken« anzuwenden, mit dem ich mich in diesem Buch beschäftige. Wie hieß es bei Paulus so schön: »... *wandelt euch durch ein neues Denken* ...«.

Der Chefredakteur der Fachzeitschrift »Psychologie Heute«, **Heiko Ernst**, entdeckt beispielsweise die Kunst des Tagträumens wieder neu. In seinem aktuellen Buch »*Innenwelten. Warum Tagträume uns kreativer, mutiger und gelassener ma-*

chen« plädiert er in einer Zeit, in der die Außenwelt immer mehr unsere Innenwelt angreift, für »Alleinzeiten«: Zeiten, in denen wir uns besinnen, zurückziehen, die Gedanken in Phantasiewelten abschweifen lassen und dadurch wieder zu Kraft, Freude, Gelassenheit, zur Selbststimmigkeit und zu einem größeren Aufgehobensein finden können. »... *Absonderung und Alleinzeit sind unverzichtbare Bedingungen für das Zusichkommen, für Erkenntnis und Selbsterkenntnis. [...] Rückzug und Distanzierung sind jedoch nicht nur notwendige Bedingungen für ›einsame‹ Tagträume und Reflexionen, sondern auch für das Zusammenleben: Nur in der gelegentlichen Distanz können wir andere wirklich erkennen und wertschätzen.«*[216]

Im Folgenden möchte ich nun darüber nachdenken, wie ein *neues Denken* aussehen kann, damit ein oft aus den Fugen geratenes Denken und Leben wieder zu einem gelingenden Leben werden kann.

Ich habe in den hinter Ihnen liegenden Seiten bewusst Querverbindungen zur Psychologie, zu philosophischen Einflüssen, zu anderen (östlichen) Spiritualitäten, zum Zeitgeist und auch zur Esoterik im weitesten Sinne hergestellt. Dabei habe ich immer darauf geachtet, dass der christliche Ansatz mit diesen Einflüssen in Kontakt kommt und sein Eigentliches nicht verliert. Mir war wichtig, christliche Spiritualität im Bereich »Denken und Intuition« sogar wieder neu zu entdecken.

Papst Benedikt XVI. spricht seit Jahren von der sogenannten Diktatur des Relativismus und der Beliebigkeit in modernen Gesellschaften. Der Zeitgeist lautet: »*Mach, was du willst!*« und – im Gesundheitsbereich – »*Wer heilt, hat Recht!*« So viele Menschen sind heute verunsichert. Die »Generation Option« hat vor lauter Qual der Wahl keinen so rechten Durchblick mehr, was, wie und wofür sie leben und sich engagieren soll, welche Werte zählen und vieles mehr. *Die neue Unübersichtlichkeit hat auch schon längst Einzug in die Gedankenwelt gehalten.* Verunsicherungen und Konfusionen allüberall. Kein Wunder also, dass Bücher über das Denken boomen.

Christliche Theologie und Spiritualität zeichneten sich durch all die Jahrhunderte dadurch aus, dass sie sich nicht in Burgen verkrochen und verschanzten, sondern sich in den lebendigen Austausch mit den Kulturen und Denkweisen vor Ort begaben. Wenn sie das nicht taten – und solche Zeiten gab es und gibt es auch heute –, dann wurden sie hart, verurteilend, sektiererisch und negativ abgrenzend.

Denken wir positiv und somit an die großen Auseinandersetzungen mit der Vielgötterei zu Zeiten der Römer, der germanischen Völker oder die produktive Spannung des Christentums mit dem Islam in Spanien zur Zeit der andalusischen Herrscher oder mit den asiatischen Religionen. Die Haltung der Inkulturation – ohne dabei das eigene Gesicht zu verlieren – lebte und praktizierte schon der Völkerapostel Paulus. Dadurch konnte das Christentum erst zu einer Weltreligion werden.

In der Pastoraltheologie gibt es dafür die Redewendung »*auf den Areopag gehen*«. Paulus ging in Athen auf den Areopag (Marktplatz) und verkündete dort in einem Umfeld von Vielgötterei »*einen unbekannten Gott*« (vgl. Apg 17, 16-34). Wenn man diese Geschichte nachliest, dann fällt auf, dass Paulus anscheinend die richtigen Worte fand und dann auch einige nachdenkliche Männer und Frauen zum neuen befreienden Glauben fanden. Das ist heute nicht anders ...

Auch heute wollen Menschen Klarheit, Übersichtlichkeit, Tragfähigkeit von Denk- und Glaubensansätzen entdecken, finden aber im Überangebot der verschiedensten Anbieter selten ihren eigenen Standpunkt. Die christliche Religion ist für viele langweilig, dogmatisch-starr und nichtssagend geworden. Selbst gebastelte Mischidentitäten nach dem Muster eines Patchworkteppichs nehmen zu. Der Buchtitel eines Bestsellers des Philosophen **Richard David Precht** bringt dies genial auf den Nenner: »*Wer bin ich und wenn ja, wie viele?*«[217] Multipersönlichkeiten, Patchworkidentitäten bringen auch Patchworkreligiosität und -spiritualität hervor.[218] Eine große Verwirrung allüberall ...

Und doch wird eine Sehnsucht spürbar immer größer: Viele Menschen entwickeln ein Gespür dafür, was gut für sie und für andere ist. Dabei achten sie darauf, gleichzeitig den Naturgesetzen und den kosmischen, den göttlichen Gesetzen zu entsprechen. Dieser Prozess der Ausbalancierung von Nachdenken und Intuition ist voll im Gange.

Wie findet man da nur den richtigen Maßstab?

Die christliche Spiritualität hat hier einen großen Schatz im Gepäck der Jahrhunderte. Wie findet man Klarheit im Denken und Entscheiden, im Erspüren und Umsetzen dessen, was für mich und für andere richtig ist und gleichzeitig dem grundlegenden göttlichen Koordinatensystem entspricht? Ich spreche hier von der *Kunst der Unterscheidung der Geister.*

Hier geht es um keine esoterische Methode, darum, Engel, Erdgeister, Elfen oder böse Geister aufzuspüren. *Es geht viel mehr darum, sich über innere seelische Bewegungen, Gedanken, Empfindungen oder Gefühlsregungen und über Einbindungen in geistig-geistliche Gesetze klarer zu werden.*

Unterscheidung der Geister – Ursprünge und Entwicklungen

Auf gut 2000 Jahre Erfahrung[219] blickt die christliche Spiritualität. Sie kennt sich darin aus, die Herkunft von Gedanken und Gefühlen zu erforschen, sie zu prüfen und dann anzuwenden.

Eine der wichtigsten Grundlagen ist dabei die Lehre des Apostels Paulus von der Unterscheidung der Geister[220]. Hierbei geht es um eine *»kritische Differenzierung von Gedanken, Gefühlsregungen und Prophetien im Hinblick auf die Frage, inwieweit sie von Gott stammen oder nicht. In den ›Exerzitien‹ (›Geistlichen Übungen‹) des Ignatius von Loyola ist die Unterscheidung der Geister die zentrale Übung.«*[221]

Für unser Thema »Glaube – Kraft – Gedanken« ist folgender Satz des heiligen Ignatius von Loyola, des Begründers des Jesuitenordens, sehr wichtig:

»Ich setze voraus, dass es dreierlei Gedanken in mir gibt: solche, die mein eigen sind und allein meiner Freiheit und meinem Willen entspringen, während die beiden andern von außen kommen: der eine vom guten, der andere vom bösen Geist.«[222]

Ignatius von Loyola entwickelte einen Kriterienkatalog, der herauszufinden half, welche Stimmungen, Gefühle, Gedanken, Pläne, Phantasien, welches Verhalten mehr dem Leben und dem Willen Gottes entspricht oder ihn behindert. Diese Exerzitien (geistlichen Übungen) wurden stetig weiterentwickelt und immer wieder auf die jeweiligen Zeit- und Gesellschaftsumstände angewandt.

Nehmen wir einmal ein Beispiel aus unserem Alltag.

»Ich bin in einer Stadt unterwegs. Auf dem Weg von einem Ort zu einem anderen sehe ich jemanden auf mich zukommen und auf einmal wechsle ich die Straßenseite. Was geht da in mir vor? Welche Gefühle, Gedanken und Phantasien kommen hoch und wirken in mir, dass ich fast automatisch mich so verhalte? Bei genauerem Hinsehen entdecke ich folgendes: Wut steigt in mir auf, weil dieser Jemand mich vor kurzem beleidigte. Ich will ihn nicht sehen und will auch nicht gesehen werden. Ich komme mir zwar blöde und feige vor, aber ich handle doch so und wechsle die Straßenseite.«[223]

Hier kommt vereinfacht die *erste Regel* zur Unterscheidung der Geister zum Tragen: *Wahrnehmen und erkennen, was mich bewegt.*

Stefan Kiechle, der derzeitige Leiter der deutschen Jesuitenprovinz, formuliert es so: *»Geprägt sind die Regungen immer von Ängsten, Verletzungen, Sehnsüchten, Freuden, Aggressionen, Hoffnungen. Regungen treten meist spontan auf, ohne willentliche Einwirkung [...] Traditionell formuliert: Er (der Mensch) ist ›von Geistern bewegt‹, was sagen will, dass die inneren Regungen als Stimmen erscheinen, die von außen ›eingeflüstert‹ werden. [...] Durch ›Unterscheidung‹ kann man nun prüfen, welche Regungen von welchem Geist stammen.«*[224] Von mir selbst, vom guten Geist (Gottes Geist) oder vom bösen Geist.

Ähnlich wie schon bei der Übung der Achtsamkeit geht es hier darum, die Wahrnehmung zu schulen. Alle Stimmungen, Gefühle und Gedanken dürfen einfach zugelassen werden, ohne sie gleich zu bewerten. Vorschnelles Bewerten und Reagieren führt nämlich oft dazu, dass wir unsere inneren Regungen gar nicht richtig wahrnehmen.

Die *zweite Regel* in der Kunst der Unterscheidung der Geister ist dann das *Unterscheiden.* Hier geht es darum, sich nicht wie ein Fähnchen im Wind nach inneren Stimmungen, Gedanken oder Gefühlen zu bewegen und bewegen zu lassen. Es geht um die Frage, welche davon gut sind für mich, für andere und für meine Umwelt. Es geht hier um *Reflexion und Besinnung.*

Zum Guten führen: Gedanken, Gefühle, Regungen, Stimmungen, Handlungen, die zu mehr Freiheit, Zufriedenheit, innerem Frieden, Sinn führen. Sie stärken mein Vertrauen in mich, in andere, in tragende Gesetze, in Gott und helfen mir, in geglückten Beziehungen zu leben und das Richtige zu tun. Ignatius spricht hier von der Gabe des Trostes.

Zum Schlechten führen (nach vielleicht anfänglicher Befriedigung): Gefühle wie Enge, Unfreiheit, Mürrisch-und-Gereizt-Sein, Unzufriedenheit, Mutlosigkeit, Bitterkeit, Freudlosigkeit, Resignation, Erschöpfung, Misstrauen und andere negative Grundzustände. Dadurch wird auch das Zusammenleben mit anderen gestört. Der Mensch fühlt sich in der Welt und in seinem Leben nicht mehr zu Hause. Ignatius spricht hier von Trostlosigkeit oder Misstrost.

Die *dritte Regel* beinhaltet das *Ausbalancieren, das Entscheiden und Umsetzen, das Freiwerden.* Wer gelernt hat, sich und seine Regungen wahrzunehmen, sie zu reflektieren und neu zu ordnen, der wird immer mehr fähig werden, gute Entscheidungen zu treffen und zu wissen, warum er sich so entscheidet. Dabei wird er auch immer wieder eine Rücksprache mit Gott halten, der – nach christlichem Glauben – für jeden eine Lebensspur gedacht hat, auf der wir zu Glück, zu Sinn und zur Zufriedenheit finden können.

Folgende griffige Kriterien zur Unterscheidung der Geister[225] bringen diese drei Grundschritte auf eine nachvollziehbare Basis.

Die Geister der Verwirrung führen zu...

- Hass, Neid, Eifersucht und Streit, sie fördern Rechthaberei und Besserwisserei und verstoßen gegen die (christliche) Liebe.
- einem schlechten, beunruhigten Gewissen, sie treten bewusst und fordernd auf, erwecken falschen Leistungsdruck, drohen Strafen oder Versäumnisse an und stellen Forderungen, die Unruhe, Unsicherheit oder Mutlosigkeit erzeugen. Permanente Gefühle der Überlastung und Überforderung sind die Folge.
- oft verworrenen Zick-Zack-Wegen, drücken sich gerne verwaschen und unklar aus, ändern sehr oft ihre Meinung und wollen Übereifer und damit Überforderung erzeugen.
- innerer Anstrengung, die viel Energie kostet, Getriebensein und Hektik auslöst und Ängste erzeugt.
- oft zu widersinnigen und unnatürlichen inneren Anweisungen.
- innerem Bedrängtsein, sie stellen ultimative Forderungen und weisen auf »schlimme Versäumnisse« hin.
- Maßlosigkeit und Verstiegenheit, wollen Aufsehen erregen und sensationell wirken.
- Lähmung unseres Handelns, führen zur Passivität, verharmlosen wichtige Aufgaben, halten uns von notwendiger Mitarbeit ab.
- rechthaberischem, lieblosem, verbittertem Verhalten, sie stellen unsere Fehler und Schwächen in ein so trübes Licht, dass wir hoffnungslos und passiv werden, sie lassen uns unnütz und hilflos erscheinen, sie erzeugen Angst

und Furcht und bewirken Hilflosigkeit, Ratlosigkeit und Verzweiflung.

- dauerndem Widerwillen und Ekel, sie drücken sich ordinär, primitiv und unästhetisch aus.
- zur Distanz von Jesus als dem Urbild des gelungenen Menschen, auch wenn sie außergewöhnliche Bußleistungen, besondere Gebets- oder andere Sonderleistungen fordern.
- zu einem inneren Durcheinander und verursachen durch unsinnige Forderungen Unruhe und Unfrieden in uns.
- Verlust der Konkretheit und der Bodenständigkeit.
- Rechthaberei, zu Trotzköpfigkeit und Starrsinn.
- der inneren Einstellung, dass unsere Fehler und Sünden schlimme Vergehen sind, die nie mehr gutzumachen sind.
- Beharrung auf unwesentlichen und unwichtigen Dingen.

Der Geist Gottes (der gute Geist)...

- verstößt nie gegen die Liebe und macht uns zu uneigennützigem Verhalten bereit.
- gibt gute Motive zur Umsetzung von Vorhaben.
- schenkt innere Ruhe, Kraft und Sicherheit, erscheint nie forsch, fordernd oder ungeduldig, setzt uns nicht unter Druck, gebraucht nie Angst, Furcht oder Drohung und strahlt Kraft, Ruhe und Sicherheit aus.
- gibt ein gutes Gefühl bei der Erwägung und Umsetzung von Vorhaben, sogar wenn diese mit Schmerzen und viel Aufwand verbunden sind.
- führt einen geraden, einsichtigen Weg, gibt klare Anweisungen, entscheidet nie sprunghaft, gibt wichtige Anweisungen auch ein zweites Mal, wenn ich ihn darum bitte, führt uns wie Kinder, die Hilfe brauchen, und lässt uns in Freiheit leben.

- handelt nie gegen die göttlichen oder gegen die Naturgesetze.
- lässt reifen und wachsen, lässt uns Zeit, bittet, regt an, führt zum gefestigten Nachdenken.
- bewirkt ästhetische Schönheit und wirkt ansprechend (»wahre Schönheit kommt von innen«).
- gibt uns Anstöße zum aktiven Tun, weckt auf, wenn wir trödeln oder bummeln wollen, lässt uns mitwirken an der Schöpfung.
- hilft dabei, dass Entwicklungen sich fügen wie von selbst.
- macht uns hellhörig für jedes Fehlverhalten, zeigt uns unsere Fehler und Schwächen so, dass wir uns gerne ändern wollen.
- schenkt uns neuen Mut und neue Hoffnung, gibt uns befreiende Anweisungen und weist uns zärtlich und liebevoll auf Ungerechtigkeiten, Inkorrektheiten, Unwahrhaftigkeiten und Lieblosigkeiten hin.
- führt zu Jesus hin, nie von ihm weg; die Vorstellung, ob Jesus auch so entscheiden und handeln würde, schwingt mit.
- erweckt echte Demut, das heißt: Mut zum Dienen an den Menschen, Mut zum Dienen für Jesus, er will keine außergewöhnlichen Leistungen, sondern vor allem Frieden, Liebe und Vertrauen; er führt zum Handeln aus Liebe zu Jesus.
- ruft in mir Glauben, Zuversicht und Hoffnung hervor.
- führt zu Vergebung und Versöhnung, zeigt Wege zur Befreiung aus Sünde und Schuld, macht feinfühlig für die Sorgen der anderen.
- führt zum Wesentlichen.

In einer Zeit, in der ich selbst – ausgelöst durch unvorsehbare und unplanbare Entwicklungen – in meinem Leben nicht mehr ein noch aus wusste, wo ich jeden Tag hin- und hergeworfen wurde und die Sorgen übermächtig wurden, in einer echten Krisenzeit, in der ich drauf und dran war, meinen bisherigen Lebensweg und meinen Beruf zu verlassen, fand ich nirgendwo Klarheit, Hilfe und Wegweisung. Äußerlich funktionierte ich zwar, innerlich war ich aber zerrissen und unglücklich. Da dies über Monate anhielt, wurde ich auch körperlich krank. Sogar mein geistliches Leben und Beten halfen mir nicht weiter.

Heute, wieder stark in der Seelsorge und der spirituell-psychotherapeutischen Begleitung von Menschen tätig, weiß ich, dass es unzähligen Menschen in ihrem Leben oft und teilweise auch lange so geht.

Viele in meiner Nähe erlebten meine Krise damals zwar mit, konnten mir aber nicht helfen. Ein junger Mitbruder – ich weiß es noch wie heute – schenkte mir zu Weihnachten dann ein Büchlein, das meine Rettung wurde und eine Wende in meinem Denken, Fühlen und Handeln einleitete. Dieses Büchlein stammt von dem schon erwähnten Jesuiten **Stefan Kiechle** und heißt »*Sich entscheiden*«[226]. Kurz und bündig, lebensnah und christlich-spirituell zeigte es mir Wege auf, mein *Hin- und Hergeworfensein in Gedanken und Gefühlen* neu auszurichten. Die vorher beschriebenen Kämpfe der guten Geister und der Geister der Verwirrung bekamen eine neue Ausrichtung, die dazu führte, dass ich nicht nur meinen Weg weiterging, sondern ihn auch auf gute und neue Weise gestalten konnte. Vor allem die beiden großen Kriterien des Abwägens und Entscheidens im Sinne von Ignatius von Loyola, die *größere Frucht* und der *größere Trost,* gaben mir über kurz oder lang in Verbindung mit Orts- und Arbeitswechsel und zusätzlicher therapeutischer Ausbildung innere Gedankenklarheit und Seelenfrieden.

Die beiden genannten Aspekte beziehen sich auf Folgendes[227]: Das *Kriterium der Frucht* ist ein objektives Kriterium, bei dem sich der Wählende, der oft um sich selbst kreist, zurücknimmt und vorrangig von der Sicht der anderen her überlegt und entscheidet. Das Gemeinschaftliche, das Hintergründige und das Nachhaltige werden in den Blick genommen.

Das *Kriterium des größeren Trostes* ist mehr ein subjektives Kriterium. Es nimmt wieder den Wählenden, den Abwägenden in den Blick und fragt danach, was ihm mehr Friede, mehr Hoffnung, mehr Liebe bringt. Der Blick richtet sich wieder mehr auf sich selbst und das eigene Wohlergehen. Wie kann ich authentischer und glücklicher leben?

Die Ausbalancierung von Altruismus (Verhalten für andere) und Egoismus (Verhalten für mich selbst) in Verbindung mit der Grundausrichtung meines Lebens (natürliche und göttliche Gesetze) führt zu Selbstidentität, positiver Sozialität und geerdeter Spiritualität.

Unterscheidung der Geister – Anwendung auf unser Thema

Wie bekomme ich Ordnung in meine Gedanken und Gefühle und damit in mein Leben? Mit dieser Frage beschäftigen sich seit Jahrhunderten Philosophen, Psychologen, spirituelle Weisheitslehrer, Esoteriker und Lebensberater. Im Laufe dieses Buches habe ich viele unterschiedliche Quellen befragt, um an die Kraft der mentalen und emotionalen Klarheit und Stärke heranzukommen. Als Christ und katholischer Geistlicher ist es mir wichtig, einerseits in einen produktiven Austausch mit der Gedanken- und Lebenswelt um mich herum zu kommen. Dabei darf ich aber andererseits das Eigentliche meines Glaubens nicht verlieren oder verraten.

Der Blick auf die Methode der Unterscheidung der Geister konnte hier nur ein Anfang sein. Die Übungen (Exerzitien) nach Ignatius von Loyola sind griffige und hilfreiche Ansätze, um Ordnung und Klarheit in das eigene Denken, Fühlen und Handeln zu bekommen. Im Laufe der Zeit wurden sie vor allem durch den Jesuitenorden immer wieder auf die jeweilige Zeit und Gesellschaft angepasst, und so ist es nicht verwunderlich, dass es auch hier gute »Updates« für den gestressten Menschen von heute gibt, der meint, für lange Exerzitien keine Zeit zu haben. So genannte achttägige Exerzitien[228] sind heute weltweit verbreitet und eine Erfolgsgeschichte. Vor dem Hintergrund heutiger zeitlicher Überlastung und finanzieller Einschränkung vieler Menschen wurde hier eine Möglichkeit gefunden, psychologisch-biografische Einzelarbeit in Begleitung eines Kundigen zu leisten.

Wer Geschmack an dieser christlichen Form der Gedankenbefreiung gefunden hat, findet weitere Informationen vor allem unter www.jesuiten.org/seelsorge/exerzitien.html und www.exerzitien.info.

Wer meint, dass ihm sogar für Auszeiten von ein paar Tagen die Zeit fehlt, interessiert sich vielleicht für folgende Variante: Im Laufe der Zeit wurden *Exerzitien im Alltag* entwickelt, die helfen wollen, Ruhe- und Oasenzeiten im täglichen Auf und Ab zu finden. Grundlage ist auch hier das sich bewusste Zurückziehen, die Stille, die Meditation und die gedankliche und gebetsmäßige Auseinandersetzung mit religiösen Texten. Folgende Beschreibung, was Exerzitien im Alltag sind, bringt dies gut auf den Punkt:

»Exerzitien im Alltag sind Übungen mit dem Ziel, die Verbindung zu Gott inmitten des Berufs- und Familienlebens und des sonstigen Alltags zu suchen und zu bewahren.

In den Exerzitien im Alltag kann der konkrete Alltag direkt ins Gebet einfließen und umgekehrt das Gebet auch in den Alltag.

Exerzitien im Alltag sind eine gute Möglichkeit, den Alltag bewusster und aufmerksamer wahrzunehmen und herauszuspüren, was im eigenen Innern lebt.

Exerzitien im Alltag sollen den Menschen ganzheitlich (Leib, Seele und Verstand) ansprechen; sie wollen Hilfen geben, achtsam zu werden auf die eigenen inneren Bewegungen.

Exerzitien im Alltag wollen die persönliche Stille und das einfache Dasein vor Gott einüben. Sie wollen zur Treue zu dieser Stille hinführen, weil sich darin Gottes Anwesenheit verbirgt.«[229]
Wer sich näher informieren will, der wird unter anderem auf folgender Homepage fündig: www.exerzitien-im-alltag.info.

Ganz entscheidend – und das zeigen alle ernst zu nehmenden Ansätze der christlichen und nichtchristlichen Meditationspraxis – ist der Schritt heraus aus dem Alltag hinein in die Stille und das Schweigen.

Durchschnittlich verarbeitet der Mensch jeden Tag ungefähr 60.000 Gedanken. Von Stille im Kopf und in der Seele kann da keine Rede sein. Der Gang in die Stille und das Schweigen reduzieren den Input äußerlicher Informationen und führen nach Innen. Jenseits von Buchwissen und eigener Lebensdeutung kommt man – anfangs unter kundiger Anleitung – an innere existenzielle Fragen heran, die gelöst werden wollen und können. Noch mehr: Der meditierende Mensch kommt immer mehr in Kontakt mit seinem inneren Selbst und einem Ort in ihm, der weit, frei und licht ist. Für den gläubigen Menschen ist es dann leicht, hier auch Gott zu entdecken. Der nichtgläubige Mensch wird staunen über die inneren Schätze und Wahrheiten und sich öffnen für die Transzendenz.

Dieses Meditieren muss nicht einmal Meditation im strengen Sinne sein, sondern schon das bewusste und achtsame Üben von Innehalten und Pause-Machen führt uns auf einfache Weise zu unserem innersten Wesenskern. **Sylvia K. Wellensiek**, Therapeutin und Coachtrainerin, formuliert dies so: »*Wir steigen dabei aus dem Gedankenstrom des Alltagsbewusstseins für einen Moment heraus und verorten uns in einem erweiterten Bewusstseinszustand. Er stellt sich ganz von alleine ein, sobald wir unsere Aufmerksamkeit auf den Körper und unseren Atem richten. ›Nichts tun‹, außer da zu sein, den Körper zu spüren, den Atem zu vertiefen, anbrandende Gedanken ziehen zu lassen – dieser Moment der kurzen Verinnerlichung verbindet uns Menschen ganz einfach mit einem Raum der Ruhe in uns selbst. Das Eintauchen in diesen Raum gleicht einem Bad in einer Quelle, in der wir Kraft tanken können, Entspannung erfahren und geistige Erfrischung erleben.*«[230]

Der in diesem Buch schon öfters erwähnte evangelische Theologe, Psycho- und Logotherapeut **Uwe Böschemeyer** schuf mit seiner Methode der *Wertimagination* hilfreiche und heilende Hilfen für den Menschen von heute, ob gläubig oder nicht, mit diesem innersten Wesenskern in Berührung zu kommen. Er fand »Schlüssel zur inneren Welt«[231], erfuhr mit seinen Klienten »Begegnungen mit dem unbewussten Gott in unserer Seele«[232] und entdeckte die »Heilkraft biblischer Bilder«[233] in unserer Personmitte.

Ich erachte seine Ansätze zur Bewältigung von Lebenskrisen, für persönliches Wachstum und bei der Klärung von Sinn- und Lebensfragen als fundierte Hilfe im Zwischenbereich von existenzieller Lebenshilfe und einer Offenheit zur christlichen Spiritualität.

13. Resümee: Glaube an die Kraft der Gedanken, und dein Schicksal wird sich zum Guten wenden!

Am Ende dieses Buches möchte ich nun in einem kleinen Rückblick meine Darlegungen abrunden. Mir ist es wichtig, immer wieder die Ganzheitlichkeit des Menschen im Blick zu haben: Der Mensch ist Körper, Seele und Geist. Er wird bestimmt durch Gedanken, Regungen, Triebe, Gefühle, soziale Bindungen und spirituelle Ausrichtungen. Auch ein Atheist, der sich vom Göttlichen kritisch oder negativ abgrenzen will, denkt in gewisser Weise spirituell. Der Mensch ist von Natur aus mit einer Grundausstattung beschenkt, die von verschiedenen Psychologen mit folgenden Quotienten erfasst wird: rationale Intelligenz (IQ), emotionale Intelligenz (EQ), Body- oder Körperintelligenz (BQ) und ethisch-moralische und spirituelle Intelligenz (SQ). *»All diese Ebenen in uns gilt es, in ihren Bedürfnissen und Fähigkeiten wahrzunehmen, zu aktivieren und gezielt miteinander auszubalancieren. Und dafür braucht es kontinuierliches Training«*[234], nicht erst, wenn man in eine Krise geraten ist, sondern präventiv und überhaupt, um ein gelingendes menschliches Leben führen zu können.

Verschiedene Schulen der Psychologie habe ich nach ihren Aussagen über die Gedanken- und Gefühlswelt befragt. Dabei kamen interessante und gut umsetzbare Erkenntnisse zum Vorschein, um den Umgang mit negativ gefärbten Gedanken und Gefühlen oder Gedankenblockaden neu zu lernen.
Dabei war es wichtig, unser inneres Lebensskript, den Bauplan und die Funktionsweise unseres Denkens, Fühlens und Handelns wahrzunehmen, zu reflektieren und gegebenenfalls zu ändern.

Neben der Klärung der Gedanken war mir der Blick auf die Kraft der Intuition wichtig. Sogenannte Bauchentscheidungen bestimmen unser tägliches Verhalten, und deshalb ist es wichtig, diese genauer anzusehen. In der mir eigenen Art schaute ich da auf verschiedene Quellen der Psychotherapie, der östlichen Spiritualität, der Esoterik und natürlich auf die Schätze der christlichen Religion. Dabei ist mir folgender Gedanke sehr wichtig: »*Das, was du nährst, wächst!*« Es ist – anders als es heute landläufig gedacht und gesagt wird – wichtig zu wissen, womit du dich beschäftigst und deine Gedanken und Seelenkräfte nährst. Es ist sehr wohl ein Unterschied, ein hinduistisches Mantra, einen zen-buddhistischen Koan, scientologische Weisheiten oder eine christliche Gebetsformel meditierend zu wiederholen. »*Das, was du nährst, wächst!*« Es ist wichtig – ähnlich wie im alltäglichen Leben – zu wissen, wovon ich mich ernähre. Je nachdem was ich an mentaler und seelischer Nahrung zu mir nehme, wird es auch meine Gedanken und mein Wesen bilden und mich verändern. Das muss ich wissen!

Immer wieder holte ich den Ansatz der Logotherapie und Existenzanalyse des Wiener Psychiaters Viktor E. Frankl als Hilfe hinzu, da er einerseits griffige Hilfen auf dem Weg zur Klärung von inneren psychologischen und existenziellen Fragen bietet und andererseits offen ist für Transzendenz, also den geistig-spirituellen Bereich. Frankls Ansatz ist ein Glücksfall in der Verbindung zwischen Psychotherapie und Spiritualität und dadurch auch dem christlichen Menschen- und Gottesbild gegenüber stark verwandt.

Die zunehmende Hektik, das gedankliche und gefühlsmäßige Zerstreutsein, das Getriebensein suchen nach Heilmitteln und »Medikamenten«. Hier wurden verschiedene Strategien beleuchtet. Immer wieder wies ich auf den Königsweg der

Zentrierung von Gedanken und Gefühlen, die Übung der Achtsamkeit hin. Deren Ursprünge liegen zwar im Buddhismus, durch die Trennung von dieser Religion jedoch und die Neuausrichtung der Achtsamkeit als Lebenshilfe vor allem durch Jon Kabbat-Zinn wurde hier eine gute Hilfe für gläubige wie auch nicht religiöse Menschen gefunden und entwickelt, um Ordnung und Klarheit ins Denken, Fühlen und Handeln zu bekommen. Dabei ist es sehr interessant, dass in den Menschen ein innerer Beobachter tätig ist und psychotherapeutische und spirituelle Ansätze sich heute immer mehr begegnen.

Wir haben Verkürzungen des Menschenbildes in Psychologie und Esoterik reflektiert und dabei festgestellt, dass spirituelle Psychologie und Psychotherapie auf dem Vormarsch sind. Hier habe ich eindeutig Stellung zu christlichen Ansätzen in diesem Bereich genommen und mich von esoterischen abgegrenzt. Persönliche Einblicke und Erfahrungen auf verschiedenen Kongressen zeigen spannende Entwicklungen im Zwischenbereich von Psychotherapie, Spiritualität sowie Lebens- und Gesundheitshilfe.

Mir war wichtig, zu den vielfältigen Hilfsangeboten der Lebenshilfe, Psychotherapie und Esoterik die Angebote der christlichen Spiritualität als Ergänzung oder auch als Korrektur darzustellen, denn die Verwirrung in diesem Bereich ist groß geworden. Auch hier – ähnlich wie im Umgang mit Gedanken allgemein – gilt: Klarheit, Eindeutigkeit, Prüfung, Umsetzung und Anwendung. Der Schatz der christlichen Hilfen ist groß und will wieder neu entdeckt und gehoben werden. Mit dem Kapitel »Christlich-spirituelle Antworten der Gedankenbefreiung« habe ich versucht, einen entsprechenden Beitrag zu leisten. Vor allem die Beschreibung der Ansätze von Peter Dyckhoff (Ruhegebet) und Franz Jalics (Kontemplative Exerzitien) wollte aufzeigen, wie man heute

Ordnung in die Gedanken und Gefühle, in die Seele und in das spirituelle Suchen bekommen kann.

Da der Mensch auch wesentlich ein körperliches Wesen ist, versuchte ich im Kapitel »Frei im Kopf und in der Seele durch Bewegung« interessante philosophische, körperliche, seelische und geistige Zusammenhänge zwischen Denken und Bewegung aufzuzeigen. Die Verbindung von Gehen und Beten zeigte dabei christliche, heilende Methoden auf.

Das ganze Buch hindurch streute ich Rückmeldungen aus Beratungsgesprächen von Männern und Frauen ein, die das Geschriebene durch persönliche Erfahrungen bereichern wollen. Viele Menschen suchen heute Lebensberater auf, die selbst neben therapeutischen Grundkenntnissen eine spirituelle Ausrichtung haben. Ich halte es für wichtig, die Zweidrittel unserer Gesellschaft, die noch irgendwie christlich orientiert sind, im Chor der Anbieter auf christlich-psychotherapeutische Hilfen hinzuweisen. Seit Jahren biete ich psycho-spirituelle Beratung und Begleitung im christlichen Sinne an, denn die Nachfrage ist hier sehr groß. Mein persönlicher Wunsch ist es, dass es in Zukunft noch viele andere Männer und Frauen geben wird, die eine produktive Verbindung zwischen psychotherapeutischer Lebenshilfe und christlicher Spiritualität leben und anbieten. Viele Menschen sehnen sich nach solchen Helfern und Helferinnen. *Die Ernte ist groß, es gibt nur wenig Arbeiter.*«[235] Ich hege auch die Hoffnung, dass die großen christlichen Kirchen hier hinzulernen und ihre Ausbildungsrichtlinien diesbezüglich überdenken.

Eine solche Rückmeldung aus meiner Beratungspraxis soll deshalb auch an das Ende dieses Buches gestellt werden. Es handelt sich um eine 50-jährige Frau, verheiratet, Mutter eines erwachsenen Sohnes:

Nach langem Zögern hatte ich mich dann doch einmal getraut, einen Termin mit Pater Christoph (P. C.) zu vereinbaren.

Zu dieser Zeit war ich ständig traurig, resigniert, erschöpft und hoffnungslos. Nach außen hielt ich meine Fassade aufrecht. So weitergehen konnte es nicht mit mir, nur noch funktioniert habe ich, Freude am Leben hatte ich schon lange nicht mehr. Unbeschwert war ich nur auf Spaziergängen mit meinem geliebten Hund.

Es war gut, jemandem gegenüberzusitzen, der zuhörte, zum Reden ermutigte, nicht wertete und mich weinen ließ (die so lange nicht weinen konnte).

Beim Gespräch gab ich meinem Therapeuten ein Blatt, einen Plan, auf dem ich meine von mir empfundene Situation und alle (so wie es mir damals schien) Möglichkeiten, wie es in meinem Leben weitergehen könnte, dargestellt habe. Es schien mir sowieso alles unmöglich. Er hatte sich das Blatt angeschaut, alles gelesen – und dann nahm er einen Stift und schrieb mit Schwung in die Mitte unter das von mir hingeschriebene Wort »ich«: ICH, und dazu sagte er: »ICH ERLAUBE MIR«. Darüber sollte ich doch mal nachdenken.

ICH ERLAUBE MIR ... Diese Worte haben die nächsten Tage und Wochen in mir gearbeitet. Oft hatte ich das Blatt in die Hand genommen, irgendwann brauchte ich es nicht mehr nehmen, denn ich hatte es auch so vor Augen.

Für jemanden wie mich, der von Kindheit an dazu angehalten wurde, sich immer nach der Familie zu richten, sich »wohlgefällig« zu verhalten (denn sonst hätten sie mich nicht mehr lieb – das prägt für das Leben, dieses Gefühl, selber gar nicht wichtig zu sein), war dieser Satz zuerst etwas ganz Unmögliches. Aber er war richtig, das spürte ich dann. Ich musste anfangen, auf mich, in mich zu hören, zu spüren, was tut mir gut, und wobei fühle ich mich nicht wohl. Auf meine Bedürfnisse zu achten, nicht nur auf die der anderen. Es war natürlich nicht gemeint, dass ich mich zum totalen Egoisten entwickeln sollte. Ganz langsam gelang es mir, immer öfter danach zu handeln, und ich merke am Verhalten meiner Umgebung, dass es gut so ist.

Während eines weiteren Gespräches erwähnte mein Beistand (das ist für mich die richtige Bezeichnung für P. C.) ein Lied: »Lieber allein als gemeinsam einsam«, ob ich das kenne – ich kannte es nicht. Natürlich musste ich herausfinden, was es mit diesem Lied auf sich hat, und ich habe es gefunden – mich hat es getroffen. Genauso ist es, das war mein Gedanke, dieser Sänger (Mario Hené) hat so Recht. Wahnsinn, genauso fühlte ich mich, gefangen und einsam. Um mir das einzugestehen, dazu hat es dieses Lied gebraucht. Doch wie/was ändern?

[...] im weiteren Gespräch regte mein Beistand an, Veränderung zu suchen, [...] bei mir zu verändern, nicht zu resignieren, nach und nach auch eine andere Sichtweise einzunehmen. Ohne die Gespräche und den Beistand, da bin ich mir sicher, da wäre ich heute ein gebrochener Mensch (noch wahrscheinlicher hätte ich meinen gut durchgeplanten Weggang aus diesem Leben durchgeführt).

Als mein Hund, der mein Seelenverwandter, mein Begleiter und für mich so wichtig war, so krank wurde, er immer weniger wurde und keine Heilung mehr möglich war ..., nachdem er begraben war, fiel ich in ein so tiefes Loch. Keine Waldspaziergänge mehr – vergraben daheim habe ich mich und bin nicht mehr hinaus.

Einfühlsam hat mich mein Beistand aufgerichtet. Hat nicht gesagt, »es war doch nur ein Hund«, hat verstanden, dass es mein Freund war. Hat mich bestärkt, die Trauer zuzulassen, bewusst zu durchleben, um irgendwann wieder daraus hervorzugehen. Er hat mich verstanden und ermutigt, nach einer Zeit wieder spazieren zu gehen, mich dabei von meinem Hund imaginär begleiten, ihn mit mir gehen zu lassen.

Was waren das für tränenreiche Spaziergänge, meine Beine schwer wie Blei – aber, er hat mir den richtigen Rat gegeben. Mein Hund war bei mir, ich konnte das Stupsen an meinem Bein spüren; wenn ich die Augen geschlossen habe, konnte ich sein weiches Fell fühlen und riechen. Mancher mag es für Spinnerei oder Einbildung halten – soll er, denn ich habe es gespürt und bin nun soweit, dass ich alle Wege wieder gehe, ich habe ihn liebevoll losgelassen und habe ihn trotzdem bei mir. Traurig, dass er nicht mehr dabei ist, bin ich, doch ich denke lächelnd an ihn und bin mir ganz sicher, dass er in meinem Himmel auf mich wartet.

Mein Beistand meinte irgendwann, dass es mir guttun würde, wenn ich nach so vielen Jahren eine persönliche Beichte ablegen würde, und versicherte mir, diese persönlich abzunehmen, sobald ich dafür bereit wäre. Angst war meine erste Reaktion..., die zweite auch. Doch mit unendlicher Geduld hat er mir Mut gemacht und gespürt, wann er mich schubsen darf. Das Vertrauen hat schließlich gesiegt. So vieles, was ich in mir an Verletzungen und auch Zorn, den ich mir nie bewusst erlaubt habe und in »meinem Schrank« tief verräumt hatte, wir haben es gemeinsam hervorgeholt, angeschaut. Danach habe ich mich leichter, erleichtert gefühlt, nicht mehr wie versteinert.

Stunden nach der Beichte saß ich weinend (aber nicht aus Traurigkeit) im Wald und sah (zum ersten Mal bildlich) meinen Schrank mit weit geöffneten Türen – leer, hell und luftig. Befreit ist das richtige Wort, befreit war ich – das Versteinerte ist aufgebrochen. Lebensfreude habe ich endlich wieder ver-

spürt. Das lässt sich nur mit dem Verstand nicht für mich er-
klären, das ist höhere Macht.

Mein Beistand traute mir zu, aus meiner Traurigkeit hi-
nauszufinden, damit umzugehen, dass, wenn sie mich immer
wieder überfallen will, mich doch nicht erdrücken wird. Die
Schwermut annehmen, damit umgehen und damit leben – das
habe ich gelernt.

Offener bin ich geworden durch die Gespräche, weicher, auf-
gerichtet und sicherer. Ich bin ich. Kann auf andere Menschen
unbefangen zugehen, lasse mich berühren. Ein großes Vertrau-
en auf Gott habe ich bekommen, das ich vorher so nicht hat-
te. Ich fühlte mich ziemlich alleine gelassen vom lieben Gott.
Verinnerlicht habe ich auch, dass ich nicht entweder/oder sein
muss, sondern und/auch sein darf (also nicht immer nur ge-
duldig, lieb und nett, immer für andere da – auch zornig sein
darf und annehmen, dass jemand für mich da ist).

Wie es letztlich weitergeht ..., ich lasse es relativ gelassen auf
mich zukommen, bin neugierig auf das Leben, wie es kommt,
werde versuchen, das Beste daraus zu machen. Die dunklen
Tage machen mir manchmal schwer zu schaffen, aber sie ver-
steinern mich nicht mehr, und ich habe die große Hoffnung,
dass ich mein Gottvertrauen nicht mehr verlieren werde.

»Prüft alles, und behaltet das Gute!«[236] Für mich gilt dieser
biblische Grundsatz auch im Umgang mit verschiedensten
Ansätzen des großen Bereichs Glaube, Kraft und Gedanken.
Nichts darf den grundlegenden Naturgesetzen widersprechen, nichts soll beschönigen, rosarot malen oder irrationa-
len Wunschvorstellungen nachhängen. Alles soll dem Aufbau des Menschen in seiner vielgestaltigen Beschaffenheit
dienen und dabei – das ist das christliche Vorzeichen – nicht

vom Menschen- und Gottesbild des christlichen Glaubens wegführen, das für mich ein sehr humanes, eines dem Menschen in seiner Vielgestaltigkeit sehr entsprechendes Menschenbild ist.

GLAUBE – KRAFT – GEDANKEN

GLAUBE an die KRAFT der GEDANKEN,
und dein Leben, dein Schicksal
wird sich zum Guten wenden.

Anmerkungen

1. Der Lebensfreude-Kalender 2012, PAL Verlagsgesellschaft mbH, Mannheim, August 2012.

2. **Stallmann** Stephanie E., Und was glauben Sie?, Focus 51/2011 (19.12.11), 26-31.

3. **Watzlawick** Paul, Anleitung zum Unglücklichsein, 37-38.

4. **Grün** Anselm, »Der Umgang mit dem Bösen« und »Einreden«.

5. **Grün** Anselm, Einreden, 53.

6. **Knuf** Andreas, Ruhe da oben!, 19.

7. Hier kommen wir schon zu einem Bereich der Lebenshilfe, der sehr beliebt ist: **Positives Denken**. Berühmte Vertreter dieser Richtung sind u. a.: Dale Carnegie, Sorge dich nicht, lebe; Norman Vincent Peale, Die Kraft positiven Denkens; Joseph Murphy, Die unendliche Quelle ihrer Kraft. Ein Schlüsselbuch des positiven Denkens oder auch Arnold Lazarus / Allen Fay, Ich kann, wenn ich will. **Die Methode des Positiven Denkens hilft weiter, kommt aber auch an ihre Grenzen. Ich habe erfahren, dass die Motivation dahinter tiefer gehen muss, wenn diese Hilfsmöglichkeit nicht an Kraft verlieren soll.** Hier sind auch klare Kritikpunkte hinsichtlich dieser weit verbreiteten Methode anzumelden. Exemplarisch möchte ich auf folgende Bücher hinweisen: Günter Scheich, Positives Denken macht krank. Vom Schwindel mit gefährlichen Erfolgsversprechen; Astrid Schütz / Lasse Hoge, Positives Denken. Vorteile – Risiken – Alternativen; Heike Dierbach, Die Seelenpfuscher. Pseudo-Therapien, die krank machen. Eine grundlegendere Auseinandersetzung mit diesem Thema würde dieses Buch sprengen.

8. Vgl. **Merkle** Rolf, Nie mehr deprimiert, 43-54.

9. Vgl. **Böschemeyer** Uwe, Die Kraft deiner Gedanken, 24-51.

10. **Zurhorst** Eva-Maria, Liebe dich selbst und es ist egal, wen du heiratest, München 2004, 19. Auflage.

11. **Jarosch** Linda, Ab Morgen trage ich Rot. Frauen entdecken ihre Freiheit, Münsterschwarzach 2010, 4. Auflage.

12. **Bohdal** Susi, Selina, Pumpernickel und die Katze Flora, Gossau, Zürich und Hamburg 1993, 5. Auflage.

13. Vgl. **Huber** Andreas, Konzentration: Sind Sie noch bei der Sache?, in: Psychologie heute, 20. Jg. (1993), 11/1993, 20-29, hier v. a.: »Konzentrationsblockaden«, 27.

14. **Saum-Aldehoff** Thomas, Das Chaos im Kopf, 30.

15. Vgl. **Tolle** Eckhart, Jetzt! Die Kraft der Gegenwart. Ein Leitfaden zum spirituellen Erwachen. Kamphausen, Bielefeld 2000, 21.

16. Vgl. **Böschemeyer** Uwe, Die Kraft deiner Gedanken, 48-51 und **Huber** Andreas, Konzentration: Sind Sie noch bei der Sache?, 27; Huber zitiert hier das Buch: **Horn** Sam, Konzentration. Mit gesteigertem Aufnahme- und Erinnerungsvermögen zum Erfolg, Wien 1993.

17. Vgl. **Thich Nhat Hanh**, Das Wunder der Achtsamkeit und **Weiss** Halko**, Harrer** Michael E.**, Dietz** Thomas, Das Achtsamkeitsbuch, Stuttgart 2010, 4. Auflage.

18. **Münchhausen** Marco von, Wo die Seele auftankt, 72.

19. **Ebd.**, 69.

20. **Böschemeyer** Uwe, Worauf es ankommt, 22 f.

21. **Böschemeyer** Uwe, Das Leben meint mich, 12. März – Stress.

22. **Ebd.**, 03. September – Stress und Leere. Ich möchte hier auf ein Buch hinweisen, das den Zusammenhang zwischen Achtsamkeit und Stressbewältigung herausarbeitet: **Hammer** Matthias, Das innere Gleichgewicht finden. Achtsame Wege aus der Stressspirale, Bonn 2009.

23. **Carnegie** Dale, Sorge dich nicht – lebe! Die Kunst, zu einem von Ängsten und Aufregungen befreiten Leben zu finden, Frankfurt 2011, 18. Auflage, Erstausgabe 1948.

24. Vgl. **Merkle** Rolf, Nie mehr deprimiert, 41-55.

25. Vgl. **Block** Stanley H., Stopp das Denken, spür das Leben, 16-18, sowie das ganze Buch.

26. Vgl. **Grün** Anselm, Einreden, 48-50.

27. Vgl. **Lazarus** Arnold A. / **Fay** Allen, Ich kann, wenn ich will, 29-100.

28. Vgl. **Böschemeyer** Uwe, Die Kraft deiner Gedanken, 29-33; siehe auch: **Merkle** Rolf, So gewinnen Sie mehr Selbstvertrauen. Ein praktischer Ratgeber zur Überwindung von Minderwertigkeitsgefühlen und Selbstzweifeln, Mannheim 2007, 19. Auflage; **Weingardt** Beate M., Du bist gut genug! Wie Sie ihre inneren Antreiber

erkennen und gelassener werden, Wuppertal 2007, 3. Auflage; **Bö-schemeyer** Uwe, Sich selbst bejahen, Hamburg 2002; **Knuf** Andreas, Ruhe da oben!, 89-102.

29. **Grün** Anselm, Der Himmel beginnt in Dir, 26.
30. **Böschemeyer** Uwe, Die Kraft deiner Gedanken, 54-55.
31. **Fredrickson** Barbara L., Die Macht der guten Gefühle, 12.
32. **Ebd.**, 30-31.
33. Der Persönlichkeitstrainer, Autor, Zeichner und evangelische Theologe **Werner Tiki** Küstenmacher veröffentlichte 2012 ein Buch mit dem Titel: »Du hast es in der Hand! Fünf einfache Rituale für ein glückliches Leben«. Dieses Buch sieht er als Fortführung und zusammenfassende Vereinfachung seines in viele Sprachen übersetzten Bestsellers »Simplify your life«. Mit Hilfe unserer Hand, die wir »immer zur Hand haben«, können wir uns in allen Situationen unseres Lebens an hilfreiche Rituale erinnern, die uns aus Stresssituationen und Belastungen herausführen wollen. Der kleine Finger steht für »kleine Fluchten« im Alltag, der Ringfinger für das »Sich-Befreien«, der Mittelfinger für »die Mitte finden«, der Zeigefinger für »Ziele setzen«, und der Daumen steht für »Gutes tun«. Küstenmacher schreibt im Vorwort: »*Die Hand als Meditationshilfe hat eine lange Tradition – in vielen Religionen. Ein besonders ausgeklügeltes System ist der Handpsalter des christlichen Mystikers Johannes Mombaer, der sich Mauburnus nannte (geboren um 1460 in Brüssel, gestorben 1501 in Paris). Er lieferte die geistliche Grundlage für die Idee mit der Hand als Erinnerungshelfer. Meine Fünf-Finger-Methode hat also einen guten Hintergrund in der Tradition christlicher Spiritualität – auch wenn sie weltanschaulich neutral gehalten ist. Kurzum: Die Fünf-Finger-Methode ist das perfekte Programm, um auch in wilden Zeiten und bei heftigen Beanspruchungen froh und gelassen zu bleiben. Sie können Hektik, negativen Stress und Burnout schon im Vorfeld vermeiden. In den fünf Themen der einzelnen Finger finden Sie den Extrakt der simplify-Idee zusammengefasst in leicht verdaulicher und jederzeit umsetzbarer Form.*« (Ebd., 5.) Ich zitiere dieses Buch nicht nur, weil ich es wirklich hilfreich finde, sondern auch weil Küstenmacher von mir öfters als Beispiel herangezogen wird, wie ein christlicher Ansatz nutzbringend für den modernen Menschen angewendet werden kann. Außerdem möch-

te ich die langjährigen psychologischen Erkenntnisse von Fredrickson mit den leicht motivationspsychologischen Umsetzungen von Küstenmacher in Verbindung bringen und ihren Zusammenhang betonen: **Wir haben ganz viel wirklich selbst in unserer Hand!**

34. Typisch!, Kleine Geschichten für andere Zeiten, 29.
35. Vgl. **Böschemeyer** Uwe, Dein Unbewusstes weiß mehr als du denkst. Imagination als Weg zum Sinn, Freiburg-Basel-Wien 1996.
36. Ebd., 11.
37. **Kast** Bas, Wie der Bauch dem Kopf beim Denken hilft, 24.
38. **Böschemeyer** Uwe, Dein Unbewusstes weiß mehr als du denkst, 15-17.
39. **Busch** Burkhard G., Denken mit dem Bauch, 20.
40. Ebd., 61.
41. **Kast** Bas, Wie der Bauch dem Kopf beim Denken hilft, 64-65.
42. Vgl., **Busch** Burkhard G., Denken mit dem Bauch, 87-93.
43. Vgl. ebd., 96-100.
44. **Riemann** Fritz. Grundformen der Angst, München 2009, 39. Auflage. Gerda Jun modifizierte diesen grundlegenden Ansatz einer Charakterkunde in folgendem Buch: **Jun** Gerda, Unsere inneren Ressourcen. Mit den eigenen Stärken und Schwächen richtig umgehen, Göttingen 2006, 2. Auflage.
45. Beispielhaft siehe hierzu: **Rohr** Richard / **Ebert** Andreas, Das Enneagramm. Die 9 Gesichter der Seele, München 2008, 44. Auflage; **Böschemeyer** Uwe, Vom Typ zum Orginal. Die neun Gesichter der Seele und das eigene Gesicht. Ein Praxisbuch zum Enneagramm, Lahr 1994; **Böschemeyer** Uwe, Das heitere Enneagramm. Eine verständliche und humorvolle Typenlehre, Hamburg 2002; **Palmer** Helen, Das Enneagramm. Sich selbst und andere verstehen lernen, München 2000; **Breuer** Hans-Jürgen, Das Geheimnis Enneagramm. Neue Wege zur Menschenkenntnis, Wien 2009.
46. **Stijn** Jeanette van, Enneagramm für Dummies, 93.
47. **Spannbauer** Christa, Hör auf dich!, 32.
48. **Knuf** Andreas, Schluss mit zu viel Denken, 21.
49. Ebd., 22.
50. Ebd., 23.
51. Einen kleinen Überblick wichtiger Lebenshilfeklassiker finden Sie in: **Butler-Bowdon** Tom, 50 Lebenshilfe Klassiker, München 2007.

52. Ebd., 275.

53. Ebd., 277.

54. Ebd., 278.

55. **Huber** Andreas, Konzentration: Sind Sie noch bei der Sache?, 29.

56. **Lukas** Elisabeth, Auch dein Leben hat Sinn, 73, 76.

57. **Riemeyer** Jörg, Die Logotherapie Viktor Frankls und ihre Weiterentwicklungen, 165-166.

58. Vgl. ebd., 168 f.; **Hadinger** Boglarda, Methoden zur Einstellungsänderung, in: **Kurz** Wolfram / **Sedlak** Franz (Hrsg.), Kompendium der Logotherapie und Existenzanalyse, Tübingen 1995, 301-319; **Böschemeyer** Uwe, Wertorientierte Imagination, Hamburg 2000; **ders.**, Unsere Tiefe ist hell. Wertimaginationen – ein Schlüssel zur inneren Welt, München 2005.

59. **Lukas** Elisabeth, Auch dein Leben hat Sinn, 74-76.

60. Vgl. **Lukas** Elisabeth, Spannendes Leben, 127-142.

61. Ebd., 139.

62. **Lukas** Elisabeth, Auch dein Leben hat Sinn, 84.

63. **Lukas** Elisabeth, Der Freude auf der Spur, 37.

64. Ebd., 37, 38.

65. Nähere Informationen zu diesem Lied unter http://de.wikipedia.org/wiki/Die_Gedanken_sind_frei.

66. **Stijn** Janette van, Enneagramm für Dummies, 90. Van Stijn nennt den inneren Beobachter auch noch witnessing conscious oder wahrnehmendes Bewusstsein , vgl. ebd., 91.

67. **Knuf** Andreas, Schluss mit zu viel Denken, 25.

68. **Spannbauer** Christa, »Endlich ganz bei mir. Die Kunst im Augenblick zu leben.«, in: bewusster leben. Neu denken und handeln, 3/2010 (Mai/Juni), 36; hier wird aus »Ewige Weisheit« von Willigis Jäger zitiert.

69. **Richard** Ursula, Die drei Pfeiler des Glücks, 17.

70. **Weiss** Halko, **Harrer** Michael E., **Dietz** Thomas, Das Achtsamkeitsbuch, Klappentext; außerdem möchte ich hier zwei weitere Bücher nennen: **Thich Nhat Hanh**, Das Wunder der Achtsamkeit, München 2010; **Burkhard** Alois, Achtsamkeit. Entscheidung für einen neuen Weg, Stuttgart 2011.

71. Vgl. **Goleman** Daniel, Die heilende Kraft der Gefühle, 175-179; vgl. auch: **Bucher** Anton A., Psychologie der Spiritualität, 129. Die

Enneagrammlehrerin Jeanette van Stijn bezeichnet das Programm der achtsamkeitsbasierten Stressreduktion (Mindfulness Based Stress Recuction, MBSR) von Jon Kabat-Zinn in den Grundzügen als den gleichen Ansatz der Enneagrammpraxis. »... *Kabat-Zinn stieß bei seinen Forschungen auf automatische Denkmuster. Mit dem Kurs der achtsamkeitsbasierten Stressreduktion wollte Kabat-Zinn seinen Patienten beibringen, mit ihren Beschwerden anders umzugehen. Er hat den Grundstein dafür gelegt, dass Achtsamkeit von Ärzten und Psychotherapeuten in den USA und Europa angewendet wird. Kabat-Zinn gehört heute zur Leitung des Mind and Life Institute. Dieses Institut fördert den Dialog zwischen dem Dalai Lama und westlichen Wissenschaftlern mit dem Ziel, mehr Erkenntnisse über die verschiedenen Formen von Wissen, die Natur des Geistes, der Emotionen und der Wirklichkeit zu gewinnen.*« (**Stijn** Jeanette van, Enneagramm für Dummies, 215)

[72.] **Goleman** Daniel, Die heilende Kraft der Gefühle, 179.

[73.] **Knuf** Andreas, Schluss mit zu viel Denken, 25.

[74.] **Kabat-Zinn** Jon, Im Alltag Ruhe finden, 17-18.

[75.] **Hummel** Peter, Lebe den Augenblick!, 15.

[76.] **Gottschling** Claudia, »Meditation ist Fitness für die Seele«, 87.

[77.] Vgl. »**So gelingt der Neuanfang.**« – Stern Gesund leben. Das Magazin für Körper, Geist und Seele, Nr. 1 / 2011, 57-63.

[78.] **Hummel** Peter, Lebe den Augenblick!, 15.

[79.] Samuel Pfeifer ist Mediziner, Psychologe und Theologe. Letzteres studierte er an der Biola University, einer privaten Hochschule **konservativ-evangelikaler Ausrichtung** in Kalifornien. Letztere Information ist nicht unwichtig zu wissen, wenn man sich mit ihm beschäftigen will. Näheres finden Sie hier: http://de.wikipedia.org/wiki/Samuel_Pfeifer

[80.] Clemens Pilar gehört zu einer **neuen konservativ-missionarischen katholischen Glaubensbewegung** in Österreich. Er ist Mitbegründer der sog. »Jüngergemeinschaft« und Leiter des sog. »Team Nazareth«. Er ist Mitglied des 1889 gegründeten Kalasantinerordens, der hauptsächlich in Österreich wirkt. Näheres finden Sie hier: http://www.kathpedia.com/index.php?title=Clemens_Pilar und http://www.juengergemeinschaft.at/index.php?option=com_content&view=article&id=101&Itemid=226 .

81. **Pfeifer** Samuel, Gesundheit um jeden Preis? Alternative Medizin und christlicher Glaube, Basel 2008, 14. Auflage und **Pilar** Clemens, Yoga, Astro, Globuli. Christlicher Glaube und Alltags-Esoterik, Augsburg 2009.

82. Vgl. **Schnack** Gerd / **Schnack** Kirsten / **Rauhe** Hermann, Jung bleiben kann man lernen. Ein Buch, das Hoffnung und Gesundheit durch Vorbeugung, Motivation und Freude vermittelt, München 2002; **Schnack** Gerd, Swing & Relaxx. Gesundheit und Prävention durch rhythmische Spiralkinetik, München-Jena 2006; **Schnack** Gerd, Natürlich gesund. Human-Bionik – Leben in Balance, Freiburg im Breisgau 2009; **Schnack** Gerd, Rhythmische Meditation. Entspannung nach Herzenslust mit CD, Moers, 2010, 2. überarbeitete Auflage.

83. Vgl. **Steindl-Rast** David, Die Achtsamkeit des Herzens, Freiburg im Breisgau, 2008, 4. Auflage.

84. Vgl. **Rohr** Richard, Hoffnung und Achtsamkeit. Der spirituelle Weg für das 21. Jahrhundert, Freiburg im Breisgau, überarbeitete Neuausgabe 2010.

85. Vgl. **Thompson** Marjorie, Achtsamkeit. Vom Umgang mit der eigenen Seele, Freiburg im Breisgau, 2009.

86. Vgl. folgende Artikel oder Hefte: »Strategien der Lebenskunst. Sichere Inseln im Strom der Zeit.« – Psychologie Heute compact, Heft 22 – 2009; »Die Macht der Gefühle. Vom richtigen Umgang mit Stimmungen und Emotionen.« – Psychologie Heute compact, Heft 24 – 2010; »Du musst auf dein Herz hören. Achtsamer leben – alles, was Sie tun können für Ihr Glück.«, in: bewusster leben. Neu denken und handeln, 2/2010 (März/April), 42-47; »Endlich ganz bei mir. Die Kunst im Augenblick zu leben.«, in: bewusster leben. Neu denken und handeln, 3/2010 (Mai/Juni), 34-38; »So gelingt der Neuanfang.« – Gesund leben. Das Magazin für Körper, Geist und Seele, 1/2011.

87. **Grom** Bernhard, Spirituelle Psychotherapien?, 531.

88. **Grom** Bernhard, Spiritualität ohne Grenzen, 145.

89. Ebd., 146.

90. Vgl. **Grom** Bernhard, Spirituelle Psychotherapien?, in: Stimmen der Zeit, 531-542. Der katholische Religionspädagoge **Anton A. Bucher** aus Salzburg hat zu diesem Thema ein aufschlussreiches

Handbuch vorgelegt, siehe: **Bucher** Anton A., Psychologie der Spiritualität. Handbuch, Weinheim, Basel 2007.

91. Ebd., 539.

92. Ebd., 540.

93. 1 Joh 4,1.

94. Eine genauere Untersuchung dieser Zusammenhänge finden Sie hier: **Kreitmeir** Christoph, Sinnvolle Seelsorge. Der existenzanalytisch-logotherapeutische Entwurf Viktor E. Frankls, sein psychologischer und philosophischer Standort und seine Bedeutung für die kirchlich-praktische Seelsorge, St. Ottilien 1999, 2. Auflage.

95. **Riemeyer** Jörg, Die Logotherapie Viktor Frankls, 292.

96. **Lukas** Elisabeth, Spirituelle Psychologie. Quellen sinnvollen Lebens, 9.

97. Vgl. **Grom** Bernhard, Viktor E. Frankl und die logotherapeutische Bewegung, in: Stimmen der Zeit, 183.

98. **Frankl** Viktor E., Ärztliche Seelsorge, 309.

99. **Grom** Bernhard, Viktor E. Frankl und die logotherapeutische Bewegung, 188. Grom zitiert hier Frankl aus der »Ärztlichen Seelsorge«, Veröffentlichung von 1983, S. 33.

100. **Kreitmeir** Christoph, Sinnvolle Seelsorge, 231. Ich zitiere hier Aussagen von **Frankl**, Der unbewußte Gott, 73, ders., Ärztliche Seelsorge, 271 und **Böschemeyer**, Logotherapie und Religion, 301.

101. **Quekelberghe** Renaud van, Grundzüge der spirituellen Psychotherapie, 246.

102. **Schwarzkopf** Wolfgang, Logotherapie im seelsorglichen Kontext, 79. Schwarzkopf bezieht sich unter anderem auf **Kreitmeir** Christoph, Sinnvolle Seelsorge, 242, und dieser wieder auf **Grom** Bernhard, Sinnzentrierte Lebens- und Heilkunst. Die Logotherapie Viktor E. Frankls, in : Stimmen der Zeit,. Bd. 203 (1985), 191, und **Frankl** V. E., Logotherapie und Religion, in: **Bitter** W. (Hg.), Psychotherapie und religiöse Erfahrung. Ein Tagungsbericht, Stuttgart 1965, 98, sowie ders., Ärztliche Seelsorge, 305, vgl. Anm. 15.

103. **Pius XII.**, Aus der Ansprache von Papst Pius XII. am 13. April 1953 vor Teilnehmern des 5. Internationalen Kongresses für Psychotherapie und klinische Psychologie in Rom, in: **Bitter** W. (Hg.), Psychotherapie und religiöse Erfahrung. Ein Tagungsbericht, Stuttgart 1965, 261.

104. **Grom** Bernhard, Viktor E. Frankl und die logotherapeutische Bewegung, 184.

105. **Grom** Bernhard, Spiritualität im Gesundheitswesen, 117.

106. Ebd., 118 f.

107. Ebd., 119.

108. Vgl. **Pilar** Clemens, Yoga, Astro, Globuli, 76 f.

109. **Grom** Bernhard, Spiritualität im Gesundheitswesen, 124 f.

110. Vgl. ebd., 125, 127.

111. Manfred Lütz, Psychiater und katholischer Theologe, entwickelte den Begriff »Gesundheitsreligion«. Dahinter verbirgt sich die zunehmende Tendenz in westlichen Gesellschaften, dem Gesundheitswahn zu huldigen, ähnlich wie man es früher in religiösen Formen Gott gegenüber machte. Siehe dazu das sehr lesenswerte Buch: **Lütz**, Manfred, Lebenslust. Wider die Diät-Sadisten, den Gesundheitswahn und den Fitness-Kult, München 2002.

112. **Grom** Bernhard, Spiritualität im Gesundheitswesen, 128.

113. **Grom** Bernhard, Viktor E. Frankl und die logotherapeutische Bewegung, 194.

114. **Magazin** 2. Christlicher Gesundheitskongress 2010 Kassel, 31.

115. **Begleitprogramm** Gesundheitskongress »mediora 3« – Prävention: Körper – Seele – Geist, 1.

116. **Rohr** Richard, Pure Präsenz. Sehen lernen wie die Mystiker, 10.

117. **Programm** Internationaler Kongress »Spiritualität und Intimität. Tiefenerfahrung in Psychotherapie & Beratung«, 10.

118. Dieses und auch das folgende Zitat sind aus meinem Gedächtnis ein paar Stunden nach dem gehörten Vortrag von Frau Prof. Dr. Reddemann niedergeschrieben. Das zitierte Buch »Überlebenskunst« finden Sie im Literaturverzeichnis.

119. **Buchner** Ulrich, Wenn IRRE Irrenärzte werden. Hinter den Kulissen der Psychotherapie, Gütersloh 2012.

120. Jörg Riemeyer bezeichnet Frankl z. B. als einen »**Anwalt der Rehumanisierung**« (S. 292) und beschreibt unter diesem Vorzeichen die Logotherapie Frankls folgendermaßen: »*Die Logotherapie, die die anderen psychotherapeutischen Richtungen – besonders die Psychoanalyse Freuds – korrigieren bzw. ergänzen und damit zur ›Rehumanisierung der Psychotherapie‹ beitragen möchte, versteht sich als dreidimensionales ganzheitstheoretisches Konzept vom Menschen.*

Hierzu werden philosophisch-anthropologische Erkenntnisse herangezogen und die bisher vernachlässigte menschliche Gerichtetheit (Intentionalität) auf Sinn und Werte wird in den Vordergrund gestellt. Sinn, Werte, das Noetische (Geistige), Freiheit und Verantwortung sind zentrale Begriffe und Existenzialien in Frankls Logotherapie. So gesehen kann diese als eine ›sinnzentrierte, personalisierte, rehumanisierte Psychotherapie‹ bezeichnet werden.« (**Riemeyer** Jörg, Die Logotherapie Viktor Frankls, 288.)

121. **Typisch!** Kleine Geschichten für andere Zeiten, 20.
122. **Zander** Hans Conrad, Als die Religion noch nicht langweilig war. Die Geschichte der Wüstenväter, Gütersloh 2011.
123. **Rohr** Richard, Pure Präsenz, 17.
124. Ebd., 17 f.
125. **Zander** Hans Conrad, Als die Religion noch nicht langweilig war, 18.
126. Ebd., 288.
127. **Sartory** Gertrude und Thomas, Lebenshilfe aus der Wüste, 7.
128. Vgl. ebd., 15, 25.
129. Hier eine kleine Auswahl: **Grün** Anselm, Der Umgang mit dem Bösen. Der Dämonenkampf im alten Mönchtum, Münsterschwarzach 1980; ders., Einreden. Der Umgang mit den Gedanken, Münsterschwarzach 1983; ders., Glauben als Umdeuten. glauben – lieben – loben, Münsterschwarzach 1986; ders., Dimensionen des Glaubens, Münsterschwarzach 1987; ders., Geistliche Begleitung bei den Wüstenvätern, Münsterschwarzach 1991; ders., Der Himmel beginnt in dir. Das Wissen der Wüstenväter für heute, Freiburg im Breisgau 2000, 5. Auflage; Vorwort zu dem Buch: **Evagrius Ponticus**, Die große Widerrede – Antirrhetikos, Münsterschwarzach 2010.
130. **Evagrius Ponticus**, Die große Widerrede, 6, 10.
131. Ebd., 12.
132. Vgl. ebd., 13-25.
133. Vgl. **Hell** Daniel, Die Sprache der Seele verstehen. Die Wüstenväter als Therapeuten, Freiburg im Breisgau 2010, 7. Auflage; ders., Die Wiederkehr der Seele. Wir sind mehr als Gehirn und Geist, Freiburg im Breisgau 2010; ders., Leben als Geschenk und Antwort. Weisheiten der Wüstenväter, Freiburg im Breisgau 2005.

134. **Hell** Daniel, Die Sprache der Seele verstehen, 13.

135. **Evagrius Ponticus**, Die große Widerrede, 43.

136. Joh 1,14.

137. Vgl. hierzu auch **Sartory** Gertrude und Thomas, Lebenshilfe aus der Wüste, 29: »*Denn im Kraftfeld Christi wird der allgegenwärtige Teufel zu einem leicht besiegbaren Schwächling.*«

138. **Evagrius Ponticus**, Die große Widerrede, 47.

139. Ebd., 66.

140. Ebd., 111.

141. Ebd., 124

142. **Meyer** Joyce, Umleitung für Ihre Gedanken.

143. **Meyer** Joyce, Das Schlachtfeld der Gedanken, 14.

144. Ebd., 264 f.

145. **Hell** Daniel, Die Sprache der Seele verstehen, 38; Hell zitiert hier aus dem Buch: Evagrius Ponticus, Briefe aus der Wüste, Trier 1986, Brief 11.

146. Ebd., 38 f.

147. **Dyckhoff** Peter, Ruhegebet, 10.

148. Nähere Informationen unter www.peterdyckhoff.de.

149. **Dyckhoff** Peter, Ruhegebet, 7-9.

150. **Werder** P. Konrad SDS, Nicht mit dem Kopf, mit dem Herzen beten! Ein Leben für die Erneuerung christlichen Betens, aus: http://www.peterdyckhoff.de/zitat2.html, ohne Seite.

151. **Kaiser** Andreas, »Ich gehe mit dem Licht«. Peter Dyckhoff war Unternehmer, entschied sich dann aber für den Priesterberuf. Jetzt ist er so etwas wie ein spiritueller Lehrer geworden, aus: http://www.peterdyckhoff.de/zitat3.html, ohne Seite.

152. **Prauß** Angelika, Zur Freiheit berufen. Der Buchautor, Lebensbegleiter und Priester Peter Dyckhoff, aus: http://peterdyckhoff.de/zitat1.html, ohne Seite.

153. **Dyckhoff** Peter, In der Stille liegt die Kraft, ohne Seite.

154. **Jalics** Franz, Kontemplative Exerzitien, 11.

155. Vgl. http://de.wikipedia.org/wiki/Franz_Jalics; **Ebert** Andreas, Von der Kraft des ostkirchlichen Jesusgebets (1), Der Name, der das Herz verwandelt, in: http://www.sonntagsblatt-bayern.de/archiv01/40/woche6.htm; ders., Der Name, der das Herz verwandelt – Die Kraft des Jesusgebets (2. Teil), Wahrnehmen – Urteilen – Han-

deln, in: http://www.sonntagsblatt-bayern.de/archiv01/41/woche6. htm; http://www.lebensreise.info/vorbilder/franz_jalics.php

156. **Ebert** Andreas, Der Name, der das Herz verwandelt, ohne Seite.

157. **Ebert** Andreas, Von der Kraft des ostkirchlichen Jesusgebetes, ohne Seite.

158. **Jalics** Franz, Kontemplative Exerzitien, 378.

159. **Hell** Daniel, Die Sprache der Seele verstehen, 39; Hell zitiert hier Anselm Grün aus dem Buch: Geistliche Begleitung bei den Wüstenvätern, Münsterschwarzach 1991, 48.

160. **Pieper** Annemarie, »Schränke deinen Körper ein, und für den Geist schaffe Platz«. Die Körperfeindlichkeit in der Philosophie, in: Psychologie Heute compact, Heft 20 / 2010, 90-95.

161. Ebd., 94 f.

162. **Lincoln** Margaret, Freund oder Feind? Eine Einladung zu einem versöhnlichen Umgang mit dem eigenen Körper, 43.

163. **Mundy** Linus, Das Geh-Betbuch. Wie Beten geht, wenn man geht, Freiburg – Basel – Wien 1998.

164. Vgl. **Küstenmacher** Werner, Mentaltraining mit der Methode »Geh-Beten«; ders., Lernen Sie Geh-Beten. Ein einfacher Weg zu geistiger und körperlicher Gesundheit.

165. Vgl. **Eckert** Johannes, Wohne bei dir selbst, 181-192, 59-70.

166. **Gros** Frédéric, Unterwegs. Eine kleine Philosophie des Gehens, 173.

167. Ebd., 174.

168. Vgl. ebd., 175.

169. Ebd., 175 f.

170. Ebd., 28 f. Gros zitiert hier Nietzsche selbst: **Nietzsche** Friedrich, Also sprach Zarathustra, Bd. VI, 1, in: F. Nietzsche, Werke. Kritische Gesamtausgabe, hg. von G. Colli und M. Montinari, Berlin und New York 1967.

171. Ebd., 27.

172. **Wild** Peter, Wandern – ein Kunststück, in: **Hagmann** Rudolf (Hg.), Ich bin ganz Weg. Pilgernd unterwegs, 58. Wild zitiert hier selbst Karlheinz A. Geissler.

173. Vgl. **Münchhausen** Marco von, Wo die Seele auftankt, 93-94.

174. **Klasmann** Jaan Karl, Die Rhythmen des Körpers, 72.

175. **Münchhausen** Marco von, Wo die Seele auftankt, 92.

176. **Stössinger** Michael, Auslauf für Herrchen, 73.

177. **Pohle** Rita, Weg damit! Die Seele befreien, 217 f.

178. Vgl. **Gros** Frédéric, Unterwegs. Eine kleine Philosophie des Gehens, München 2010.

179. Vgl. **Flaßpöhler** Svenja, Gedankengänge, in: Psychologie Heute compact, Heft 26/2010, 42-46.

180. Vgl. **Grober** Ulrich, Vom Wandern. Neue Wege zu einer alten Kunst, Frankfurt am Main 2008, 5. Auflage und: **Schümer** Dirk, Zu Fuß. Eine kurze Geschichte des Wanderns, München 2010.

181. **Grober** Ulrich, Vom Wandern, 8.

182. **Wild** Peter, Wandern – ein Kunststück, 54 f.

183. **Schümer** Dirk, Zu Fuß, 206.

184. **Fenn-Nebel** Irmtraud, Laufend schlauer werden, 17.

185. Ebd.

186. **Richard** Ursula, Stille in der Stadt, 13.

187. Ebd., 130.

188. **Grober** Ulrich, Nur wo du zu Fuß warst, warst du wirklich, 33 f.

189. Siehe das gleichnamige Buch: **Schnack** Gerd, Swing & Relaxx. Gesundheit und Prävention durch rhythmische Spiralkninetik, München – Jena 2006.

190. **Schnack** Gerd, Natürlich gesund, 78.

191. Ders., Swing & Relaxx, 174.

192. Ders., Natürlich gesund, 79.

193. **Flaßpöhler** Svenja, Gedankengänge, 43 f.

194. In: **Gros** Frédéric, Unterwegs. Eine kleine Philosophie des Gehens, 17.

195. **Flaßpöhler** Svenja, Gedankengänge, 44 f.

196. Ebd., 45.

197. Ebd.

198. **Grober** Ulrich, Nur wo du zu Fuß warst, warst du wirklich, 35.

199. **Gros** Frédéric, Unterwegs. Eine kleine Philosophie des Gehens, 226.

200. Typisch! Kleine Geschichten für andere Zeiten, 38.

201. **Kerkeling** Hape, Ich bin dann mal weg: Meine Reise auf dem Jakobsweg, München 2009, 19. Auflage.

202. Typisch! Kleine Geschichten für andere Zeiten, 18.

203. **Mundy** Linus, Das Geh-Betbuch. Wie Beten geht, wenn man geht, Freiburg-Basel-Wien 1998.

204. Ebd., 17.

205. Ebd., 27 f.

206. Joh 14,6.

207. **Grün** Anselm, Bilder von Jesus, 108 f.

208. Vgl. **Grün** Anselm, Auf dem Wege. Zu einer Theologie des Wanderns, Münsterschwarzach 1983.

209. Vgl. **Mundy** Linus, Das Geh-Betbuch, 40 f.; **Küstenmacher** Werner, Lernen Sie Geh-Beten. Ein einfacher Weg zu geistiger und körperlicher Gesundheit.

210. Vgl. **Mundy** Linus, Das Geh-Betbuch, 60 ff.

211. **Käsmayr** Regina, Der Marathonmann Gottes, 22 f.

212. Vgl. »Außergewöhnliche Leistungen«. Erzbischof schaffte zum 16. Mal das Goldene Sportabzeichen, in: Heinrichsblatt 47/2011 (20.11.2011), 29.

213. **Wolff** Roland, Fit-Beten. Spirituelle Fitness für den Alltag, 5.

214. Vgl. ebd., 27-30.

215. Vgl. Titelthema »**Sei doch mal still! Anleitung zu einer digitalen Diät**«, in: Der Spiegel, Nr. 27 (02.07.12), 62-74.

216. **Ernst** Heiko, Innenwelten, 230.

217. **Precht** Richard David, Wer bin ich und wenn ja, wie viele? Eine philosophische Reise, München 2007, 11. Auflage.

218. »*Auf einen personalen Gott, der in die Welt eingreift, vertraue selbst unter Kirchenmitgliedern nur noch eine Minderheit. ›Die meisten glauben zwar an eine Kraft über oder hinter dem Leben. Diese zu definieren fällt vielen aber schwer.‹ Auf der Suche danach, was die Welt im Innersten zusammenhält, wächst die Neugierde auf andere Angebote. So nimmt das Interesse für Esoterik und neureligiöse Bewegungen seit den 60er-Jahren zu. 26 Prozent der Westdeutschen geben inzwischen an, unterschiedliche religiöse Traditionen zu mischen.*«, in: **Stallmann** Stephanie E., Und was glauben Sie?, in: FOCUS, 51/2011 (19.12.11), 31.

219. Vgl. **Schlosser** Marianne (Hg.), Die Gabe der Unterscheidung. Texte aus zwei Jahrtausenden, Würzburg 2008 und **Plattig** Michael, Prüft alles, behaltet das Gute!, Münsterschwarzach 2006.

220. 1 Kor 12,10; vgl. auch 1 Joh 4,1.

221. **Wikipedia.de**, Artikel »Unterscheidung der Geister«, in: http://de.wikipedia.org/wiki/Unterscheidung_der_Geister.

222. Ebd.

223. Vgl. **Gottschlich** Liudger, »Unterscheidung der Geister« im Rahmen der Konzeptentwicklung der Pastoralverbünde – Baustein der Perspektive 2014, Erzbistum Paderborn, 1-2.

224. **Kiechle** Stefan, Ignatius von Loyola, 92.

225. Vgl.: http://de.vocation.com/content-atbb.htm , erschienen im C-Magazin 1/1997, 19; vgl. **Gottschlich** Liudger, »Unterscheidung der Geister« im Rahmen der Konzeptentwicklung der Pastoralverbünde – Baustein der Perspektive 2014, Erzbistum Paderborn, 3.

226. **Kiechle** Stefan, Sich entscheiden, Würzburg 2004.

227. Vgl. ebd., 36-41.

228. Vgl. **Hundertmark** Peter / **Steinke** Johannes Maria, Achttägige ignatianische Exerzitien, 262-277.

229. **Aepli** Hildegard / **Ruckstuhl** Thomas / **Simon** Hermann, Dich suche ich. Exerzitien im Alltag mit Gott und den Psalmen, in: Exerzitien im Alltag, in: www.geistliche-begleitung.ch > Dokumente, 4.

230. **Wellensiek** Sylvia K., Fels in der Brandung statt Hamster im Rad, 24.

231. **Böschemeyer** Uwe, Unsere Tiefe ist hell. Wertimagination – ein Schlüssel zur inneren Welt, München 2005.

232. **Böschemeyer** Uwe, Gottesleuchten. Begegnungen mit dem unbewussten Gott in unserer Seele, München 2007.

233. **Böschemeyer** Uwe, Vertrau der Liebe, die dich trägt. Von der Heilkraft biblischer Bilder, München 2009.

234. **Wellensiek** Sylvia K., Fels in der Brandung statt Hamster im Rad, 8.

235. Mt 9,37.

236. 1 Thess 5,21.

Literaturverzeichnis

Verwendete Literatur

Aepli Hildegard / **Ruckstuhl** Thomas / **Simon** Hermann, Dich suche ich. Exerzitien im Alltag mit Gott und den Psalmen, in: Exerzitien im Alltag, in: www.geistliche-begleitung.ch > Dokumente.

»**Außergewöhnliche Leistungen**«. Erzbischof schaffte zum 16. Mal das Goldene Sportabzeichen, in: Heinrichsblatt 47/2011 (20.11.2011), 29.

Begleitprogramm Gesundheitskongress »mediora 3« – Prävention: Körper – Seele – Geist, 17.-20.03.2011 in Schwäbisch Gmünd.

Block Stanley H., Stopp das Denken, spür das Leben. Die Tyrannei der negativen Gedanken durchbrechen, Reinbek bei Hamburg 2010.

Böschemeyer Uwe, Logotherapie und Religion, in: Condrau G. (Hg.), Die Psychologie des 20. Jahrhunderts, Bd. XV., Zürich 1979, 296-301.

Böschemeyer Uwe, Das Leben meint mich. Meditationen für den neuen Tag, Lahr 1993.

Böschemeyer Uwe, Dein Unbewusstes weiß mehr, als du denkst. Imagination als Weg zum Sinn, Freiburg-Basel-Wien 1996.

Böschemeyer Uwe, Die Kraft deiner Gedanken, Hamburg 2002.

Böschemeyer Uwe, Worauf es ankommt. Werte als Wegweiser, München 2003.

Böschemeyer Uwe, Unsere Tiefe ist hell. Wertimagination – ein Schlüssel zur inneren Welt, München 2005.

Böschemeyer Uwe, Gottesleuchten. Begegnungen mit dem unbewussten Gott in unserer Seele, München 2007.

Böschemeyer Uwe, Vertrau der Liebe, die dich trägt. Von der Heilkraft biblischer Bilder, München 2009.

Busch Burkhard G., Denken mit dem Bauch. Intuitiv das Richtige tun, München 2002.

Butler-Bowdon Tom, 50 Lebenshilfe Klassiker. Die wichtigsten Werke von Dale Carnegie u. v. a., München 2007.

Dyckhoff Peter, Ruhegebet, München 2010.

Dyckhoff Peter, In der Stille liegt die Kraft – das Ruhegebet, in: Katholisches Sonntagsblatt 2/2010.

Ebert Andreas, Von der Kraft des ostkirchlichen Jesusgebets (1. Teil), Der Name, der das Herz verwandelt, in: http://www.sonntagsblatt-bayern.de/archiv01/40/woche6.htm.

Ebert Andreas, Der Name, der das Herz verwandelt – Die Kraft des Jesusgebets (2. Teil), Wahrnehmen – Urteilen – Handeln, in: http://www.sonntagsblatt-bayern.de/archiv01/41/woche6.htm.

Eckert Johannes, Wohne bei dir selbst. Der Klosterplan als Lebensmodell, München 2009.

Ernst Heiko, Innenwelten. Warum Tagträume uns kreativer, mutiger und gelassener machen, Stuttgart 2011.

Evagrius Ponticus, Die große Widerrede – Antirrhetikos, Münsterschwarzach 2010.

Fenn-Nebel Irmtraud, Laufend schlauer werden, in: Fränkischer Tag vom 10.11.2011, 17.

Flaßpöhler Svenja, Gedankengänge, in: Psychologie Heute Compact, Heft 26/2010: »Unser Körper. Seine Signale verstehen. Seine Weisheit nutzen. Seine Probleme lösen«, 42-46.

Frankl Viktor E., Logotherapie und Religion, in: Bitter W. (Hg.), Psychotherapie und religiöse Erfahrung. Ein Tagungsbericht, Stuttgart 1965, 97-111.

Frankl Viktor E., Die Psychotherapie in der Praxis. Eine kasuistische Einführung für Ärzte, München-Zürich 1986.

Frankl Viktor E., Der unbewußte Gott. Psychotherapie und Religion, München 1985.

Frankl Viktor E., Ärztliche Seelsorge. Grundlagen der Logotherapie und Existenzanalyse, Frankfurt a. M. 1987.

Fredrickson Barbara L., Die Macht der guten Gefühle. Wie eine positive Haltung Ihr Leben dauerhaft verändert, Frankfurt-New York 2011.

Goleman Daniel (Hg.), Die heilende Kraft der Gefühle, München 2001.

Gottschlich Liudger, »Unterscheidung der Geister« im Rahmen der Konzeptentwicklung der Pastoralverbünde – Baustein der Perspektive 2014, Erzbistum Paderborn.

Gottschling Claudia, »Meditation ist Fitness für die Seele«, Interview mit Eckart von Hirschhausen, in: Focus – Das moderne Nachrichtenmagazin, Nr. 09/11 vom 28.02.11, 84-87.

Grober Ulrich, Vom Wandern. Neue Wege zu einer alten Kunst, Frankfurt am Main 2008.

Grober Ulrich, Nur wo du zu Fuß warst, warst du wirklich, in: Psychologie Heute, 35. Jg., 10/2008, 32-35.

Grom Bernhard, Sinnzentrierte Lebens- und Heilkunst. Die Logotherapie Viktor E. Frankls, in: Stimmen der Zeit, 203. Bd. (1985), 181-192.

Grom Bernhard, Viktor E. Frankl und die logotherapeutische Bewegung. Zum 100. Geburtstag des Begründers der sinnzentrierten Psychotherapie, in: Stimmen der Zeit, 130. Jg. (März 2005), 183-197.

Grom Bernhard, Spirituelle Psychotherapien?, in: Stimmen der Zeit, 132. Jg. (August 2007), 531-542.

Grom Bernhard, Spiritualität im Gesundheitswesen. Zwischen Schamanismus und »Heilender Gemeinde«, in: Stimmen der Zeit, 133. Jg. (Februar 2008), 117-129.

Grom Bernhard, Spiritualität ohne Grenzen, in: Stimmen der Zeit, 134. Jg. (März 2009), 145-146.

Gronwald Silke, Fit auf den Punkt, in: stern vom 22.07.2010, 66-78.

Gros Frédéric, Unterwegs. Eine kleine Philosophie des Gehens, München 2010.

Grün Anselm, Der Umgang mit dem Bösen, Münsterschwarzacher Kleinschrift Nr. 6, Münsterschwarzach 1979.

Grün Anselm, Einreden. Der Umgang mit den Gedanken, Münsterschwarzacher Kleinschrift Nr. 19, Münsterschwarzach 1983.

Grün Anselm, Auf dem Wege. Zu einer Theologie des Wanderns, Münsterschwarzacher Kleinschrift Nr. 22, Münsterschwarzach 1983.

Grün Anselm, Der Himmel beginnt in dir. Das Wissen der Wüstenväter für heute, Freiburg im Breisgau 2000.

Grün Anselm, Bilder von Jesus, Münsterschwarzach 2001.

Hagmann Rudolf (Hg.), Ich bin ganz Weg. Pilgernd unterwegs, Kevelaer 2011.

Hell Daniel, Die Sprache der Seele verstehen. Die Wüstenväter als Therapeuten, Freiburg im Breisgau 2010.

Huber Andreas, Konzentration: Sind Sie noch bei der Sache?, in: Psychologie Heute, 20. Jg. (1993), 11/1993, 20-27.

Hummel Peter, Lebe den Augenblick! Achtsamkeit ist eine alte christliche Tugend und eine sanfte Bremse in unserer schnelllebigen Zeit, in: Liborius Magazin, 7. Jg. (2010), 06/2010, 12-15.

Hundertmark Peter / **Steinke** Johannes Maria, Achttägige ignatianische Exerzitien. Was sie sind, was sie sein könnten, in: Geist und Leben. Zeitschrift für christliche Spiritualität, 85. Jahrgang, 3/2012, 262-277.

Jalics Franz, in: http://de.wikipedia.org/wiki/Franz_Jalics

Jalics Franz, Kontemplative Exerzitien. Eine Einführung in die kontemplative Lebenshaltung und in das Jesusgebet, Würzburg 2009.

Kabat-Zinn Jon, Im Alltag Ruhe finden. Meditationen für ein gelassenes Leben, München 2010.

Käsmayr Regina, Der Marathonmann Gottes, in: Liborius-Magazin, 13/2012 (10.06.2012), 20-23.

Kaiser Andreas, »Ich gehe mit dem Licht«. Peter Dyckhoff war Unternehmer, entschied sich dann aber für den Priesterberuf. Jetzt ist er so etwas wie ein spiritueller Lehrer geworden, in: http://www.peterdyckhoff.de/zitat3.html.

Kast Bas, Wie der Bauch dem Kopf beim Denken hilft. Die Kraft der Intuition, Frankfurt am Main 2010.

Kiechle Stefan, Ignatius von Loyola. Meister der Spiritualität, Freiburg-Basel-Wien 2003.

Kiechle Stefan, Sich entscheiden, Würzburg 2004.

Klasmann Jaan Karl, Die Rhythmen des Körpers, in: Psychologie Heute Compact: Unser Körper, Heft 26/2010, 72-77.

Knuf Andreas, Ruhe da oben! Der Weg zu einem gelassenen Geist, Freiburg 2010.

Knuf Andreas, Schluss mit zu viel Denken, in: Psychologie Heute, 38. Jg., April 2011, 21-25.

Kreitmeir Christoph, Sinnvolle Seelsorge. Der existenzanalytisch-logotherapeutische Entwurf Viktor E. Frankls, sein psychologischer und philosophischer Standort und seine Bedeutung für die kirchlich-praktische Seelsorge, St. Ottilien 1999.

Kriterien zur Unterscheidung der Geister, in: http://de.vocation.com/content-atbb.htm, erschienen im C-Magazin 1/1997.

Küstenmacher Werner, Mythos Motivation: Die 4 Säulen der inneren Kraft, Simplify-your-life-Heft, Bonn.

Küstenmacher Werner, Motivation und Selbstmotivation: den inneren Schweinehund besiegen, Simplify-your-life-Heft, Bonn.

Küstenmacher Werner, Die kleinen inneren Stimmchen. Entlarven Sie Ihre ungesunden Kindheitsmuster, Simplify-your-life-Heft, Bonn, Februar 2000, 6-7.

Küstenmacher Werner, Lernen Sie Geh-Beten. Ein einfacher Weg zu geistiger und körperlicher Gesundheit, in: Simplify-your-life-Heft, Bonn, Januar 2002, 1f.

Küstenmacher Werner, Die 10 Gebote der Gelassenheit. Das Vermächtnis von Papst Johannes XXIII., Simplify-your-life-Heft, Bonn, November 2004, 12.

Küstenmacher Werner, Scheitern ade! 10 Gründe, warum Menschen scheitern – und was Sie dagegen tun können, Simplify-your-life-Heft, Bonn, Februar 2005, 3.

Küstenmacher Werner, Erfolgreich durch Selbstmotivation: 10 Wege zum Glück, Simplify-your-life-Heft, Bonn.

Lazarus Arnold A. / **Fay** Allen, Ich kann, wenn ich will. Anleitung zur psychologischen Selbsthilfe, München 2001.

Lincoln Margaret, Freund oder Feind? Eine Einladung zu einem versöhnlichen Umgang mit dem eigenen Körper, in: Psychotherapie und Seelsorge, Titelthema: Körper und Psyche, 2/2007, 42-45.

Lukas Elisabeth, Auch dein Leben hat Sinn. Logotherapeutische Wege zur Gesundung, Freiburg im Breisgau 1991 (Neuausgabe).

Lukas Elisabeth, Spannendes Leben. In der Spannung zwischen Sein und Sollen – ein Logotherapie-Buch, München 1991.

Lukas Elisabeth, Spirituelle Psychologie. Quellen sinnvollen Lebens, München 1998.

Lukas Elisabeth, Der Freude auf der Spur. Sieben Schritte, um die Seele fit zu halten, München-Zürich-Wien 2010.

Magazin 2. Christlicher Gesundheitskongress 2010 Kassel. Beauftragt zu heilen – in Beruf, Gemeinde, Gesellschaft, Kassel 2010.

Merkle Rolf, Nie mehr deprimiert. Selbsthilfeprogramm zur Überwindung negativer Gefühle, Heidelberg 2004.

Meyer Joyce, Das Schlachtfeld der Gedanken. Gewinne die Schlacht in deinem Verstand!, Hamburg 2009.

Meyer Joyce, Umleitung für Ihre Gedanken, in: Das Leben genießen, Augustbrief 2010 von Joyce Meyer, Joyce Meyer Ministries Hamburg.

Münchhausen Marco von, Wo die Seele auftankt. Die besten Möglichkeiten, Ihre Ressourcen zu aktivieren, Frankfurt-New York 2004.

Mundy Linus, Das Geh-Betbuch. Wie Beten geht, wenn man geht, Freiburg-Basel-Wien 1998.

Ohne Namen, Endlich Ruhe und Gelassenheit gewinnen, in: BIO Sonderheft 4 Lebenshilfe – Lebensfreude, 2/2011, 40-42.

Pius XII., Aus der Ansprache von Papst Pius XII. am 13. April 1953 vor Teilnehmern des 5. Internationalen Kongresses für Psychotherapie und klinische Psychologie in Rom, in: Bitter W. (Hg.), Psychotherapie und religiöse Erfahrung. Ein Tagungsbericht, Stuttgart 1965, 261-267.

Pieper Annemarie, »Schränke deinen Körper ein, und für den Geist schaffe Platz«. Die Körperfeindlichkeit in der Philosophie, in: Psychologie Heute Compact, Heft 20/2010, 90-95.

Pilar Clemens, Yoga, Astro, Globuli. Christlicher Glaube und Alltags-Esoterik, Augsburg 2009.

Pohle Rita, Weg damit! Die Seele befreien. In sieben Wochen das Leben entrümpeln, München 2003.

Prauß Angelika, Zur Freiheit berufen. Der Buchautor, Lebensbegleiter und Priester Peter Dyckhoff, in: http://www.peterdyckhoff.de/zitat1.html.

Programm Internationaler Kongress »Spiritualität und Intimität. Tiefenerfahrung in Psychotherapie & Beratung«, 06.-08.05.2011 in Lindau im Bodensee, Wien 2011.

Psychologie Heute Compact, Erschöpft und ausgebrannt? Wie Sie dem Stress des Alltags entkommen, Heft 27/2011.

Quekelberghe Renaud van, Grundzüge der spirituellen Psychotherapie, Eschborn bei Frankfurt a. M. 2007.

Reich Franziska, Raus aus der Perfektions-Falle, in: stern vom 11.03.2011, 44-54.

Reich Franziska, Süchtig nach Arbeit, in: stern vom 14.04.2011, 58-64.

Richard Ursula, Die drei Pfeiler des Glücks. Achtsamkeit, Freude, Dankbarkeit, München 2010.

Richard Ursula, Stille in der Stadt. Ein City-Guide für kurze Auszeiten und überraschende Begegnungen, München 2011.

Riemeyer Jörg, Die Logotherapie Viktor Frankls und ihre Weiterentwicklungen. Eine Einführung in die sinnorientierte Psychotherapie, Bern 2007.

Rohr Richard, Pure Präsenz. Sehen lernen wie die Mystiker, München 2010.

Sartory Gertrude und Thomas, Lebenshilfe aus der Wüste. Die alten Mönchsväter als Therapeuten, Freiburg im Breisgau 1992.

Saum-Aldehoff Thomas, Das Chaos im Kopf, in: Psychologie Heute, 28. Jg. (2001), 12/2001, 28-32.

Schnabel Ulrich, Das Wesentliche im Blick, in: DIE ZEIT vom 28.04.2011, 39-40.

Schnack Gerd, Swing & Relaxx. Gesundheit und Prävention durch rhythmische Spiralkinetik, München-Jena 2006.

Schnack Gerd, Natürlich gesund. Human-Bionik – Leben in Balance, Freiburg-Basel-Wien 2009.

Schümer Dirk, Zu Fuß. Eine kurze Geschichte des Wanderns, München 2010.

Schwarzkopf Wolfgang, Logotherapie im seelsorglichen Kontext. Die Existenzanalyse und die Logotherapie Viktor E. Frankls als methodische Hilfe für die begleitende Seelsorge?, Hamburg 2000.

»Sei doch mal still! Anleitung zu einer digitalen Diät«, in: Der Spiegel, Nr. 27 (02.07.12), 62-74

So gelingt der Neuanfang – stern Gesund leben. Das Magazin für Körper, Geist und Seele, Heft 1/2011.

Spannbauer Christa, »Endlich ganz bei mir. Die Kunst im Augenblick zu leben.«, in: bewusster leben. Neu denken und handeln, 3/2010 (Mai/Juni), 34-38.

Spannbauer Christa, Hör auf dich!, in: bewusster leben. Neu denken und handeln, 3/2011 (Mai/Juni), 28-33.

Stallmann Stephanie E., Und was glauben Sie?, Focus 51/2011 (19.12.2011), 26-31.

Stijn Jeanette van, Enneagramm für Dummies, Weinheim 2011.

Stössinger Michael, Auslauf für Herrchen, in: stern Gesund leben. Das Magazin für Körper, Geist und Seele, Nr. 3/2010, 72-74.

Tolle Eckhart, Jetzt! Die Kraft der Gegenwart. Ein Leitfaden zum spirituellen Erwachen, Bielefeld 2008.

Verlag Andere Zeiten e. V., Typisch! Kleine Geschichten für andere Zeiten, Hamburg 2009.

Watzlawick Paul, Anleitung zum Unglücklichsein, München-Zürich 1988.

Wellensiek Sylvia Kéré, Fels in der Brandung statt Hamster im Rad. Zehn praktische Schritte zu persönlicher Resilienz, Weinheim und Basel 2012.

Werder P. Konrad SDS, Nicht mit dem Kopf, mit dem Herzen beten! Ein Leben für die Erneuerung christlichen Betens, in: http://www.peterdyckhoff.de/zitat2.html.

Wikipedia.de, Artikel »Unterscheidung der Geister«, in: http://de.wikipedia.org/wiki/Unterscheidung_der_Geister.

Wild Peter, Wandernd unterwegs, in: Hagmann Rudolf (Hg.), Ich bin ganz Weg. Pilgernd unterwegs, Kevelaer 2011, 54-55.

Wolff Roland, Fit-Beten. Spirituelle Fitness für den Alltag, Rothenburg ob der Tauber 2012.

Zander Hans Conrad, Als die Religion noch nicht langweilig war. Die Geschichte der Wüstenväter, Gütersloh 2011.

Bitter Wilhelm (Hg.), Psychotherapie und religiöse Erfahrung. Ein Tagungsbericht, Stuttgart 1965.

Böschemeyer Uwe, Vom Typ zum Orginal. Die neun Gesichter der Seele und das eigene Gesicht. Ein Praxisbuch zum Enneagramm, Lahr 1994.

Böschemeyer Uwe, Wertorientierte Imagination, Hamburg 2000.

Böschemeyer Uwe, Sich selbst bejahen, Hamburg 2002.

Böschemeyer Uwe, Das heitere Enneagramm. Eine verständliche und humorvolle Typenlehre, Hamburg 2002.

Böschemeyer Uwe, Unsere Tiefe ist hell. Wertimaginationen – ein Schlüssel zur inneren Welt, München 2005.

Breuer Hans-Jürgen, Das Geheimnis Enneagramm. Neue Wege zur Menschenkenntnis, Wien 2009.

Bucher Anton A., Psychologie der Spiritualität. Handbuch, Weinheim-Basel 2007.

Buchner Ulrich, Wenn IRRE Irrenärzte werden. Hinter den Kulissen der Psychotherapie, Gütersloh 2012.

Burkhard Alois, Achtsamkeit. Entscheidung für einen neuen Weg, Stuttgart 2011.

Carnegie Dale, Sorge dich nicht – lebe! Die Kunst zu einem von Ängsten und Aufregungen befreiten Leben zu finden, Frankfurt am Main 2011.

»**Die Macht der Gefühle.** Vom richtigen Umgang mit Stimmungen und Emotionen.« – Psychologie Heute Compact, Heft 24/2010.

Dierbach Heike, Die Seelenpfuscher. Pseudo-Therapien, die krank machen, Reinbek bei Hamburg 2009.

Dobelli Rolf, Die Kunst des klaren Denkens: 52 Denkfehler, die Sie besser anderen überlassen, München 2011.

»**Du musst auf dein Herz hören.** Achtsamer leben – alles, was Sie tun können für Ihr Glück.«, in: bewusster leben. Neu denken und handeln, 2/2010 (März/April), 42-47.

Ebert Vince, Denken Sie selbst! Sonst tun es andere für Sie, Reinbek bei Hamburg 2011.

»**Endlich ganz bei mir.** Die Kunst im Augenblick zu leben«, in: bewusster leben. Neu denken und handeln, 3/2010 (Mai/Juni), 34-38.

Frankl Viktor E., »... und trotzdem Ja zum Leben sagen. Ein Psychologe erlebt das Konzentrationslager, München 1982.

Grün Anselm, Glauben als Umdeuten. glauben – lieben – loben, Münsterschwarzach 1986.

Grün Anselm, Dimensionen des Glaubens, Münsterschwarzach 1987.

Grün Anselm, Geistliche Begleitung bei den Wüstenvätern, Münsterschwarzach 1991.

Hadinger Boglarda, Methoden zur Einstellungsänderung, in: Kurz Wolfram / Sedlak Franz (Hg.), Kompendium der Logotherapie und Existenzanalyse. Bewährte Grundlagen – Neue Perspektiven, Tübingen 1995, 301-319.

Hammer Matthias, Das innere Gleichgewicht finden. Achtsame Wege aus der Stressspirale, Bonn 2009.

Havener Thorsten / **Spitzbart** Michael, Denken Sie nicht an einen blauen Elefanten! Die Macht der Gedanken, Reinbek bei Hamburg 2010.

Horn Sam, Konzentration. Mit gesteigerten Aufnahme- und Erinnerungsvermögen zum Erfolg, Wien 1993.

Jun Gerda, Unsere inneren Ressourcen. Mit den eigenen Stärken und Schwächen richtig umgehen, Göttingen 2006.

Kerkeling Hape, Ich bin dann mal weg: Meine Reise auf dem Jakobsweg, München 2009.

Küstenmacher Werner Tiki, Du hast es in der Hand! Fünf einfache Rituale für ein glückliches Leben, München 2012.

Kurz Wolfram / **Sedlak** Franz (Hrsg.), Kompendium der Logotherapie und Existenzanalyse. Bewährte Grundlagen –
Neue Perspektiven, Tübingen 1995.

Langer Ellen J., Aktives Denken (Mindfulness), Reinbek 1991.

Lütz Manfred, Lebenslust. Wider die Diät-Sadisten, den Gesundheitswahn und den Fitness-Kult, München 2002.

Merkle Rolf, So gewinnen Sie mehr Selbstvertrauen. Ein
praktischer Ratgeber zur Überwindung von Minderwertigkeitsgefühlen und Selbstzweifeln, Mannheim 2007.

Murphy Joseph, Die unendliche Quelle Ihrer Kraft. Ein
Schlüsselbuch des positiven Denkens, München 2005.

Palmer Helen, Das Enneagramm. Sich selbst und andere
verstehen lernen, München 2000.

Peale Norman Vincent, Die Kraft positiven Denkens, Zürich
1996.

Pfeifer Samuel, Gesundheit um jeden Preis? Alternative Medizin und christlicher Glaube, Basel 2008.

Plattig Michael, Prüft alles, behaltet das Gute!, Münsterschwarzach 2006.

Precht Richard David, Wer bin ich und wenn ja, wie viele?
Eine philosophische Reise, München 2007.

Reddemann Luise, Überlebenskunst. Von Johann Sebastian
Bach lernen und Selbstheilungskräfte entwickeln, Stuttgart 2006.

Riemann Fritz. Grundformen der Angst. Eine tiefenpsychologische Studie, München 2011.

Rohr Richard / **Ebert** Andreas, Das Enneagramm. Die 9 Gesichter der Seele, München 2008.

Rohr Richard, Hoffnung und Achtsamkeit. Der spirituelle
Weg für das 21. Jahrhundert, Freiburg im Breisgau, überarbeitete Neuausgabe 2010.

Scheich Günter, Positives Denken macht krank. Vom Schwindel mit gefährlichen Erfolgsversprechen, Frankfurt am
Main 1997.

Schlosser Marianne (Hg.), Die Gabe der Unterscheidung. Texte aus zwei Jahrtausenden, Würzburg 2008.

Schnack Gerd / **Schnack** Kirsten / **Rauhe** Hermann, Jung bleiben kann man lernen. Ein Buch, das Hoffnung und Gesundheit durch Vorbeugung, Motivation und Freude vermittelt, München 2002.

Schnack Gerd, Rhythmische Meditation. Entspannung nach Herzenslust (mit CD), Moers 2010.

Schütz Astrid / **Hoge** Lasse, Positives Denken. Vorteile – Risiken – Alternativen, Stuttgart 2007.

»So gelingt der Neuanfang.« – stern Gesund leben. Das Magazin für Körper, Geist und Seele, Nr. 1/2011.

Steindl-Rast David, Die Achtsamkeit des Herzens, Freiburg im Breisgau 2008.

»Strategien der Lebenskunst. Sichere Inseln im Strom der Zeit.« – Psychologie Heute Compact, Heft 22/2009.

Thich Nhat Hanh, Das Wunder der Achtsamkeit, München 2010.

Thompson Marjorie, Achtsamkeit. Vom Umgang mit der eigenen Seele, Freiburg im Breisgau 2009.

Weingardt, Beate M., Du bist gut genug! Wie Sie Ihre inneren Antreiber erkennen und gelassener werden, Wuppertal 2007.

Weiss Halko / **Harrer** Michael E. / **Dietz** Thomas, Das Achtsamkeitsbuch, Stuttgart 2010.

Wilson Schaef Anne, Denk dich frei! Tägliche Meditationen gegen die Sorgen des Alltags, München 1998.